WELTRELIGIONEN

Mit Textbeiträgen von Li Deman,
Birgit Falkenberg, Kora Perle, Brigitte Selbig

Herausgeber: Peter Delius
Redaktion, Layout: Brigitte Selbig
Glossar: Julia Niehaus
Design: Peter Feierabend

Printed in Germany
ISBN 3-8331-1406-1

10 9 8 7 6 5 4 3 2 1
X IX VIII VII VI V IV III II I

Markus Hattstein

WELTRELIGIONEN

KÖNEMANN

Inhalts-verzeichnis

DER HINDUISMUS ODER BRAHMANISMUS

DER BUDDHISMUS

DIE RELIGIONEN CHINAS

DIE RELIGIONEN JAPANS

DAS JUDENTUM

DAS CHRISTENTUM

DER ISLAM

ANHANG

DER HINDUISMUS ODER BRAHMANISMUS

Der Hinduismus ist die vielgestaltigste der großen Religionen und umfaßt beinahe alle religiösen Ausdrucksformen der Menschheit, von der Naturgottheitenverehrung über den Polytheismus bis hin zu einem philosophisch anspruchsvollen Monotheismus und dem Glauben an ein über alles herrschendes Weltgesetz (dharma). Er ist eng mit sozialen Ordnungen (Kastenwesen) verknüpft und fordert ausgeprägte Opferriten. Er schreibt keine allgemein verbindlichen metaphysischen oder religiösen Anschauungen vor, sondern betont das Wirken des auch sittlich verstandenen Weltgesetzes. Kennzeichnend ist die Vergeltungskausalität der Karma-Lehre mit ihrem Kreislauf der Wiedergeburten und Weltzeitalter (Yugas).

BEGRIFF UND BESONDERHEITEN

Die „Ewige Religion"

Die einheimische Religion Indiens wird als Brahmanismus oder Hinduismus bezeichnet. Beide Begriffe werden inzwischen synonym gebraucht, obwohl sie unterschiedlicher Herkunft sind. „Brahmanismus" meint eher die Selbstbezeichnung dieser Religion; das Wort ist hergeleitet von der indischen Priesterkaste, den Brahmanen (Sanskrit: brahmana), und bezeichnet allgemein die Inder, welche die Brahmanen und deren Lehre als ihre Religion anerkennen. Das Wort „Hinduismus" ist ursprünglich eine Fremdbezeichnung durch die nach Indien vordringenden Muslime, gebildet nach dem Fluß Indus zur Bezeichnung aller Inder, die keine Muslime wurden. Von „Brahmanismus" spricht man seit etwa 1000 v. Chr., seitdem die brahmanistische Priesterkaste ihre Monopolstellung erlangt hatte, während das Wort „Hinduismus" weiter zurückgeführt werden kann auf die autochthone altindische Religion, die wesentlich Naturverehrung war und später durch die Brahmanenkaste systematisiert und umgebildet wurde.

Am Hinduismus fällt die Vielgestaltigkeit der Religion sowohl im religiösen als auch im sozialen Leben auf; sie ist äußerst schöpferisch und wandelbar. Ihr zusammenhaltendes Band ist kein Stifter oder eine heilige Schrift, sondern die Kontinuität einer Entwicklung vom Altertum bis in die Gegenwart. Die Hindus bezeichnen ihren Glauben daher selbst als „Ewige Religion" (sanatana-dharma), wozu gehört, daß zu allen Zeiten weise Männer und religiöse Lehrer auftreten, welche die eine Lehre in verschiedenen Formen verkünden.

Helmuth von Glasenapp nennt drei Eigenarten des Hinduismus: Er ist eine „gewordene", nicht gestiftete Religion, er kennt keine fest umrissene Dogmatik, und er ist eine spezifisch indische Erscheinung. Die Hindus glauben an die Ewigkeit der ständig sich erneuernden Welt; sie kennen daher auch keinen absoluten Weltanfang und keinen geschichtlich einmaligen Prozeß für die Erlösung. Es steht keine bestimmte Persönlichkeit als Offenbarer im Mittelpunkt, daher sind verschiedene Denksysteme und Kulte prinzipiell gleichberechtigt und gleich wahr. Da der Hinduismus keine allgemein anerkannten Dogmen kennt, schreibt er auch keinen bestimmten Glauben vor. Der Gläubige kann einen persönlichen Schöpfergott oder ein unpersönliches Weltgesetz annehmen. Ebenso vielfältig sind die Mittel zur Erlangung des Heils. Der Glaube ist allerdings nicht völlig beliebig, sondern dreht sich um einen Kreis bestimmter Anschauungen: die Annahme des Kosmos als eines geordneten Ganzen, regiert durch ein Weltgesetz (dharma), die irdische Repräsentation dieser Ordnung durch ein streng hierarchisches Kastenwesen und seine Reinheits-Gebote, der Glaube an kosmische Perioden und Weltalter (Kalpas) mit Weltuntergängen und Neuentstehung sowie die Annahme, daß diese natürliche Weltordnung zugleich als moralische Ordnung fungiert.

Der Hinduismus ist eine spezifisch indische Religion, die eigentlich keine geistliche Mission

Das Rad des Lebens
Darstellung an der Schwarzen Pagode in Konarak

Das Rad ist das zentrale Symbol des Hinduismus für den Lauf des Kosmos schlechthin. Es verkörpert die kosmischen Zyklen von Geburt und Tod, von Entstehen, Reifen, Verfallen, Sich-Auflösen und Wiederhervorgehen, welche alles Lebendige prägen. Es ist auch Symbol für den Kreislauf der 4 Hindu-Weltalter (Yuga), die jede Welt durchläuft, bis sie in Finsternis versinkt und neu entsteht. Das Rollen des Rades steht für die Kontinuität und Unabänderlichkeit des kosmischen Geschehens. Weisheit bedeutet im Hinduismus Einsicht in diese unaufhörliche periodische Wandlung des Weltalls, die wie ein biologisches Geschehen gedacht wird. Der Sonnentempel von Konarak hatte die Form eines riesigen Sonnenwagens. Diese Form geht ursprünglich auf die Verehrung des vedischen Sonnengottes Surya zurück, der als ein Gestalter der kosmischen Zyklen als der Lenker des Sonnenwagens galt.

außerhalb ihres Kulturkreises unternimmt. Zwar hat sie in Hinterindien und Indonesien auch Missionsarbeit betrieben, doch geht es ihr nicht um die Gewinnung von „Einzelseelen", sondern höchstens um die Aufnahme ganzer Volksstämme als „neue Kasten". Dem steht allerdings nicht entgegen, daß manche brahmanistische Denker oder Heilige ganz bewußt einen Einfluß auf das Denken von Nichtindern ausüben, die sich dem Hinduismus zuwenden – wie dies beispielsweise im Rahmen der „Indien-Welle" in den 60er und 70er Jahren unseres Jahrhunderts in Europa und den USA der Fall war.

DIE RELIGIONSGESCHICHTE DES HINDUISMUS

Die vor-arische Kultur

Der Hinduismus ist eine Vereinigung von zwei verschiedenen religiösen Entwicklungsströmen, die im Laufe ihrer Geschichte zu einer Einheit verschmolzen: die autochthone altindische Religion und die Religion der Arier, welche von Norden kommend nach Indien vordrangen.

Die Epoche der vor-arischen Kultur liegt historisch weitgehend im Dunkeln. Die Urbevölkerung waren wohl Negride, die im Laufe der Zeit durch die aus dem Norden vordringenden Völker immer stärker in den Süden des Landes abgedrängt wurden. Es war eine mutterrechtliche Pflugbauern-Kultur, die in den Hinduismus jene Elemente einbrachte, die in den vedischen Schriften keine Rolle spielen: den Phalluskult und die Verehrung der fruchtbaren und erdverbundenen weiblichen Gottheiten. Diese Induskultur war sozial bereits hoch entwickelt und besaß einen ausgeprägten Bilderkult um die Phallussteine (Linga) und bestimmte religiöse Symbole, etwa das Hakenkreuz als Sonnensymbol. Die Verehrung heiliger Tiere geht ebenfalls auf diese Kultur zurück.

Die arische oder vedische Periode

Die Arier drangen im 2. Jahrtausend v. Chr. über die Gebirge des Nordwestens nach Indien ein. Sie waren Hirtenkrieger, die über keine städtische Kultur verfügten, und unterwarfen die einheimische Bevölkerung. Sie brachten bereits ein entwickeltes Religionssystem nach Indien mit, das ein weitverzweigtes Pantheon aufwies. Ihr Glaube war in den „Veda" (= Heiliges Wissen) niedergelegt, deren älteste Hymne, das Rigveda, die Götter zumeist als personifizierte Naturkräfte beschreibt. Durch die mythische Umkleidung erfuhren viele Götter im Laufe der Zeit eine tiefgreifende Wandlung. Als Hauptgötter erschienen zunächst der Sonnengott Mitra und der Himmelsgott Varuna. Beide treten als Hüter der „ewigen Weltordnung" (Rita) auf, die sich in der Natur, den Sitten und den Riten als ordnende Kraft des Kosmos zeigt.

Der arische Glaube ist ein Henotheismus, d. h., verschiedene Götter erhalten in der Verehrung jeweils das Prädikat des höchsten Weltherrn. Die Anschauungen wechselten zwischen dem Glauben an ein überpersönliches Weltgesetz, das über allen Göttern steht, und dem Glauben an einen Hochgott, der das Weltgesetz lenkt; dieser Zwiespalt hat sich bis heute auf den gesamten Hinduismus übertragen.

Etwa 1000 v. Chr. drangen die Arier aus dem Pandschab weiter nach Osten und Süden in die fruchtbare Gangesebene vor und unterwarfen die dortige Bevölkerung durch Einführung des Kastenwesens: die Arier bildeten die drei oberen Kasten, während die Einheimischen und ihre Nachkommen zu den „Shudras" (vierter Stand) wurden. Durch das komplizierte Ritual- und Opferwesen erhielt die Brahmanenkaste in der Folgezeit einen Einfluß wie bis dahin noch in keiner Religion durch ihren Anspruch, die Götter selber müßten sich ihrem Wissen beugen und könnten von ihnen, den Priestern, beeinflußt werden. Dieser Anspruch der Priesterkaste auf das Wissensmonopol und die alleinige Durchführung aller Kulthandlungen hat sich bis heute im Hinduismus erhalten.

Die klassische Periode

Seit Mitte des 1. Jahrtausends v. Chr. spricht man in bezug auf Indien von der „klassischen

Verehrung des Lingam
Indische Miniatur, Blatt aus einer Ragamala-Serie, 18. Jh., Rajasthan, Savar

Der Phalluskult reicht als Pendant zum Mutterkult in die Zeit der vor-vedischen Gottheiten zurück und wurde erst später auf Shiva übertragen. Shiva ist der Gott der Fruchtbarkeit und der Zerstörung, und der Linga, der steinerne Phallus, vor dem die Opfergaben der Fruchtbarkeit dargebracht werden, ist das Hauptsymbol seiner Schöpferkraft und steht im Mittelpunkt des Shiva-Kultes. Anfangs wurden nur natürlich geformte Steine als Linga verehrt, später wurden sie aber auch aus Lehm für den Hausgebrauch gefertigt. Dabei wird die Formung des Linga von religiösen Litaneien begleitet, anschließend wird er rituell gewaschen. Nach dieser Puja-Zeremonie wird der aus Lehm geformte Linga wieder vernichtet, indem man ihn ins Wasser wirft.

Die Flußgöttin Ganga
Terrakotta, Ziegel, 5. Jh., Nordindien

Ganga ist das Urbild aller indischen Flüsse und der Heilige Fluß überhaupt und wird als Flußgöttin personifiziert, die auf dem Seeungeheuer Makara reitet und einen überquellenden Krug, der die Lebenskraft in Verbindung mit Wasser und das Verströmen symbolisiert, in Händen hält. Der Überlieferung nach lebte sie – als zweite Gemahlin Vishnus, später Shivas – zunächst bei den Göttern und konnte erst nach langen Versuchen der Menschen bewegt werden, auf die Erde zu kommen. Sie fließt in 7 Strömen aus Shivas Haar, von denen einer der Ganges ist.

Episode aus dem Ramayana-Epos
Indische Miniatur, 1. Viertel 19. Jh., Pahari-Stil, Kangra

Das Epos Ramayana erzählt in 24 000 Doppelversen von den Heldentaten des vollendeten Kriegers und Königssohns Rama als der 7. Inkarnation Vishnus, der auf Betreiben seiner Stiefmutter zusammen mit seiner reinen Gemahlin Sita und seinem treuen Halbbruder Lakshmana 14 Jahre im Urwald in der Verbannung leben muß. In ständiger Auseinandersetzung mit wütenden Dämonenheeren tötet Rama in der ersten Schlacht allein 14 000 Dämonen. Als der zehnköpfige Dämonenfürst Ravana Sita mit Hinterlist in seine Gewalt bringt, wenden sich die Brüder an den Affenfürsten Hanuman, der mit seinem riesigen Affen- und Bärenheer gegen die berittenen Dämonen des Ravana zur Entscheidungsschlacht antritt (Abbildung), in deren Verlauf alle Dämonen vernichtet werden und am Ende Ravana von Rama im Zweikampf getötet wird. Anschließend herrscht Rama als gerechter König in Ayodhya, und Hanuman erhält zum Dank für seine Treue von den Göttern die Unsterblichkeit verliehen. Das Epos endet mit der Beschreibung der außergewöhnlichen Todesumstände von Sita, Lakshmana und Rama, der in die „Glorie Vishnus" aufgenommen wird.

Periode". In dieser Zeit erfuhr der Hinduismus im wesentlichen seine bis heute gültige Ausgestaltung, seine höchste Blüte und Ausbreitung. Dies verdankt sich besonders der Sprache des klassischen Sanskrit, die eine künstliche Dichter- und Gelehrtensprache ist, welche fast ausschließlich zu kultischen und religiösen Zwecken verwendet wurde. Das Wort „sanskrita" bedeutet daher auch „kunstvoll zurechtgemacht" und grenzt sich deutlich von der indischen Alltagssprache, dem Prakrita, ab.

Der Einfluß der Arier umfaßte nun den gesamten indischen Subkontinent und beeinflußte alle früheren Kulte und Sprachen. Als neue Götter traten Brahma, Vishnu und Shiva in den Vordergrund. Der Kult der neuen Gottheiten wich stark vom früheren ab: Nicht mehr an offenen, grasumstreuten Opferplätzen wurde der Götter gedacht, sondern in erbauten Tempeln wurden Statuen der Götter aufgestellt, vor denen Speise-, Trank- und Blumenopfer dargebracht wurden. Zahlreiche neue Kult- und Weihehandlungen entstanden. So werden bis heute im Hinduismus 16 Sakramente (Sanskaras) unterschieden, die den männlichen Angehörigen der drei höheren Kasten zuteil werden. Der Toten- und Jenseitskult erhielt deutliche Formen durch Totenspenden und Manenopfer (Shraddha) im jährlichen Gedenken.

Seit dem 4. Jahrhundert v. Chr. war der Hinduismus in Indien deutlich in der Defensive und büßte durch den aufblühenden Buddhismus Teile seiner Anhängerschaft ein. Erst durch die immer stärkere Ausrichtung des Buddhismus nach Osten erhielt der Hinduismus auf dem indischen Kontinent wieder einen deutlichen Aufschwung, doch wurde er erst von der Dynastie der Gupta-Kaiser (320–647 n. Chr.), der einzigen bedeutenden einheimischen Dynastie Indiens, im 4. Jahrhundert offiziell anerkannt.

Die Zeit der islamischen Vorherrschaft

Nachdem der Hinduismus durch das allmähliche Erlöschen des Buddhismus und den Rückgang des Jainismus in Indien wieder die geistige Vorherrschaft erlangt hatte, sah er sich bald darauf durch den vordringenden Islam bedrängt. Der Islam eroberte nicht nur stetig seit dem 8. Jahrhundert den indischen Norden, sondern bekehrte auch viele Inder zum Islam. Es traten eine Reihe von vishnuistischen und shivaistischen Sektenstiftern auf, welche den Eingottglauben auch für den Hinduismus durchzusetzen versuchten. In diesem Zusammenhang entstand auch die Religionsgemeinschaft der Sikhs (hindi für „Lehrlinge") im heutigen Pandschab, die sich selbst allerdings als völlig eigenständige Religionsgemeinschaft begreifen. Mit ihrem strengen Monotheismus und der Verehrung ihrer zehn religiösen Meister (Gurus) bildet ihr Glaube eine eigentümliche Mischung aus hinduistischen und islamischen Elementen. Die Mitglieder sind an eigener Kleidung und Haartracht zu erkennen und fügen ihrem Namen das Wort „Singh" (= Löwe) hinzu.

Die Zeit der britischen Vorherrschaft

Seit Anfang des 16. Jahrhunderts geriet Indien zunehmend ins Blickfeld der europäischen Kolonialmächte, zunächst vor allem der Portugiesen. Nach und nach schlug jedoch die britische Ostindien-Company alle Konkurrenten aus dem Felde und errichtete Handelszentren durch Sicherstellung von Exportmonopolen. Die Engländer griffen immer stärker direkt politisch in Indien ein, verpflichteten sich einen Großteil der lokalen indischen Herrscher und stürzten 1857 die zur Karikatur verkommene Herrschaft der Moghule. 1877 nahm Königin Viktoria von England den Titel einer Kaiserin von Indien an. Im 19. Jahrhundert entstanden unter den gebildeten Indern zahlreiche Versuche zu einer Reform des Hinduismus. In der Auseinandersetzung mit den technischen Errungenschaften und den modernen Philosophien Europas versuchten die Reformer, andere Religionen für mit dem modernen orthodoxen Hinduismus vereinbar zu erklären. Der Hinduismus sollte keine exklusive Religion mehr sein, sondern Raum lassen für die Verehrung aller Propheten und Religionsstifter.

Das neue Indien

Am 15. August 1947 wurde Indien von den Briten in die Unabhängigkeit entlassen, nachdem viele Hindus und Muslime lange und schwer dafür gekämpft hatten. Die Flagge des indischen Nationalkongresses vereinigt die Farben Safranrot (Hindus), Grün (Muslime) und Weiß (Christen, Juden, Parsen u. a.). Allerdings war die Zeit der Unabhängigkeit auch die Zeit der großen Umsiedlungen und gegenseitigen Verfolgung der Hindus und Muslime, so daß sich als direkte Folge bereits 1947 der Staat Pakistan (= „Land der Reinen") als rein muslimischer Staat abspaltete. Symbol der religiösen Kämpfe und Unruhen war die Ermordung Mahatma Gandhis im Januar 1948 durch einen fanatischen Hindu, der die Toleranz Gandhis als Verrat an der Religion ansah.

In der Folgezeit steuerte Jawaharlal Pandit Nehru (1889–1964), neben Gandhi treibende Kraft des Unabhängigkeitskampfes, Indien durch einen gemäßigt sozialistischen Kurs in die Blockfreien-Bewegung. Die großen sozialen Probleme des Landes führten auch immer wieder zum Ausbruch religiöser Konflikte. Auch heute ist der religiöse und politische Friede in Indien eher labil und erfordert ein behutsames Vorgehen der Verantwortlichen.

DIE HEILIGEN SCHRIFTEN

Die Grundlage aller orthodoxen Systeme

Die heiligen Schriften des Hinduismus bilden ein uneinheitliches Konvolut, gelten aber als die autoritative Quelle für das Wissen um die sittliche Weltordnung, die Vergeltungskausalität der Taten, die Rechte und Pflichten aller Lebewesen und die natürliche, geistige und soziale Hierarchie.

Den ersten Rang nehmen die 4 Veden mit ihren Anhängen, den Brahmanas und Upanishaden, ein. Sie gelten den orthodoxen Hindus als übernatürlichen Ursprungs und bilden der Idee nach die „Grunddogmen" aller hinduistischen Systeme. Aus ihnen ergibt sich eine Fülle hinduistischer Gemeinsamkeiten: der Glaube an bestimmte Götter, die Weiheriten und die Notwendigkeit der Opfer, die engen sozialen Regeln des Kastenwesens und der Glaube an ein ewiges Gesetz (dharma) und die Vergeltungs-Ordnung der hierarchischen Wiedergeburten.

Die Schriften sind allesamt in der Gelehrtensprache Sanskrit verfaßt und werden in zwei Gruppen unterteilt: in solche, die als übermenschliche Offenbarung gelten (Shruti), und solche, die von Menschenhand geschaffen wurden und als auf Erinnerung beruhende Überlieferung gelten (Smriti).

Die vier Veden

Die Veda gilt als die heilige Offenbarung schlechthin und umfaßt eine gewaltige Textsammlung, die zwischen 1500 v. Chr. und 1500 n. Chr., also in einem Zeitraum von gut 3000 Jahren, verfaßt worden ist. Sie besteht aus 4 Sammlungen von Sprüchen und Liedern (Sanhitas).

1.) Der Rigveda: Er ist die älteste, im wesentlichen wohl zwischen 1500 und 1200 v. Chr. verfaßte Sammlung von 1028 Hymnen, mit denen die Götter zum Opfer herbeigerufen wurden. Er enthält verschiedenartige Schöpfungsmythen, bei denen die Opferung im Vordergrund steht. So berichtet er über den Ursprung der Menschen bzw. der Welt durch die Opferung des kosmischen Riesenmenschen Purusha, aus dessen Gliedern alle Wesen hervorgehen. Der Ton der Texte strahlt Lebensfreude aus und kennt keine Weltflucht. Die Rita als dynamische Ordnung des Kosmos sorgt für das Gleichgewicht der Kräfte.

2.) Der Samaveda: Eine Sammlung von Gesängen, mit denen die Zubereitung und Darbietung des Opfers begleitet wurde. Sie deckt sich inhaltlich in vielem mit dem Rigveda.

3.) Der Yajurveda: Eine Sammlung von Sprüchen, die beim Vollzug des Opfers gemurmelt wurden. Sie stellt den um 1000 v. Chr. einsetzenden Übergang zu den Brahmana-Opfertexten dar, der mit dem Vordringen der Arier eingeleitet wurde.

Rituelle Waschungen im Ganges (Benares)

Orthodoxe Hindus sind von der göttlichen Reinheit des Gangeswassers überzeugt. Benares als die „Stadt des Lichts" (so ihr religiöser Name) ist das Zentrum der Shiva- und Ganges-Verehrung und das Ziel großer Wallfahrten. Strenggläubige Hindus nehmen hier jeden Morgen umfangreiche, von Gebeten begleitete Waschungen vor; viele füllen sich außerdem Kannen und Eimer, um das heilige Wasser mit nach Hause zu nehmen. Das Eintauchen in das Gangeswasser, die Waschungen und das Trinken werden von der Hoffnung begleitet, durch Reinheit dem Kreislauf der Wiedergeburten zu entgehen und direkt die Erlösung zu erlangen. Ein besonderes rituelles Badefest ist das alle drei Jahre an den heiligen Flüssen gefeierte „Kumbh-Mela", das besonders in Allahabad begangen wird, wo der Yamuna in den Ganges mündet. Da viele Hindus nach Benares pilgern, um an den Ufern des Ganges zu sterben, ist die Stadt das Zentrum der hinduistischen Leichenverbrennung. Die Leichen werden am Ufer, auf dem Ghat, verbrannt und ihre Asche in den Ganges gestreut.

Krishna und Arjuna ziehen in den Kampf

Indische Miniatur, Blatt aus einer Serie zum Mahabharata-Epos, 18. Jh., Pahari-Stil, Kangra

Krishna (wörtl.: „Der Schwarze") ist als gewaltiger Dämonentöter der gefeiertste und volkstümlichste Held des Hinduismus. Vor dem grausamen Usurpator Kansa, den er später besiegt und tötet, in Sicherheit gebracht, wächst Krishna unter Hirten auf, verübt in seiner Jugend zahlreiche Streiche und ist als Liebling aller Hirtinnen der Held zahlreicher Liebesabenteuer. Für den Krishnaismus ist Krishna, eigentlich die 8. Inkarnation Vishnus, zum obersten Gott geworden.

Im Heldenepos Mahabharata ist Krishna König der Wagenlenker des verbündeten Arjuna und der Pandavas-Sippe. Vor dem Kampf gegen die feindlichen Kauravas verkündet er dem zaudernden Arjuna zur Stärkung der Kampfkraft das Lehrgedicht Bhagavadgita, das für viele Hindus der religiöse und philosophische Grundtext des Hinduismus überhaupt ist. Die Bhagavadgita verkündet eine Krieger- und eine Asketenethik, welche den Kampf von Gut und Böse zum kosmischen Prinzip erhebt, aber auch eine ausgearbeitete Yoga- und Erkenntnislehre des Gleichmutes entwickelt. Auch der Weg der gläubigen Hingabe (bhakti) wird von Krishna verkündet.

4.) Der Atharvaveda: Eine Sammlung von Zauberliedern, die wohl nur wenig jünger als der Rigveda ist; die Gebete und Hymnen in Versform haben teilweise magischen Inhalt oder beschäftigen sich mit der Welterschaffung. Der Name bedeutet „Veda der Atharvans", das sind die Kenner von Zauberformeln, und war wohl für die Kriegerkaste bestimmt, was besonders in den Hymnen an die Kriegstrommel zum Ausdruck kommt..

Zu jeder dieser 4 Sanhitas gehören als „Anhänge" zwei Arten von Schriften anderen Charakters: Die Brahmanas, Opfertexte, welche die heiligen Handlungen beschreiben und erklären; und die Upanishaden, philosophische Texte, die sich vor allem mit dem allen Wesen zugrundeliegenden Weltgeist beschäftigen.

Die Brahmanas (eigentlich: „Brahmana der 100 Wege") sind Prosaschriften mit Opferformeln (Mantras) und mythologischen Abhandlungen. Sie sind wohl nach 1000 v. Chr. entstanden und zeigen eine Neigung zu philosophischen Spekulationen. Sie versuchen auch, einzelne Daseinsmächte, Götter und Potenzen systematisch zu erfassen, aufzulisten und zu katalogisieren. In ihnen finden sich die ältesten Theorien über das Brahma als absolutes Prinzip. Bereits die Veda-Hymnen berichten teilweise vom Hervorgehen des Vielen aus dem ursprünglichen All-Einen; diese Spekulationen werden in den Brahmanas systematisch weitergeführt in dem Willen, zur letzten Einheit alles Existierenden vorzudringen.

Die Upanishaden (eigtl.: „Geheimlehren"; das Wort stammt von „sich annähern, etwas hinzusetzen") sind den Brahmana-Texten jeweils angehängt bzw. in sie eingebettet. Sie sind Traktate der rituellen und kosmologischen Betrachtung und bilden den Abschluß der vedischen Literatur; mit ihnen beginnt das systematische spekulative Denken in Indien.

Brahma, das Absolute, wird mit Atman, dem „Selbst" als dem innersten Kern jedes Einzelwesens, identisch gesetzt, weil jedes Einzelwesen (Vielheit) aus dem ursprünglichen Allwesen (Einheit) hervorging. In den Upanishaden findet sich, erstmals verkündet im Brihadaranyaka-Upanishad 3,2, Vers 13, auch die Lehre von der Vergeltung der guten und bösen Taten (karma) im späteren Leben (Wiedergeburt), die das hinduistische Weltbild besonders prägt. Es ist nicht klar, ob diese Lehre erst durch die Arier in den Hinduismus kam oder ob sie schon in vor-arischer Zeit entstand. Auch der Glaube an die Anfangs- und Endlosigkeit der Weltprozesse, die Hoffnung auf Erlösung von den Fesseln der Wandelwelt durch Entsagung (Askese) und die Auffassung, daß zwischen allen Lebewesen, auch zwischen Mensch und Tier, kein prinzipieller, sondern nur ein gradueller Unterschied besteht, wird in den Upanishaden formuliert.

Die heilige Überlieferung (Smriti)

Die „heilige Überlieferung" umfaßt sogenannte „Leitfäden" (Sutras) und „Lehrbücher" (Shastras) der verschiedensten Wissensgebiete und philosophische Fragestellungen, die mit religiösen und sozialen Problemen zusammenhängen. Es werden aber auch Werke dazugezählt, die nur teilweise lehrhaften, im Ganzen aber mehr erzählerischen Charakter haben. Dies sind in erster Linie die beiden populären großen Epen, das Mahabharata und das Ramayana.

Das Mahabharata ist eine Art „unausgewogene" Ilias von über 90 000 Doppelversen, in der Unterhaltsames und religiöse Unterweisung zusammenstehen. Unter den in das Epos eingewobenen Stücken ist die Bhagavadgita (= „Gesang des Erhabenen") der bedeutendste Teil; in ihr leitet Krishna als höchstes Wesen die Menschen. Der Gott Krishna legt dem Helden Arjuna das Wesen Gottes, der Welt und der menschlichen Seele dar. Diese „Bibel des Krishnaismus" ist im nichthinduistischen Kulturraum zu einem der bekanntesten Texte Indiens geworden. Das wesentlich kürzere Epos Ramayana, wohl das populärste der indischen Sprache, erzählt vom Lebensschicksal des Helden Rama und von seinen Kämpfen gegen den Dämonenkönig Ravana, der dem Helden seine Gattin raubte. Er besteht diese Kämpfe mit Hilfe des schlauen Affenkönigs Hanuman und dessen Heer.

Die 18 Puranas (= „Die alten Schriften") entstanden im Anschluß an die großen Epen und bilden die Grundlage des volkstümlichen Hinduismus. Sie befassen sich mit der Erschaffung der Welt, Zerstörung und Neuschöpfung, den Weltperioden und den Heldentaten und Genealogien einzelner Götter und Könige.

Zu diesen Überlieferungen kommen in neuerer Zeit (meist zwischen 500 und 1000 n. Chr. entstanden) noch verschiedene Schriften hinzu: die vishnuitisch geprägten Sanhitas (Sammlungen), die shivaitisch geprägten Agamas (Überlieferungen) und vor allem die Tantras (Texte über die Vorschriften der Religion, wörtl.: Gewebe), die einen ausgesprochen esoterischen Charakter aufweisen. Die Kernbotschaft des Hinduismus findet sich allerdings im wesentlichen in den mittleren Upanishaden, der Bhagavadgita und dem Bhagavata-Purana.

DIE LEHRE

Der Kosmos als geordnetes Ganzes: das Kastenwesen als soziale Ordnung

Der Kosmos existiert für den Hinduismus im Großen wie im Kleinen als geordnetes Ganzes. Er wird beherrscht vom Weltgesetz (Dharma), das zugleich als natürliche und sittliche Ordnung fungiert. Grundsatz dieser Ordnung ist, daß alle Lebewesen von Geburt an sowie, daraus folgend, nach Aufgaben, Pflichten, Rechten und Fähigkeiten streng voneinander geschieden sind. Auch bei den Menschen gibt es verschiedene, streng voneinander getrennte Klassen (Kasten). Das Dharma ist zwar eines und ewig und das Weltgesetz für alle Lebewesen, doch ist es in seiner Ausprägung jeweils anders für die unterschiedlichen Kasten und Lebensstadien (Ashramas), was spezielle religiöse und kultische Vorschriften für die einzelnen Kasten erfordert. Die orthodoxen Kastenvorschriften greifen in alle Belange des täglichen Lebens ein und äußern sich in Geboten der klaren Abgrenzung, etwa Heiraten und Mahlzeiten betreffend. Das Kastenwesen ist ein Spezifikum des Hinduismus und für andere Religionen und Weltanschauungen am schwersten zu begreifen und am wenigsten zu akzeptieren.

An der Spitze der Hierarchie des Kastenwesens steht die Priesterkaste der Brahmanen, welche besonders die Gebote der Reinheit betont, sich fast ausschließlich mit geistigen Dingen beschäftigt und durch Rituale und Opferdienst den Göttern „am nächsten" steht. Der zweite Stand ist der Stand der Krieger (Kshatriya), denen der Schutz der gesellschaftlichen Ordnung obliegt. Aus ihrem Stand gehen gewöhnlich die Herrscher und Könige hervor. Als „Wehrstand" lebte er ursprünglich von den Steuern und Abgaben, die er von den unteren Klassen eintrieb. Den dritten Stand bilden die Bauern und Viehzüchter, Gewerbetreibenden und Händler (Vaishyas); sie sind der eigentliche „Nährstand". Diese oberen drei Stände, die nach ihrer Landnahme von den Ariern gebildet wurden, haben durch diese Weihe, den höheren Ständen anzugehören, sozusagen eine neue gesellschaftliche Geburt erlebt und heißen daher die „Zweimalgeborenen". Für den orthodoxen Hinduismus sind auch lediglich diese oberen Stände zum Studium der heiligen Veden berechtigt.

Von diesen höheren Ständen sind die niederen Kasten und die beiden unteren Stände unendlich getrennt. Der vierte Stand, die „Shudras", sind Arbeiter und Handwerker der „niederen" Berufe und haben den oberen Klassen dienstbar zu sein. Sie sind hinsichtlich ihrer Reinheit kastenmäßig noch einmal stark gestuft: So stehen beispielsweise Weber und Töpfer höher als Wä-

Minakshi-Tempel in Madurai

Die Tempel Indiens weisen eine überreiche Ornamentik besonders an den Fassaden und Dächern auf. Sämtliche verfügbare Flächen sind mit Reliefs versehen, die Götter und Göttinnen, Dämonen und Helden, Tiere, Pflanzen und Fabelwesen darstellen. Jeder Tempel bildet einen eigenen Kosmos an übervollen, lebendigen und höchst bewegten Szenen. Auch die beiden gewaltigen Tortürme (Gopuras) des Minakshi-Tempels in Madurai sind mit Tausenden von farbenprächtigen Stuckfiguren überzogen.
Die Tempelanlage in Madurai mit ihren zahlreichen Hallen und Innenhöfen wurde im 17. Jh. n. Chr. fertiggestellt. Der Tempel ist eines der bedeutendsten Pilgerzentren des Hinduismus, welches täglich von etwa 10 000 Gläubigen besucht wird. Der Überlieferung nach vermählte sich hier Shiva mit Parvati. Der größtenteils überdachte Tempelbezirk weist eine Gesamtfläche von 6 Hektar auf. Im Innern befinden sich zahlreiche festlich geschmückte Götterbilder und Altäre, vor denen unablässig gebetet und geopfert wird.

Krishna und Radha sitzen auf einer Lotusblüte
Miniatur der Parkari-Schule, Basohli 1715

Der Lotus ist die kosmische Pflanze des Hinduismus. Wenn die göttliche Lebenssubstanz im Begriff ist, das All aus sich hervorzubringen, wächst aus den kosmischen Wassern ein tausendblättriger Lotus, der Öffnung, Tor und Mund ist für die Entwicklung des Alls. Der kosmische Lotus ist das Zeugungsorgan des das All gebärenden Absoluten und symbolisiert die unendliche Aufeinanderfolge der Existenzen. In vor-vedischer Zeit war der Lotus Symbol der Großen Muttergöttin bzw. der „Göttin Erde", Shri oder Lakshmi, die auf einem Lotus sitzend dargestellt und „lotusgeboren" (padmasambhava) genannt wurde. In nach-vedischer Zeit wurde das Bild des Lotusgeborenen auf den Weltenbaumeister Brahma übertragen. Bald schon wurden verschiedene Götter als auf einem Lotus sitzend dargestellt.

scher, Schlächter, Fischer oder Lederarbeiter. Die niedrigste Gruppe, der fünfte Stand, wird „Pancamas" genannt (auch „Parias" oder „Unberührbare" (Asprishyas)). Sie fristen in der traditionellen indischen Gesellschaft oft ein erbärmliches Dasein und üben einen „unreinen" oder „unehrlichen" Beruf aus: als Straßenkehrer, Abortreiniger oder als Mitglied der verschiedenen Bettler- und Diebeskasten. Die beiden unteren Stände sind wesentlich aus den Nachkommen der von den Ariern unterworfenen indischen Urbevölkerung gebildet.

Jeder der fünf Stände zerfällt noch einmal in eine Menge von Binnenunterteilungen, so daß das Hindutum 2000 bis 3000 Kasten kennt, von denen jede ihre feste Begrenzung und feste Aufgaben hat. Gegenüber der Kastenordnung gelten für Hindus alle anderen möglichen Gruppierungen nach Ort, Sprache, Nation, Volk usw. als sekundär und „künstlich". Das Fehlen des Kastenwesens gilt als Abfall vom Ursprung und Vergessen der natürlichen Ordnung. Das moderne Indien, das sich in der Nachfolge Pandit Nehrus im sozialen Bereich als säkularer Staat versteht, bemüht sich in vielen Bereichen um eine Milderung der Härten des Kastenwesens, doch gilt dieses für gläubige Hindus immer noch als die jahrtausendealte tragende soziale Ordnung. Bereits im ältesten Hindutext, dem Rigveda (10,90, Vers 12), erscheint das Kastenwesen als göttliche Einrichtung und die verschiedenen Kasten als aus den verschiedenen Gliedern des kosmischen Urwesens Purusha hervorgegangen. Die verschiedenen Stände sollen daher aber auch wie ein Körper zusammenarbeiten.

Die Karma-Vergeltung: Der Kosmos als moralische Ordnung

Die Hierarchie des Kastenwesens ist stark an die Vorstellung von der natürlichen Ordnung als zugleich moralischer Weltordnung gekoppelt. Besonderer Ausdruck dessen ist seit den Upanishaden die Karma-Lehre. Sie besagt, daß das Dasein und Schicksal des Einzelwesens notwendige Folge seiner im früheren Leben vollbrachten Taten ist, wobei gute Taten mit einer „guten Wiedergeburt", d. h. der Geburt in einer höheren Kaste, belohnt werden, während schlechte Taten mit einer niedrigeren Wiedergeburt vergolten werden.

Die Mannigfaltigkeit der Lebewesen wird auf die Mannigfaltigkeit der Taten zurückgeführt, die vergolten werden müssen. Die Gemeinsamkeiten und Unterschiede der Lebewesen bemessen sich nach der Gemeinsamkeit und Unterschiedlichkeit der im früheren Leben vollbrachten Taten. Da der Weltenlauf unendlich ist und die Weltsysteme ewig untergehen und wiedergeboren werden, gibt es für den Hinduismus auch keinen Anfang des Vergeltungsprozesses; auch die Weltuntergänge und kosmischen Ruheperioden unterbrechen nicht den Kreislauf von Lohn und Strafe, sondern kommen mit der nächsten Weltentstehung erneut zum Tragen. Die moralische Ordnung der Welt kennt aber nicht nur die Vergeltung der Taten, sondern auch die Möglichkeit einer allmählichen Vervollkommnung und schließlich Erlösung der Lebewesen. Es ist umstritten, ob der Hinduismus wirklich annimmt, daß alle Lebewesen irgendwann erlöst werden und ihre Befreiung von einer Wiederverkörperung in der Wandelwelt (Sansara) erfahren. Spezifisch hinduistisch ist, daß alles Leben, also auch Tiere und Pflanzen, an diesen beiden Rangordnungen teilhaben, da alles Lebendige nur graduell und nicht grundsätzlich voneinander verschieden ist.

DIE UNTERSCHIEDLICHEN GOTTESAUFFASSUNGEN

Die Vielfalt der Systeme

In metaphysisch-philosophischen Fragen läßt der Hinduismus den Gläubigen Freiheiten wie keine andere Religion. Es bleibt dem einzelnen überlassen, ob er sich als Theist, Panentheist oder Atheist begreift, ob er Vishnu oder Shiva als höchsten persönlichen Weltenlenker betrachtet oder eher ein apersonales Prinzip. Auch die Theorien über die Entstehung der Welten und das Zusammenspiel ihrer materiellen und immateriellen Komponenten sowie über das Verhältnis von Leib und Seele sind nicht allgemein verbindlich. Der indische Geist hat nicht das Bedürfnis, die Vielfalt der religiösen Anschauungen und Gebräuche in einer Systematik zusammenzufassen. Nirgendwo kommt diese Vielfalt deutlicher zum Ausdruck als bei den metaphysischen und religiösen Letzterklärungen. Die philosophischen Anschauungen finden ihre feste Form in den „Sutras" (= Leitfäden) und bestimmten Denksystemen, die im Sanskrit „darshana" (wörtl.: Anschauungsweisen; von „drishti" = Sehen, Wahrheitsschau) heißen und oft lediglich eine Art Orientierungshilfe sein wollen.

Die 6 orthodoxen Darshanas

Die Tradition unterscheidet 6 Darshanas, die alle als orthodox gelten, weil sie alle die Veden als Offenbarung anerkennen, ansonsten aber eine völlig unterschiedliche Weltdeutung vornehmen. Die 6 Systeme erscheinen zumeist paarweise geordnet; zusammen gehören das Samkhya oder Sankhya (das sich auf intellektuelles Wissen stützt) und das Yoga (die Beherrschung der Sinne und inneren Kräfte); das Vaisheshika (das experimentell ist und sich auf sinnliche Erfahrung stützt) und das Nyaya (das logisch vorgeht und sich auf Dialektik stützt); sowie das Vedanta (metaphysische Spekulationen) und das Karma-Mimansa (das deistisch und ritualistisch ist und sich auf die heiligen Schriften stützt). In jedem der drei Paare bildet das erste System das mehr metaphysisch-philosophische, während das zweite System sich mehr der Methodologie als der Metaphysik widmet.

1.) Das Samkhya oder Sankhya (wörtl: „Aufzählung") vertritt einen dualistischen Realismus. Es ist ein sehr altes System und erkennt zwei letzte ewige Wirklichkeiten an: den Geist (Purusha) und die Natur (Prakriti), wobei Prakriti eine alles durchdringende Kraft, eine Art Substanz ist, die sich in 3 Hauptbestandteile oder Elemente (Gunas) aufgliedert. Diese 3 Gunas widersprechen einander in gewisser Weise und halten sich so gegenseitig im Gleichgewicht. Purusha ist Nicht-Materie oder reiner Geist. Mit Hilfe des Yoga kann das Spiel der Kräfte beeinflußt werden. Unser materielles (irdisches) Dasein ist sorgenvoll und mühselig, weil wir die Unterschiede zwischen Selbst und Nicht-Selbst nicht kennen; Freiheit kann nur im Meditieren gefunden werden.

2.) Das Yoga (wörtl.: „Anspannung, Training") wird auf das Lehrbuch des Patanjali in der ersten Hälfte des 1. Jahrhunderts n. Chr. zurückgeführt, ist aber in einigen Teilen wohl wesentlich älter. Es ist ein theistisches System, das auf dem modifizierten („klassischen") Samkhya fußt als praktische Meditationslehre zum Erreichen der objektlosen Erkenntnis, die zur Erlösung führt. Es gibt 8 Stufen des Yoga, von der Selbstbezwingung bis zur völligen Versenkung.

3.) Das Vaisheshika ist ein ursprünglich atheistisches System. Es entwirft eine atomistische Weltdeutung, wonach alles (bis auf den Geist) aus Atomen zusammengesetzt ist, die erst durch ihre reale Verbindung miteinander als Materie sichtbar werden. In der Nacht der Auflösung (Weltuntergänge) trennen sich die Atome wieder und gehen in neuen Welten neue Verbindungen ein. Die Naturphilosophie des Vaisheshika legt die

Yogi vor dem Warwari-Tempel in Madras

Der meditierende Yogi trägt die deutlich sichtbaren Zeichen der Vishnu-Anhänger: die weißgeschminkte Stirn mit dem senkrechten roten Strich zwischen den Augenbrauen.

Pilgerfakir in Malaysia

Die Hindu-Asketen demonstrieren auf ihren Pilgerreisen vor allem die durch Konzentration, Meditation und Trance erlangte Unempfindlichkeit gegen körperliche Schmerzen und eine Gleichgültigkeit gegen die Beschwernisse des täglichen Lebens. Beliebt ist dabei die Durchstoßung von Wangen und Zunge mit silbernen Spießen oder Stangen, an denen oft kleine Ketten befestigt sind. Andere Fakire hängen sich an Haken, die durch die Rückenhaut gestoßen werden, an einem Pilgerwagen auf; solche Wagen werden von den Mitpilgern oft wochenlang bis ans Ziel der Pilgerfahrt geschoben. Besonders verehrt unter den Asketen werden die als Glaubenswächter betrachteten Nagas (von „naga" = Schlange, Schlangendämon), die in den Kriegskünsten bewandert sind und völlig mittellos und nackt leben, meist nur mit Spieß und Pilgerkette angetan, die wie ein Rosenkranz benutzt wird.

Stele des Gottes Brahma
Chlorit-Schiefer, 12. Jh., Nord-Bengalen

Brahma, die Personifikation des vedischen Neutrums „brahman" (= Universalseele, All), trägt stets die Heilige Schnur der drei oberen Stände und hat als Reittier die Gans (hansa), die als klug gilt. Brahma ist nicht der Schöpfer, aber der Gestalter bzw. Baumeister des Universums und Wächter der Welt. Viele Mythen erzählen von der Depotenzierung Brahmas, der den Hochgöttern Vishnu und Shiva deutlich unterlegen ist.

Gott Brahma am Opferfeuer
Indische Miniatur, Blatt aus einer Ragamala-Serie, um 1660, Zentralindien, Malwa-Stil

Brahma ist auch der Hochgott der Priesterkaste der Brahmanen. Als solcher wird er vierköpfig und vierhändig dargestellt, wobei jeder Kopf für eine der 4 Heiligen Veden (Rigveda, Yajurveda, Samaveda, Atharvaveda) steht und seine Hände die Priesterrequisiten Veda-Manuskript, Weihwassergefäß, Opferlöffel und Schlinge halten.

zwischen allem Existierenden bestehenden realen Verschiedenheiten (vishesda) dar, indem sie alles Seiende nach Kategorien klassifiziert. Sie vertritt einen realen Pluralismus von 9 Substanzen, deren Zusammenwirken das Weltgeschehen ausmacht: 4 aus Atomen bestehende Elemente (Erde, Wasser, Feuer, Luft), 3 einheitliche, alles durchdringende Entitäten (Äther, Raum, Zeit), die zahllosen Einzelseelen (als 8. Substanz) und die zu ihnen gehörenden atomkleinen Denksubstanzen (als 9. Substanz).

4.) Das Nyaya (wörtl.: „Logik") vertritt einen logischen Realismus. Es ist ein System der Logik und Dialektik, das in seinen weltanschaulichen Grundlagen dem Vaisheshika entspricht und später mit diesem vereinigt wurde. Es will mittels 5 Gliedern (Sätzen) falsches von echtem Wissen scheiden und behauptet die Abhängigkeit der (Existenz von) Ideen und Vorstellungen von einem sie denkenden Geist. Befreiung sieht es in der Erfahrung der Eigenständigkeit des Selbst, das von Körper und reinem Geist verschieden gedacht wird. Ein Gott wurde im Nyaya ursprünglich nicht genannt und kam erst durch die spätere Vereinigung mit dem Vaisheshika hinein.

5.) Das Vedanta (wörtl.: „Ende des Veda") versucht die Endaussage der Upanishaden zu ermitteln. Sein großer Lehrtext ist das „Brahmasutra". Es bildet einen Höhepunkt der vedischen Spekulationen. Die kurzen Lehrsprüche sind durch ihre Rätselhaftigkeit schwierig auszudeuten, so daß es unzählige Kommentare zum Vedanta gibt.

6.) Das Karma-Mimansa (wörtl.: „ Erörterung des Werkdienstes" oder „kritische Erörterung") ist ein ursprünglich theologischer bzw. kultischer Text. Das Werk war zunächst nicht philosophisch, sondern eine Interpretation der heiligen Texte zu den Opferritualen, die für die Erhaltung der Welt und des menschlichen Lebens wichtig sind. Im 7./8. Jahrhundert n. Chr. wurde es zu einem philosophischen System weiterentwickelt, das die reale Existenz einer Vielheit von Seelen und Substanzen lehrt.

Alle 6 Darshanas unterscheiden sich hinsichtlich ihrer Aussage über das Göttliche. Das Karma-Mimansa und das klassische Sankhya leugnen die Existenz eines ewigen Weltregierers und lassen den Kosmos von einem natürlichen und moralischen Gesetz (Dharma) beherrscht sein. Das Yoga erkennt einen ewigen, allwissenden Gott an, schreibt ihm aber keinen Einfluß auf den Weltlauf zu (was in der europäischen Philosophie als Deismus bezeichnet wird). Das Vaisheshika und das Nyaya glauben an einen persönlichen und lenkenden Gott, der aber gleich-ursprünglich mit der ewigen Seele und der ewigen Materie ist. Die ältere Vedanta lehrt einen Panentheismus, wonach Gott die Ursubstanz der Welt ist, zugleich aber ein der Welt überlegenes Wesen, das von manchen als eher unpersönliches Prinzip, von anderen als persönlicher Hochgott angesprochen wird. Dieses System wurde später auch auf die Götter Vishnu und Shiva übertragen. Der Zentralbegriff dieser Schulen oder Sekten, auch der Vishnu- und Shiva-Anhänger, ist „bhakti". Bhakti meint eine gläubige Ergriffenheit in bezug auf den Weltherrn als Mittel zur eigenen Erlösung, demgegenüber Philosophie und Wissenschaft deutlich zurücktreten.

Shankara

Der Brahmane Shankara (788-820 n. Chr.) unternahm einen großen Versuch zur Vereinheitlichung der religiösen Anschauungen und Kulte durch eine Neuinterpretation der Vedanta-Texte, die gewaltigen Einfluß auf das hinduistische Denken hatte. Von buddhistischen Systemen beeinflußt, vertrat Shankara eine Zwei-Stufen-Theorie der Wahrheit, wonach alle Glaubensformen auf dieser Welt ihre Berechtigung hätten, allesamt jedoch die höchste Wahrheit nur unzureichend zu erfassen vermögen.

Die heilige und letzte Wahrheit steht für ihn jenseits des vielheitlichen Scheins, jenseits des „Schleiers der Maya" (= Weltillusion) und kann nur vom Weisen in meditativer Versenkung erfahren werden. Shankara verbindet dabei das „Wissen" um ein höchstes, unpersönliches All-Eines mit dem Glauben an einen persönlichen Weltherrn, der für den Bereich der „Maya", also unserer illusionistischen „Wandelwelt", seine Gültigkeit hat. Alle irdischen Kulte gelten ihm lediglich als Vorstufen der Erkenntnis der absoluten Wahrheit, die jenseits von Wort und Gedanke steht. Shankaras Lehre wurde vom orthodoxen Hinduismus weitgehend übernommen.

Die Yoga-Lehre

Das Wort Yoga bedeutet wörtlich „anschirren" und meint ursprünglich tatsächlich den Vergleich mit der Leitung der Reittiere durch ein Geschirr. Die Techniken des Yoga, dessen Lehre sich auf die beiden Darshanas Samkhya und Yoga bezieht, sind Methoden der seelischen und körperlichen Disziplinierung sowie die Konzentration auf ein intuitives Wissen und die Einheit hinter der Welt der vielheitlichen Erscheinungen.

Es gibt 9 Yoga-Systeme, die sich in 4 Hauptwege und 5 ergänzende Methoden unterteilen. Im Yoga geht es um die Befreiung der Seele zu wahrer Erkenntnis. Die Mittel sind Entsagungen, Enthaltsamkeit und Askese, die Verwerfung der Bequemlichkeit und allen Besitzes, die Abtötung der Begierden und dadurch das Erlangen des seelischen Gleichmutes und der inneren Milde, wie sie in der versenkenden Meditation als Rückzug in sich selber zum Ausdruck kommt.

Der Tantrismus

Seit etwa 500 n. Chr. erfuhr die Bedeutung der sakralen Handlungen im Hinduismus eine deutliche Aufwertung. Die entstehende ritualistische Bewegung, in der auch magische Elemente eine große Rolle spielen, wird nach ihren Texten, den Tantras, als Tantrismus bezeichnet.

In diesem Kult gewinnt der Geist der nichtarischen Völker Indiens stärkeren Einfluß. Ihren Höhepunkt findet er im Glauben an die „Shaktis", die weiblichen Begleiterinnen und Gefährtinnen der Götter, und in der Lehre, daß der männliche Gott nur wirksam sei durch die Energiespendung seiner Gattin. Der tantrische Kult ist oft mit Geheimritualen verbunden, besitzt eine komplizierte Zahlen- und Buchstabenmystik und einen ausgefeilten Bilderkult. Der Beistand eines Gurus gilt als unbedingt erforderlich. Der sogenannte „linkshändige" Tantrismus ist im Hinduismus, genau wie im Buddhismus, ein Kult der Geschlechtlichkeit mit teilweise orgiastischem Charakter; es gibt extrem esoterische und magische Ausprägungen.

Vishnuiten und Shivaiten

Bei den Systemen der Vishnuiten und Shivaiten handelt es sich um spätere philosophische Systeme des Hinduismus, die teilweise in Auseinandersetzung mit dem strengen Monotheismus des vordringenden Islam (seit dem 8. Jahrhundert n. Chr.) entstanden sind, vor allem aber als Reaktion gegen die Philosophie des Shankara und den Tantrismus. Die Anhänger verfolgen das Ziel, den von ihnen als Weltenherrn angesehenen Gott – Vishnu oder Shiva – als den einzigen wahren Gott gelten zu lassen.

Beide Richtungen eigneten sich auch eine Reihe von lokalen Kulten und Göttereigenschaften an. Die Grundform der vishnuitischen Frömmigkeit ist der „Weg der Gottesliebe" (bhakti-marga), während Shiva vor allem in Form des Phallus (Linga), aber auch als (zerstörerische) weibliche Kraft verehrt wird. In beiden Glaubensrichtungen haben sich zahlreiche Kultgemeinschaften mit unterschiedlichen Riten ausgebildet.

Verehrung des Ganesha
Indische Miniatur, Illustration zum Textbeginn der Bhagavadgita, 18. Jh., Moghul-Stil, Kashmir

Der heitere und gemütvolle Ganesha, der als Sohn bzw. Geschöpf des Shiva gilt, zählt zu den populärsten Göttern des Hinduismus. Da sein Vater ihm die Macht verlieh, den Menschen alles zu gewähren, worum diese ihn bitten, wird er vor jeder schwierigen Unternehmung oder Reise um Beistand angerufen. Er hat einen Elefantenkopf mit nur einem Stoßzahn, und es gibt eine Reihe von Legenden über seine Gestalt, wobei alle Versionen davon ausgehen, daß der Gott ursprünglich einen menschlichen Kopf besaß, den er verlor oder abgeschlagen bekam, wofür er von Shiva oder Brahma den Elefantenkopf erhielt. Sein dicker Bauch bildete sich infolge seiner Empfänglichkeit für die Opfergaben der Menschen, insbesondere Früchte und Naschwerk, weshalb er häufig mit Dienerinnen, die ihm Früchte reichen, dargestellt wird. Als Gott der Weisheit und Hüter der Wissenschaften gilt er auch als der Schreiber des heiligen Epos Mahabharata, das ihm von dem Weisen Vyasa diktiert wurde. Im Kampf gegen die Dämonen ist er der Anführer des Heeres aus Shivas Gefolge (Ganadevatas); als dieser „Große Herr der Scharen" (Mahaganapati) ist er für eine Sekte des tantrischen Hinduismus zur Höchsten Gottheit geworden.

Kult und Ritual

Das Ritual verlor im Hinduismus nach der vedischen Epoche stetig an Bedeutung, während äußere Kulthandlungen – insbesondere unter dem Einfluß des Tantrismus – zunehmend wichtig wurden. Dies kam besonders in der zunehmenden Verbreitung der figürlichen Götterdarstellung und der monumentalen Götterplastik zum Ausdruck.

In den Mittelpunkt des religiösen Geschehens rückt die „Puja" (Anbetung): Gott wird als Ehrengast begrüßt und mit Weihrauch und Blumen willkommen geheißen. Teilweise gilt das Götterbild als mit dem Gott selber identisch; möglich ist auch die Anwesenheit Gottes durch ein Symbol, etwa im Linga als Symbol Shivas. Die kultische Reinheit ist ein Schlüsselbegriff des Götterdienstes. Beim Beten werden bestimmte Formeln (Mantras) rezitiert. Auch Tempeltänzerinnen und eigene Hauspriester spielen bei der Götterverehrung eine Rolle. Für den religiösen Tanz sind bestimmte Bewegungen und Körperhaltungen vorgeschrieben. Der Tantrismus kennt noch eigene religiöse Embleme, die oft kunstvoll gearbeiteten Yantras oder Mandalas, mystische Diagramme in Kreis- oder Vieleckform, die den entsprechenden Gott für das Ritual oder die Meditation gegenwärtig setzen sollen.

Besondere Schwierigkeiten bereitet für Nicht-Hindus das Verstehen der kultischen Symbolik im Hinduismus. Mit bzw. in den Göttersymbolen werden die Götter selbst verehrt; so „ist" das bei Prozessionen mitgeführte Götterbild der Gott

Stele des Gottes Vishnu
Spät-Pallara, 9. Jh.

Vishnu, dessen Aufstieg erst in spät-vedischer Zeit begann, ist heute neben Shiva der Hauptgott des Hinduismus. Vishnu verkörpert gegenüber Shiva den freundlichen und hilfsbereiten Hochgott, dessen mit Kraft gepaarter Milde sich der Gläubige in frommer Verehrung (bhakti) hingibt. Er ist der stets maßvolle Erhalter und Bewahrer der Welt.

Vishnu in seiner Inkarnation als Eber (Varaha) am Hoysala-Tempel in Belur

Vishnu holt in seiner 3. Inkarnation als Eber (Varaha) die von einem Dämon in den Ozean gestoßene Erde mit seinen Hauern vom Meeresgrund wieder herauf, vernichtet den Dämon und entsteigt mit der geretteten Erdgöttin Prithivi auf seinen Armen den Fluten; Prithivi, die Erde, wird daraufhin seine Gemahlin.

selbst, obwohl gebildete Hindus den Unterschied von Symbol und Symbolisiertem natürlich nicht leugnen. Es geht um die bildliche Darstellung abstrakter Prinzipien, die bejaht wird.

Die erhaltenen Tempel Indiens sind größtenteils erst nach dem 7. Jahrhundert n. Chr. erbaut worden, als die Tempel und Götterbilder die älteren Opferstellen im Freien verdrängten. Das Umschreiten der Tempel und Schreine ist Bestandteil der meisten religiösen Wallfahrten. Die Tempel im Norden des Landes sind pyramidenförmige Türme, während die Tempel des Südens in der Regel die Form eines rechteckigen Pyramidenstumpfes haben und wie gewaltige Berge wirken.

DIE GÖTTERWELT DES HINDUISMUS

Die unerschöpfliche Vielgestalt

Das Wort für Götter im Hinduismus ist „Deva" (von „div" = scheinen, strahlen). Die vedische Götterwelt erfuhr seit der Upanishadenzeit eine völlige Umwandlung; zwar wurden die vedischen Götter Mitra und Varuna, Indra und Agni noch verehrt, traten aber immer mehr in den Hintergrund. Statt dessen wurden drei neue Götter zu den alles beherrschenden Gestalten des indischen Pantheon: Brahma, Vishnu und Shiva. Sie treten zuweilen auch als Dreiheit (Trimurti) auf und werden mit der Lehre verbunden, die drei Götter seien nur drei verschiedene Gestalten bzw. Formen des einen Urwesens in seiner Tätigkeit als Schöpfer, Erhalter und Zerstörer des Universums. Die meisten modernen Hindu-Theologen bekennen sich als Vishnuiten oder Shivaiten und sehen einen der beiden als höchsten Gott an, dem die anderen Götter als Untergebene oder Erscheinungsformen (Inkarnation) untergeordnet sind.

Brahma, der Schöpfer

Als Schöpfergott ist Brahma maßgeblich an der Entstehung der Welt beteiligt. Er schafft die Welt allerdings weder nach seinem freien Willen noch aus dem Nichts, daher ist er nur eingeschränkt als „Schöpfergott" zu nennen. Doch verkündet er die heiligen Veden. Er ist eine Personifikation des ursprünglichen Neutrums „Brahma", das in den Upanishaden erwähnt wird und dort das Absolute (All-Eine) meint, das mit dem „Selbst" (Atman) als dem innersten Kern jedes Einzelwesens und auch des menschlichen Individuums identisch ist. Weiter ist Brahma eine Verschmelzung mit anderen kosmogonischen Gestalten wie Prajapati, dem „Herrn der Geschöpfe", der in den Brahmana-Texten häufig erwähnt wird.

Doch ist Brahma – vielleicht weil ihm seine Herkunft aus einem Neutrum bzw. unpersönlichen Prinzip noch anlastet – nicht zu einem die anderen Götter überragenden Hochgott geworden. Der heutige Hinduismus sieht in ihm den Demiurg, den Weltenbaumeister, der die vorhandenen Bestandteile der Welt immer wieder neu ordnet und die in den Kreislauf der Welten zurückkehrenden Seelen bei ihrer Wiedergeburt mit neuen Leibern versieht. Das Brahman der Upanishaden war ein farb- und gestaltloses Absolutum. In der vedischen Zeit war der Schöpfer oder Demiurg noch nicht mit dem Gott Brahma identifiziert; er hieß Prajapati und war eine schöpferische Energie. Die erstarkenden Vishnuiten und Shivaiten gingen besonders gegen Brahma vor, nahmen ihm jeden Absolutheitsanspruch und karikierten ihn als Schöpfergott – etwa durch die Geschichte, er habe seine Tochter Savitri zur Frau genommen und mit ihr in Blutschande gelebt. Eine besondere Untergrabung seines Absolutheitsanspruches vermittelt die Legende seiner Geburt: Brahma gilt als aus einer Lotusblüte hervorgegangen, die dem Nabel Vishnus entsproß. Da er ein rein theistischer und kein (ursprünglich) naturhafter Gott ist, wird Brahma auch nicht mit den widerstreitenden Tendenzen der Zerstörung und Neuschöpfung (wie Shiva) in Verbindung gebracht.

Vishnu, der Erhalter

Vishnu erlebte eine erfolgreichere Laufbahn als Brahma. In den Veden noch wenig beachtet, ist er danach zu einem der beiden mächtigsten Götter Indiens geworden, besonders durch seine Identifikation mit verschiedenen Gottheiten und seine Inkarnation in den verschiedenen Helden der großen Epen Indiens. Er verkörpert das Prinzip der Welterhaltung durch ethische bzw. heldenhafte Taten: Immer wenn die Welt oder die Menschheit in Gefahr ist, durch böse Mächte oder sittlichen Verfall dem Verderben anheimzufallen, erscheint Vishnu als Held in Tier- oder Menschengestalt, um sie zu erretten.

Vishnu tritt in 10 Inkarnationen auf, die sich auf die 4 Weltzeitalter verteilen, was mit den komplizierten Zeitstrukturen der Götter-Äonen zusammenhängt, wobei jedes Weltzeitalter durch moralischen Verfall endet, an dessen Ende Vishnu auftritt und gegen die Dämonen des Bösen kämpft, damit eine neue Welt entstehen kann.

Vishnus 10 Inkarnationen sind: 1.) als Fisch (Matsyavatara); 2.) als Schildkröte (Kurmavatara); 3.) als Eber (Varahavatara); 4.) als Mensch-Löwe (Narasimhavatara); 5.) als Zwerg (Vamanavatara); 6.) als Rama mit der Axt (Parashu-Ramavatara); 7.) als Rama der Held (Ramavatara); 8.) als Krishna; 9.) als Buddha; 10.) als Pferd (Kalki). Von diesen Inkarnationen (Avataras, wörtl.: „Herabkünfte") Vishnus erfreuen sich die als Rama der Held (7. Inkarnation) und als Krishna (8. Inkarnation) besonderer Beliebtheit. Im Ramayana-Epos ist Rama ein Prinz und späterer König von Ayodha, der zusammen mit seiner tugendhaften Gemahlin Sita, dem Inbegriff der Treue, als idealer König herrscht. Rama wird als Staatsmann, Feldherr, Gesetzgeber und Künstler verehrt.

Krishna gilt als die einzig vollständige Inkarnation Vishnus und wird daher als eigenständige Gottheit verehrt. Auch Krishna ist ein Prinz; da seinem Onkel, dem grausamen König Kansa von Mathura, prophezeit worden war, er werde durch Krishna getötet werden, läßt er alle neugeborenen Knaben in seinem Reich umbringen. Krishna wächst jedoch unerkannt unter Hirten in Brindaban auf, wo er schon als Knabe wunderbare Taten vollbringt und als Jüngling der Liebling aller Hirtinnen (Gopi) ist. Später tötet er Kansa und wird Herrscher von Mathura, führt siegreiche Kämpfe und zieht nach Gujarat, wo er in Dvaraka mit 16 000 Frauen 180 000 Söhne zeugt, weshalb er auch der Held der Fruchtbarkeit ist. Seine Heldentaten, Liebesabenteuer und Weisheitsworte sind eines der beliebtesten Themen der indischen Literatur. Die 10. Inkarnation Vishnus als Kalki ist der Gott der Zukunft, der das Böse niederringt und das Recht wiederherstellt und ein neues, glückliches Weltalter heraufführt.

Da Vishnu in vedischer Zeit lediglich einer der zwölf Sonnengötter war und den Lauf der Sonne symbolisierte, erhielt er seine Rolle als Welterhalter erst relativ spät; auch ist der Vishnuismus später entstanden als der Shivaismus. Als Welterhalter gilt er als Verkörperung von Gnade und Güte. Er hat die Welt mit all ihren Lebewesen durch Emanation ins Dasein gerufen und erhält das Leben bis zur Auflösung des Universums. Vishnu kehrt am Weltenende in seine ursprüngliche Form zurück und läßt nach einer Ruhepause alles von neuem entstehen. Besonders beliebt ist seine Darstellung als Narayana, als der Gott zu Beginn eines neuen Zeitalters: Vishnu ruht in kontemplativem Schlaf auf der fünfköpfigen Weltschlange und träumt die neue Ordnung. Aus seinem Nabel wächst der Lotus, der den Schöpfergott Brahma hervorbringt.

Shiva, der Zerstörer

Shiva, sein Name bedeutet „Der Gnädige", ist heute neben Vishnu der volkstümlichste Gott des Hinduismus. Sein vedisches Urbild ist der furchtbare Bogenschütze Rudra, der Krankheiten sendet und wieder vertreibt. Mit ihm ist aber auch der vor-arische Naturgott der Zeugungskraft verschmolzen, der unter dem Symbol des Phallus (Linga) verehrt wird. Shiva ist der „doppelköpfige" Gott par excellence, der gleichzeitig die schöpferischen und zerstörerischen Kräfte des Kosmos – je nach seinen verschiedenen Gestalten und In-

Kampf der Götter gegen die Dämonen
(Indische Miniatur, Blatt aus einer Sanskrit-Handschrift des Devimahatmya, 2. Hälfte 18. Jh., Pahari-Gebiet, Guler-Stil)

Im Kampf der Götter gegen die Dämonen spielt die Göttin Durga, „die schwer Zugängliche", Gemahlin Shivas, eine große Rolle. Sie ist ein Aspekt der Großen Göttin Devi, meist in ihrer negativen und bedrohlichen Erscheinungsform, wird aber auch verführerisch dargestellt. Sie entstand aus den Flammen, die dem Munde eines der großen Götter entströmten, war von Anfang an eine herrliche, vollerwachsene Frau und hatte die Aufgabe, die Dämonen des Bösen zu töten. Sie wurde von den Göttern sofort im Kampf gegen den mächtigen, selbst die Götter bedrohenden Büffeldämon Mahisha eingesetzt (die Abbildung zeigt Durga im Kampf gegen Mahisha) und kämpfte gegen ihn mit zehn Armen, in jeder Hand die zur Verfügung gestellte Waffe eines anderen Gottes. Obwohl der Dämon sie mehrfach angreift, tötet Durga ihn schließlich mit einem Speer.

Shiva Nataraja
Bronze, Südindien, 19. Jh.

Shiva vollführt als „Herr des Tanzes" (Nataraja) seinen Tanz auf dem Körper des Zwergdämonen Apasmara, der für das Böse und die Unwissenheit steht. Shivas Tanz ist von kosmischer Bedeutung, da er die Neuschöpfung und Wiedererrichtung der göttlichen Ordnung in einem neuen Zeitalter einleitet. Die ihn umgebende Flammenaureole symbolisiert den Zyklus von Schöpfung, Verfall und Wiedergeburt.

Heilige Kühe

Seit der vedischen Zeit genießt die Kuh in Indien eine außergewöhnliche religiöse Verehrung, und der Sinn des vedischen Götteropfers war die Bitte um Reichtum an Rindern. Einige der heiligen Kühe in Indien gehören zu Tempeln, die meisten jedoch ziehen frei in den Städten umher und sind darauf angewiesen, von den Gläubigen Futter zu erhalten, die sie auch oft mit Blumen bekränzen und ihnen zum Zeichen der Verehrung Safran darreichen. Für den gläubigen Hindu ist Rindfleisch als Speise tabu, und die Tötung einer Kuh gehört zu den schwersten Sünden.

karnationen – verkörpert. Ins Geistige gewendet ist er auch der Prototyp des großen Asketen, der durch Selbstkasteiung die Welt überwindet und dadurch neues Dasein schafft, und der Erlösung spendende Heilsbringer.

Wie Vishnu wird auch Shiva von seinen Anhängern als höchster Weltherr angesehen. Er ist die facettenreichste und vielgestaltigste Gottheit des Hinduismus und gehört zu den ältesten Göttern. Als zunächst durch und durch naturhafter Charakter, war er der Gott der Stürme, der Krankheiten und des großen Todes, aber auch der Helfer und Heiler der Menschen. Insgesamt trägt er 1008 verschiedene Namen. Als Sturmgott Rudra hauste er auf Friedhöfen und in Wäldern, ein Gott der Wildnis und der Grenzbereiche, mit einem Schädelkranz als Halskette dargestellt.

Bei den Ariern wurde er als Rudra mit Vishnu gleichgestellt, seine unkultivierten und wilden Naturkräfte wurden gleichsam „zivilisiert". Im heutigen Hinduismus erscheint Shiva sowohl maskulin als auch feminin als auch androgyn, wobei der androgyne Aspekt des Gottes konstitutiv ist. Der androgyne Shiva (Ardhanarishvara) wird durch eine Figur mit männlicher und weiblicher Körperhälfte dargestellt. Daneben gibt es die Darstellung des männlichen Shiva mit seiner Shakti (weiblichen Gottheit), die ihm seine Energie verleiht. In dieser Form symbolisiert das männliche Prinzip das passive Element des Raumes, das weibliche Prinzip das aktive Element der Zeit. Eine besondere Darstellungsform ist die des Shiva als Gott des Tanzes (Nataraja). Der kosmische Tanz gilt als schöpferischer Akt schlechthin, wobei der Tänzer die unpersönliche, ewig sich verändernde Lebenskraft versinnbildlicht, die in verschiedenen Posen und Körperhaltungen gezeigt wird. Zugleich erlöst der kosmische Tänzer die Welt von der Unwissenheit, symbolisiert durch den bösen Zwerg Apasmara, auf dem der Tänzer Nataraja steht.

Shiva als weibliche Gottheiten

Da Shiva als einziger der Trimurti-Götter noch deutlich naturhafte Züge trägt, gilt er auch als Inkarnation oder Inkarnationen der weiblichen Gottheiten, vor allem der Göttinnen der Naturkräfte (wie Morgenröte, Nacht, Fruchtbarkeit). Die Aufwertung der weiblichen Naturkräfte erfolgte in den Veden durch den Begriff der „Shakti", was „Kraft" bedeutet und die weiblichen Gottheiten als Energiespender der männlichen Gottheiten, denen sie zugeordnet sind, meint. Der höchste Sammelbegriff der Götter, „Devi", meint ursprünglich die Muttergottheit und Weltenmutter, sodann die Erdgöttin Prithivi (= „Die Weite"). Alle diese vielgestaltigen Shaktis werden mit den Kräften Shivas in Verbindung gebracht. Bekannt und gefürchtet ist Shiva als Göttin in ihren furchtbaren Aspekten, besonders als die „Schwarze Kali", die Göttin der Zeit.

Sonstige Götter – die vedischen Götter

Es gibt im Hinduismus unzählige Gottheiten, die oft als Kinder oder Diener (besonders die tiergestaltigen Götter) der großen 3 Trimurti-Götter angesprochen werden. Besonders zu erwähnen ist der elefantenköpfige und hängebäuchige Gott Ganesha als Gott der Weisheit und des Wegräumens aller Hindernisse, der als klug, heiter und gemütvoll gilt und vor Prüfungen oder schwierigen Unternehmungen angerufen wird.

Von den vedischen Göttern ist zunächst der Sonnengott Surya als Lebensspender, dargestellt in einem von Pferden gezogenen Wagen, zu nennen. Er galt anfangs als der Ursprung aller Dinge und Schöpfer des Universums, seine freundliche Gesamterscheinung wurde hochverehrt; bis ins 12. Jahrhundert n. Chr. waren ihm eigene Tempel geweiht.

Vier Götter fungieren in den Veden als „Wächter der Weltregionen" (Dikpala): der Gewittergott Indra (Osten), der Wassergott Varuna (Westen), der Todesgott Yama (Süden) und der Gott des Reichtums Kubera (Norden). Dazu kommen noch als Wächter der Zwischenregionen der Feuergott Agni (Südosten), der Windgott Vayu (Nordwesten), der Gott des Unglücks Nirrti (Südwesten) und der Mondgott Candra (Nordosten).

Der Donner- und Kriegsgott Indra wurde auch „König der Götter" genannt und mit allen Insignien königlicher Macht dargestellt. Er führt den diamantenen Donnerkeil Vajra mit sich (der später im Buddhismus eine erstaunliche Karriere macht, indem das Vajrayana, das „Diamantfahrzeug", als dritter Weg des tantrischen Buddhismus eingeführt wird). Die Mythen berichten, wie die Macht Indras durch berauschende Getränke (Soma) immer schwächer wird, bis er schließlich von Vishnu und Shiva „entthront" wird; an dieser Geschichte läßt sich die Bedeutungsverschiebung der indischen Götterwelt verdeutlichen.

Der Feuergott Agni bildete zusammen mit Indra und dem Sonnengott Surya in der frühen vedischen Zeit eine Art Dreiheit. Er war auch für die rituellen Opferfeuer und die Leichenverbrennung zuständig und galt als Gott der Wärme und des Lichtes. Der Totengott Yama gilt als Sohn des

Sonnengottes Surya und auch als erster Mensch auf Erden, damit auch als der erste der Sterblichen. Er wird auch als Herr der Höllen und als Totenrichter vorgestellt, der über die Taten der Menschen Buch führt. Varuna ist der Gott des Wassers, der auch als allmächtiger Hüter der kosmischen Ordnung galt, der Sonne, Mond und Sterne scheinen ließ und ewiger Zeuge der menschlichen Taten war. Die hohe Verehrung des Wassers im Hinduismus hängt wahrscheinlich mit ihm zusammen.

Daneben kennt der Hinduismus zahlreiche Planeten- und Sterngötter, die Ahnen der Götter (Rishis), die als ziellos umherirrende Geister gedacht werden, sowie allerlei Dämonen, die meist als Feinde der Götter wie der Menschen gelten. Unheimliche Wesen sind Yakshas und Yakshis, männliche und weibliche Zauberwesen, die einen großen Einfluß auf das menschliche Leben ausüben und sowohl freundlich als auch feindlich gesinnt sein können. Die Bhutas gelten als unheilvolle Nachtgeister, die mit Tod und Unglück zu tun haben. Die Mehrzahl der übernatürlichen Wesen haben Wächterfunktionen oder gelten als himmlische Musikanten oder als Schutzgottheiten mit lokalen Funktionen. Fast jedem Gott sind in der Darstellung ein bestimmtes Tragtier und eine Reihe von zwergenhaften Dienern oder Begleitern zugeordnet.

Die weiblichen Gottheiten

Wie bereits bei den weiblichen Aspekten Shivas erwähnt, werden weibliche Gottheiten in Indien seit alters her verehrt, aber in den Veden noch wenig genannt. In der klassischen Periode finden sie zunehmende Beachtung als Folge des zunehmenden Einflusses nichtarischen Gedankengutes.

Die bedeutendsten weiblichen Gottheiten sind heute die Gemahlinnen der drei Hauptgötter: Lakshmi, die Göttin des Glücks, als Gemahlin Vishnus; Sarasvati, die Patronin der Gelehrsamkeit, als Gemahlin Brahmas; und Durga („Die schwer Zugängliche") als Symbol der ewigen Urkraft, die gebärt und wieder zerstört, als Gemahlin Shivas. Die Durga gilt manchen Hindus als höchste Weltregiererin und Urkraft (Shakti) schlechthin. Da fast alle vedischen Göttinnen die immerwährenden Naturkräfte verkörpern, tragen sie fast alle das schon von Shiva in seinen Inkarnationen als weibliche Gottheiten bekannte „Doppelgesicht" der schöpferischen und zerstörerischen Aspekte. Zum sehr frühen Bestand der indischen Religion zählt das Symbol der „Großen Mutter", die mit der kosmischen Kuh gleichgesetzt ist; die besondere Verehrung der „heiligen Kühe" in Indien dürfte hierauf zurückzuführen sein.

Fest der Beter
Tempel in Kalkutta

Die zahlreichen religiösen Feste des Hinduismus bilden einen besonderen Anziehungspunkt für die Gläubigen aller Kasten. Besonderer Beliebtheit erfreuen sich das fünftägige Fest der Glücksgöttin Lakshmi im Herbst (Diwali) und das Frühjahrsfest Holi, das mit karnevalartigen Umzügen und Freudenfeuern begangen wird. In Bengalen wird im Oktober das Fest „Durga-Puja" zu Ehren der Göttin Durga mit großangelegten Festumzügen gefeiert, wobei von jedem Dorf oder Stadtviertel ein eigenes Durga-Bild aus Lehm und Pappmaché angefertigt, bunt angemalt und durch die Straßen getragen wird, das am Ende der Festwoche den Wassern der heiligen Flüsse übergeben wird, bis es darin versinkt.
Alle religiösen Riten und Veranstaltungen im Hinduismus tragen einen farbenreichen und sinnenfrohen Charakter. Das Bild zeigt den Innenraum des der Kali als Schutzgöttin der Stadt geweihten Tempels in Kalkutta. Vor schwarzen und weißen Linga-Steinen werden von den Gläubigen frische Blumen und Gangeswasser dargebracht.

DAS WELTBILD DES HINDUISMUS

Das Weltsystem und der Mensch

Das Weltsystem besteht im Hinduismus aus der Erdscheibe mit dem Berg Meru in der Mitte, der von Kontinenten und Meeren umgeben ist. Unter der Erde befinden sich die Unterwelten, die von Dämonen bevölkert sind, und die Höllen als Straforte für die Übeltäter. Über der Erde erheben sich stockwerkartig übereinander die Oberwelten, wo die Geister und Götter wohnen. Die ganze Welt ist von einer Hülle umgeben und daher als „Weltei" anzusehen; unendlich viele dieser Welteier ruhen im leeren Raum.

Diese Vorstellungen bestehen schon seit der Upanishaden-Zeit, da sie vom Buddhismus fast vollständig übernommen wurden. Auf der Welt leben unendlich viele Lebewesen; jedes dieser Wesen besteht aus einer rein geistigen Seele (Jiva) und einem stofflichen (materiellen) Leib. Die Seelen existieren seit anfangloser Zeit und nehmen je nach ihrem Karma (vollbrachte Taten) immer neue Leiber an. Es gibt im Hinduismus verschiedene Diskussionen über die Beschaffenheit der Seele, da einige Systeme sie während der Zeit der Seelenwanderung bzw. sogar im materiellen Leib als von einem unsichtbaren feinmateriellen Körper umgeben denken.

Gerade beim Menschen wird das Verhältnis der Seele zur Materie bzw. zum Leib unterschiedlich

Junge Frau und Asket

Auffallend und faszinierend ist die große religiöse Vielfalt und das direkte Nebeneinander völlig verschiedener Formen der Frömmigkeit und Gottesverehrung im Hinduismus. Auch die strengste Askese und die unterschiedlichsten Rituale werden in aller Öffentlichkeit praktiziert und prägen das Bild dieser Religion und des Landes. Selbst die Demonstration der Weltabgewandtheit und Weltüberwindung findet in der Welt und im täglichen Leben statt.

bestimmt, hauptsächlich aber so, daß der Mensch nur infolge seines Nichtwissens glaubt, seine unsterbliche Seele sei wirklich mit dem (sterblichen) Leib, mit der völlig verschiedenen Materie, zu einer Einheit verbunden.

Das Hervorgehen aus der Urmaterie und die Weltalter (Kalpas)

Die meisten Schulen des heutigen Hinduismus akzeptieren die Lehre Sankhyas vom Hervorgehen aller Stoffe aus der Urmaterie (Prakriti) im Sinne einer Emanation. Die Urmaterie befindet sich im Zustand der Weltenruhe, wie er einem Weltuntergang folgt, zunächst in einem ganz feinen, unentfalteten Stadium. Sie besteht aus 3 konstituierenden Substanzen (Guna): 1.) Sattva = leicht, licht, Freude bewirkend; 2.) Rajas = beweglich, anregend, Schmerz hervorrufend; und 3.) Tamas = schwer, dunkel, hemmend.

Diese 3 Gunas sind während des Zustandes der Weltenruhe im Gleichgewicht, geraten aber bei der Weltentstehung durch göttliches Eingreifen aus dem Gleichgewicht. Sie wirken gegeneinander und vermischen sich. So entsteht eine zunächst feine, dann immer stärker werdende Verdichtung: Nach der Entstehung der Erkenntnis- und Denktätigkeit der Seelen (leichte Verdichtung) und dann der 5 Elemente (stärkere Verdichtung) entsteht schließlich als Kombination aller dieser Kräfte das Weltei (starke Verdichtung). In dieses Weltei dringt nun der Gott ein (der All-Eine) und bringt als Demiurgen den Gott Brahma hervor, der die Welt entsprechend den ewigen Gesetzen (Dharma) einrichtet. Brahma verhilft den in der Weltenruhe schlafenden Seelen gemäß ihrem Karma zu neuen Leibern.

Bei Brahma gibt es periodisch aufeinander folgende Aktiv- und Ruhephasen, wie Wachheit und Schlaf beim Menschen. Wenn der Brahma-Tag zu Ende geht, erfolgt der Weltuntergang, bei seinem Erwachen aus dem Schlaf erfolgt eine Weltneuschöpfung. Jedes große Weltalter (Mahayuga) besteht aus 4 Weltaltern (Yuga) in abnehmender Dauer und Qualität.

Die Berechnung der Dauer der einzelnen Weltalter ist sehr kompliziert. Während im ersten Weltalter (Kritayuga) stets Gerechtigkeit, Wahrheit und Tugend herrschen, nehmen diese in den drei folgenden Weltaltern immer mehr ab, bis zum vollständigen moralischen und natürlichen Verfall, damit wieder ein neues erstes Weltalter heraufkommen kann. Unsere Welt hat also noch eine lange schlechte Periode vor sich, an deren Ende Vishnu in seiner 10. Inkarnation als Kalki – wie ein Messias – auf einem weißen Roß erscheint, die Bösen bestraft und ein Zeitalter des Glücks heraufführt. Nach Ablauf des Lebens Brahmas, also nach 100 Brahma-Jahren, sinkt das Weltei in die undifferenzierte Urmaterie zurück und geht nach einer langen Ruheperiode als neues Weltei wieder daraus hervor.

Das höchste Weltprinzip (Dharma)

Das in allen Dingen und Wesen waltende ewige Gesetz (Dharma) ist zugleich natürliche wie sittliche Weltordnung. Für die meisten philosophischen Systeme des Hinduismus ist das Dharma das höchste und letzte Prinzip, das in allem waltet und über alles herrscht. Auch die Götter unterstehen ihm und gelten daher wie die Menschen als „vergänglich" und der Karma-Wiedergeburt unterworfen; es macht daher in gewisser Weise Sinn, dieses System mit seiner unpersönlichen Weltordnung in letzter Konsequenz als „atheistisch" anzusehen.

Die Naturphilosophien des Yoga und des Vaisheshika–Nyaya lehren hingegen die Existenz eines ewigen personalen Gottes, der neben den ewigen Seelen und der ewigen Materie steht und diese nicht erschafft, sondern lediglich als Demiurg ordnet. Auch dieser Gott ist damit aber letztlich nur der Vollstrecker des Dharma, das über allem steht. Es gibt im Hinduismus aber auch Systeme, welche die Welt aus dem ewigen Gott hervorgehen lassen und auch das Dharma für den Willen und das Gesetz dieses einen Gottes halten.

Seelenwanderung und Erlösung

Die Lehre vom Karma und der damit verbundenen Seelenwanderung ist in allen hinduistischen

Systemen zentral, unabhängig von ihrem Gottesbild. Das Ziel eines jeden menschlichen Lebens ist die Sicherung einer guten Wiederverkörperung durch gute Taten. Da aber alle Existenzen in den Weltuntergängen ein Ende finden, ist jede Existenz, auch die der Götter, zeitlich „begrenzt"; wer als Weiser so die Hinfälligkeit und Vergänglichkeit alles irdischen Daseins erkannt hat, strebt daher nach ewigem Heil.

Die Vishnuiten und Shivaiten lehren, daß der Mensch nicht aus eigener Kraft Erlösung aus der Wandelwelt erreichen kann, sondern der Gnade Gottes bedarf, die in gläubig liebender Ergebenheit (bhakti) und im vertrauensvollen Sich-Verlassen (prapatti) gewonnen werden kann. Bestimmte Systeme lehren die notwendige Mitarbeit des Menschen an diesem Werke Gottes; der Mensch müsse sich an Gott anklammern wie ein junges Äffchen an seine Mutter. Sie heißen daher „Affenschulen" (theologisch: Synergisten). Andere Systeme behaupten, der Mensch werde von Gott ohne sein Zutun in Sicherheit gebracht, wie eine Katze ihr hilfloses Junges ins Maul nimmt und aus der Gefahrenzone trägt; sie heißen daher „Katzenschulen" und setzen vollständig auf die Gnade Gottes ohne jedes menschliche Verdienst (theologisch: Monergisten).

Wieder andere Schulen behaupten dagegen, dem klassischen Buddhismus vergleichbar, daß der Mensch sich selbst erlösen kann. Das wahre Wissen und die wirkliche Erkenntnis der Welt ermöglichen ihnen zufolge die Zügelung aller Leidenschaften, was sowohl das derzeitige Karma günstig beeinflußt als auch das Karma aus früheren Existenzen, das potentiell noch vorhanden ist, und so „getilgt" wird. Manche Schulen glauben, daß die Erlösung erst mit dem Tode möglich ist, andere sehen eine Möglichkeit der Erlösung bereits im irdischen Dasein durch intensive Meditation und Askese.

Die Reformer des Hinduismus

Zu allen Zeiten hat diese Religion bedeutende Denker und Ausdeuter gehabt, doch erst seit Anfang des 19. Jahrhunderts entwickelten diese einen besonderen Blick für die Herausbildung eines spezifisch indischen Denkens in Auseinandersetzung mit dem europäischen Gedankengut bzw. den neuen Ideologien und Weltanschauungen.

Der hochgebildete bengalische Brahmane Rammohan Ray (1772–1833), der 1828 die Reformbewegung des Brahma-Samaj gründete, unternahm die erste systematische Auseinandersetzung mit der europäischen Kultur, was ihm den Ehrentitel „Vater des modernen Indien" eintrug. Er erstrebte eine Reinigung des Hinduismus durch Besinnung auf seine ursprünglichen Elemente und erstrebte letztlich eine Einheit der Weltreligionen. In der Auseinandersetzung mit dem Christentum, von dem er bestimmte Anschauungen (Monotheismus, Ethik) übernahm, stellte er heraus, daß der Hinduismus dem Christentum nicht unterlegen sei. Aus seiner Bewegung gingen zahlreiche Hindu-Reformer des 19. Jahrhunderts hervor. Der Brahmane Ramakrishna (1836-1886; eigtl.: Gadadhar Chatterjee) war der bedeutendste und wirkungsvollste indische Denker des 19. Jahrhunderts. Er war stark mystisch veranlagt und beschrieb Pfade der inneren Erleuchtung. Sein Ziel war das einfache, fromme Leben, die Achtung vor jedem Geschöpf und die Synthese aller Religionen durch eine visionäre Erfassung Gottes und innerliche Erfahrungen. Sein dynamischer Schüler Vivekananda (1863-1902; eigtl. Narendranath Datta) war ein Missionar der Philanthropie und warb für den Hinduismus auf Reisen in Europa und den USA. 1897 gründete er die Ramakrishna-Mission mit dem Zentrum in Belur bei Kalkutta.

Mohandas Karamchand Gandhi (1869-1948), genannt „Mahatma" (= „Große Seele"), war ein orthodoxer Hindu, der aber auch vom europäischen Denken (Liberalismus, Tolstoi) geprägt war. Er führte den indischen Unabhängigkeitskampf im Zeichen der Gewaltlosigkeit und betonte die Wahrheit aller Religionen im Glauben an denselben einen Gott. Er trat für eine gerechte Gesellschaftsordnung und die Gleichberechtigung der Frau ein.

Sri Aurobindo Ghose (1872–1950) gelangte nach seiner Teilnahme am Befreiungskampf und Gefängnisaufenthalt zu tiefen mystischen Erfahrungen und entwickelte die Philosophie des „Integralen Yoga". Er errichtete den Ashram von Pondicherry und veröffentlichte halb religiöse, halb philosophische Werke und Interpretationen der Veden und Upanishaden. Seine spirituelle Wiederbelebung des indischen Denkens wirkte stark auf die europäische Hinwendung zum Innerlichkeitsdenken. Ein bedeutender Philosoph der indischen Religion und Kultur war Sarvepalli Radhakrishnan (1888-1975), der zwischen 1962 und 1967 auch Staatspräsident von Indien war. Er bemühte sich um den geistigen Austausch des Hinduismus mit westlichen Ideen und trat besonders für politische und religiöse Versöhnung ein.

Mahatma Gandhi (1869-1948)

Mahatma Gandhi ist einer der bedeutendsten Denker des modernen Hinduismus. Er propagierte einen religiösen Universalismus von tiefer Frömmigkeit und die Achtung vor der Wahrheit aller Religionen. Für den Hinduismus nahm er eine starke Politisierung des religiösen Denkens vor; schon früh Anhänger des Asketenideals der strikten Gewaltlosigkeit setzte er das religiöse Fasten auch als politisches Druckmittel ein. Seit 1919 trat er als der bekannteste Führer der indischen Unabhängigkeitsbewegung hervor und organisierte die Verweigerungshaltung der „Non-Cooperation-Bewegung" gegenüber der britischen Kolonialmacht, der er als Massenbewegung eine gewaltfreie Ausrichtung gab. In seinen Schriften vertrat er einen allumfassenden Friedensbegriff und das Ideal eines maßvollen Lebens, das durch die Wertschätzung alles Lebendigen geprägt ist.

DER BUDDHISMUS

Der Begriff Buddhismus stammt von Sanskrit „buddh"= erwachen und meint das Erwachen aus der Finsternis des Nicht-Wissens zum Licht der Lehre. Der ursprüngliche Buddhismus vernachlässigte die erst später in den Vordergrund tretende Gestalt Gautama Buddhas und betonte die Wissens-Erlangung aus eigener Kraft, ohne göttliche Offenbarung, und zwar vor allem durch die auch ethisch verstandene Meditation entlang der „4 Heiligen Wahrheiten", welche den inneren Gleichmut und die Auslöschung des Glaubens an die eigene Individualität anstreben. Der Buddhismus löst alle beharrenden Substanzen in bewegliche Daseinsfaktoren auf und betont damit die Vergänglichkeit alles Irdischen. Die spätere Lehre machte große Zugeständnisse an den Volksglauben und die magischen Heilspraktiken, womit der Glaube an Götter, Buddhas und hilfreiche Wesen, wie die Bodhisattvas als Erlösungshelfer des Menschen, eine große Bedeutung erlangte.

DIE URSPRÜNGLICHE LEHRE

Die Lehre vom Menschen und den Daseinsfaktoren

Die menschliche Person, das Individuum, gilt dem Buddhismus als ein Nicht-Selbst (Anatta), als etwas Seelenloses und nicht Wesenhaftes; daher wird das Ich nur als eine „Zusammenballung" von Daseinsfaktoren (Dharmas) angesehen. Die das Individuum bedingenden Dharmas werden in 5 Gruppen (Skandhas) eingeteilt: a) Körper, Sinne, Körperlichkeit (rupa); b) Empfindung (vedana); c) Wahrnehmungen und Vorstellungen (samjna); d) Triebkräfte (sanskara); e) Bewußtsein (vijnana). Diese Skandhas machen den Inhalt der Individualität aus. Der falsche Glaube an die Individualität, der in Formulierungen wie „ich bin", „ich habe", „mein" (Besitz) oder der Rede von einem „Selbst" zum Ausdruck kommt, soll im Buddhismus aufgehoben werden. Die buddhistische Lehre löst daher das Wahrnehmen und Empfinden, bei denen das alltägliche Verständnis eine Seele oder Person als Subjekt dieser Wahrnehmungen und Empfindungen unterstellt, in eine Reihe von unpersönlichen Vorgängen auf; statt „Ich nehme wahr" muß es also beispielsweise heißen: „Es vollzieht sich ein Prozeß der Wahrnehmung in den 5 Gruppen."

Der Buddhismus kennt verschiedene Wege und Methoden der Entindividualisierung, die aber letztlich alle auf der Einsicht basieren, daß Leben Leiden bedeutet und schmerzvoll ist, da es Krankheit, Alter und Tod unterworfen ist. Kennzeichen des Individuums wie der Welt sind Vergänglichkeit, Leidhaftigkeit und Nicht-Selbstheit. Sowohl der Mensch als auch die von ihm erlebte Welt bilden kein einheitliches Ganzes, sondern eine Kombination von Einzelbestandteilen, die sich immer wieder verbinden, lösen und neu verbinden. Daher besitzt der Mensch (das Individuum) auch keine unsterbliche Seele (Selbst), die beim Zerfall des Körpers unberührt bestehen bliebe. Das Individuum und seine Welten sind also dem stetigen Werden und Vergehen ausgesetzt, wobei jedoch die Einzelfaktoren (Dharmas) einer strengen Gesetzmäßigkeit unterworfen sind, da ein ethisches Weltgesetz (dharma) existiert und alle Einzelbestandteile nur verschiedene Ausdrucksformen des einen Weltgesetzes sind. Daher werden die Einzelfaktoren auch „Dharma" genannt; sie sind viele und werden als „Kräfte" gedacht, selbst wenn sie dinglicher Natur sind. Durch ihre Kombination und Kooperation entsteht überall der Schein der Einheitlichkeit, wie etwa beim Menschen der eines „Selbst". Der ständige Strom der Daseinsfaktoren wird auch durch den Tod nicht unterbrochen. Sie wirken über den Tod des konkreten „Individuums" hinaus und schaffen in neuen Kombinationen die Grundlage für die Existenz eines neuen „Individuums". Diesen Prozeß muß man im Buddhismus (deutlicher als im Hinduismus) eher als Wiederverkörperung denn als Seelenwanderung bezeichnen, da der Buddhismus eben keine Seele im klassischen Sinne annimmt.

Buddha erläutert diese Position in seiner Lehre vom „Entstehen in Abhängigkeit", die auf das westliche Denken übertragen auch „Formel vom Kausalnexus" genannt wird. Sie besagt kurz, daß die Daseinsfaktoren voneinander abhängen und sich gegenseitig bedingen. Die Lehre nennt 12 Glieder bzw. Daseinsfaktoren (Dharmas), wobei die Glieder 1 und 2 diejenigen Dharmas sind, die in einer vergangenen Existenzform die Voraussetzung für das Entstehen eines neuen „Individuums" in der gegenwärtigen Zeit bilden (= Vergangenheit), die Glieder 3 bis 10 das Werden des neuen „Individuums" (Glieder 3 bis 5) und der an ihm entstehenden Kräfte (Glieder 6 bis 10) erklären (= Gegenwart), während die Glieder 11 und 12 die charakteristischen Momente der künftigen Existenz (= Zukunft) ausmachen.

Helmuth von Glasenapp bringt die 12 Glieder auf folgende Formel: Durch (1) Nichtwissen als Vorbedingung entstehen (2) die Triebkräfte, durch die Triebkräfte entsteht (3) ein Bewußtsein, durch das Bewußtsein (4) eine geistig-leibliche Individualität, durch diese Individualität (5) die sechs Sinne, durch die Sinne (6) Berührung,

Buddha mit dem Rad der Lehre
Reliefplastik, Schwarze Pagode, 936/941, Fuzhou, China

Das „Rad" ist das am häufigsten verwendete Symbol sowohl in der buddhistischen Metaphorik als auch in der Ikonographie. Es dient zur Kennzeichnung des nicht endenden Kreislaufs des Bewußtseinsstromes jedes Menschen durch die sechs Lebensformen (Wiedergeburt, Rad des Lebens) und der vom historischen Gautama Buddha ausgehenden Lehre. Nachdem Gautama meditierend zur Erkenntnis des achtfachen Pfades, der zur Befreiung aus dem Kreislauf des Lebens führt, gelangt war (Rad des Gesetzes), setzte er durch die Weitergabe seiner Botschaft das „Rad der Lehre" in Bewegung. Darstellungen des im Lotussitz meditierenden Buddha mit dem achtspeichigen Rad verweisen auf die in Gautama in historische Erscheinung getretene Buddha-Kraft.

durch Berührung (7) Empfindung, durch Empfindung entsteht (8) der „Durst", durch den Durst (9) der Lebenshang, durch den Lebenshang (10) karmisches Werden, durch das karmische Werden (11) die Wiedergeburt und durch die Wiedergeburt (12) Altern, Sterben, Kummer, Wehklagen, Leid, Gram und Verzweiflung.

Das 8. Glied, der „Durst", meint die sinnliche Begierde, besonders den Geschlechtstrieb; das 9. Glied, der Lebenshang, meint ein Ergreifen der Sinnenwelt „wie die Flamme den Brennstoff ergreift". Das Wissen um diese Zusammenhänge kann die karmischen Triebkräfte (Glied 10) hindern, immer weitere Wiedergeburten in Gang zu setzen, und so die Erlösung einleiten. Das Wissen ist notwendig, da für den Buddhismus mit dem Nicht-Wissen (Glied 1) der gesamte Kreislauf des Unglücks beginnt.

Der Kreislauf der Wiedergeburt

Auf den Tod des Unwissenden und damit Unerlösten folgt unweigerlich seine Wiedergeburt. Der Buddhismus kennt keine Angst vor dem Tode, da der endgültige Tod ja den Eingang ins Nirwana bedeutet, sondern nur die Angst vor dem Wiedergeborenwerden. Doch ist auch diesem Schrecken mit Gelassenheit zu begegnen. Die Wiedergeburtslehre des Buddhismus lehnt sich eng an die indische bzw. hinduistische Karma-Lehre an: Eine bessere Wiedergeburt wird durch gute, eine schlechtere durch böse Taten bewirkt.

Allerdings sind im Buddhismus (stärker als im Hinduismus) nicht so sehr die Taten selber entscheidend, sondern die ihnen zugrundeliegenden Motive bzw. die geistige Einstellung des Handelnden. Was wir frei von Begehren, Haß oder Verblendung tun, wirkt sich positiv aus; das Handeln ohne Begierde auf Erfolg, ohne den Wunsch, jemandem zu schaden, und ganz allgemein das nur von der Vernunft geleitete Handeln fördern die Erlösung. Die treibende Kraft der Wiedergeburten ist die Gier, der „Durst" (das 8. Dharma), das die Wesen durch „Mein" und „Ich" ans Dasein bindet. Daher wird der Zustand der Erlösung, das erlöschende Eingehen ins Nirwana, auch als Zustand der absoluten Gier- und Durstlosigkeit gefaßt. Der unerlöste Mensch hingegen ist durch Unwissenheit, durch Unkenntnis der Leidens-Zusammenhänge an die Welt gefesselt. Gier und Unwissenheit rangieren als Leidensverursacher nebeneinander und setzen den Kausal- bzw. Konditionalnexus der 12 Glieder (Stufen) in Gang.

Der Buddhismus als Psychologie und Philosophie

Die Philosophie des Buddhismus wurde von Edward Conze als „dialektischer Pragmatismus" bezeichnet. Ihre Zielsetzung ist eine Heilslehre, was ihre psychologische und praktische Haltung erklärt. Alle Spekulationen, die nicht direkt der Heilserlangung dienen, gelten der ursprünglichen Lehre als müßig und nutzlos. In ihren Ratschlägen, Beschreibungen und Verhaltensweisen vertritt sie einen lebensphilosophischen Pragmatismus, der nach innerer Unabhängigkeit, Zufriedenheit und der Abkehr von weltlichem Gewinn strebt. Erst später kam noch das Schweigen als besonderer Wert hinzu.

Die „4 Heiligen Wahrheiten" gelten als Mittel der Heilserlangung und der Förderung von Kontemplation und Selbstdisziplin. Der Buddhismus bedient sich gerne der „Dialektik", also des Aufzeigens der Weisheit durch eine Liebe zu Widersprüchen und Paradoxien (ähnlich dem Chinesischen Denken), um die Grenzen des Denkens und der Logik aufzuzeigen. Das Selbst (Individuum) gilt als Hauptursache allen Leidens, weswegen die Erlösung vom Leiden an die Erlangung des „Nicht-Selbst" (Anatta) gekoppelt ist; die Lehre vom Nicht-Selbst ist schwierig zu fassen und gilt in Teilen des Buddhismus selbst als unergründlich. Da die Welt und das Selbst sowie ihr alltägliches Dahinleben als vergänglich, unbefriedigend und leidvoll zurückgewiesen werden, kann man von einem radikalen Pessimismus des Buddhismus sprechen. Doch gibt es keine pessimistische Trauer oder Menschenfeindschaft, sondern die heitere Gelassenheit in der Selbstverleugnung ist geboten.

Die „Nicht-Sterblichkeit" bzw. der Zustand der Erlösung meint im Buddhismus kein Fortdauern der individuellen Existenz. Das individuelle Leben ist von Geburt an mit dem Tode verbunden, es erscheint auf den Tod hin „angelegt" und wird vom Leiden beherrscht, da es sich stets an Vergängliches als seinen vermeintlichen Besitz klammert. Die Nicht-Sterblichkeit meint im Buddhismus also gerade die Überwindung bzw. Aufhebung der Individualität. Leben ist Leiden, daher geht es im Heilsweg des Buddhismus wesentlich um Selbst-Verleugnung und das Abstreifen der weltlichen Bindungen.

Die buddhistische Kosmologie und die Götter

Der Buddhismus ist Erbe der Hindu-Kosmologie, die er weitgehend übernimmt. Die Zeit gilt als kosmische Zeit, die nicht in Jahren, sondern in

Goldener Buddha
Stupa Shwedagon, ab 15. Jh., Rangun, Burma

Die Bindung an den historischen Gautama Buddha und die Schule des „Kleinen Fahrzeugs" hat sich in ausgeprägter Weise im südostasiatischen Buddhismus erhalten und dort zu einer umfangreichen Ausformung legendarischer Überlieferungen geführt. Gautama Buddha erscheint hier als der Vollender und Erlöser eines mythisch-chaotischen Zeitalters, nicht als eine lediglich in historische Erscheinung getretene Emanation der Buddha-Kraft. Dementsprechend kommt der Verehrung von Reliquien, die auf Gautama Buddha zurückgeführt werden, besondere Bedeutung zu. Ihre Kostbarkeit hat zu imposanter Prachtentfaltung in der Ausgestaltung der Reliquienschreine (Stupas), Innenräume sowie der figuralen Plastik und des Ornamentschmucks geführt.

Kopf des Großen Buddha
713-803, Leshan, China

Übernatürlich vergrößerte Ohrläppchen als Zeichen alles umfassenden Wissens, dazu halbgeschlossene Augen und nur leicht geöffnete Lippen sind die physiognomischen Charakteristika sämtlicher Buddha-Darstellungen. Sie versinnbildlichen die Einheit der Erkenntnis des Sichtbaren wie des Nicht-Sichtbaren, der geoffenbarten Lehre wie der schweigend-meditativen Versunkenheit durch Selbstauslöschung, der Diesseitigkeit wie des Nirwana. Die Unterschiedlichkeit der zahllosen Manifestationen der Buddha-Natur und deren ikonographische Bestimmung sind in erster Linie an der Gestik der Hände (Mudras) sowie an den beigegebenen Attributen zu erkennen. Die mit 71 m Höhe größte aus einer Felswand gemeißelte Buddha-Statue von Leshan stellt insofern eine Ausnahme im Kanon der zumeist im Meditationssitz oder auch stehend wiedergegebenen Buddha-Figuren dar, als sie in aufrechter Sitzhaltung mit über die Knie gelegten Händen dargestellt ist. Der Kopf der Kolossalstatue mißt 15 m.

Äonen (Kalpas) berechnet wird. Ein Kalpa meint die Zeitdauer zwischen Entstehen und Vergehen eines Weltsystems und wird meist mit mehreren Millionen Menschenjahren angegeben. Jedes Weltsystem durchläuft eine bestimmte Entwicklung von seiner Entstehung bis zur endgültigen Verbrennung. Es gibt zahllose Weltsysteme, daher auch unzählige – auch parallele – Welten und keine Einzigartigkeit oder besondere Herausgehobenheit unserer Welt. Die Reihe der Weltuntergänge und Weltentstehungen ist unendlich, und jedes Weltsystem ist schichtartig aufgebaut, von den grobstofflichen bis hinauf zu den feinstofflichen Regionen, worüber sich die „Region der Nicht-Formen" (Körperlosigkeit) befindet. Jede Welt besteht aus einer unendlichen Fülle dynamischer Daseinsfaktoren (Dharmas), von denen einige unbedingt und unzerstörbar (etwa das Nirwana oder der leere Raum), die übrigen aber jeweils durch andere bedingt, daher vergänglich und unbeständig sind.

Zugleich nimmt der spätere bzw. ausgestaltete Buddhismus die Existenz von Himmeln und Höllen an und unterteilt jedes Weltsystem in 6 Stätten des Lebens, die in je 3 obere und untere Regionen unterteilt werden. Die 3 oberen Stätten bilden zunächst die Region der Götter (Devas), die zwar über den Menschen stehen und materiell verfeinert, mit längerer Lebensdauer gedacht werden, aber genauso dem Leiden und der Sterblichkeit unterliegen; sodann die Region der Asuras, ebenfalls himmlischer Wesen, die aber als wütende Geister mit den Göttern im Kampf befindlich gedacht werden; sodann als dritte Region die Welt der Menschen.

Von diesen 3 oberen Welten sind die 3 „düsteren Schicksale" oder „elenden Zustände" getrennt; sie gliedern sich in die Welt der Geister (Preta), die ursprünglich allein die Geister der Verstorbenen meinten, heute aber auch allerlei Dämonen umfassen; sodann die Welt der Tiere; und schließlich als unterste die Region der Höllen, die zahlreich sind und in heiße und kalte Höllen geteilt werden.

Das Leiden ist das Schicksal allen Lebens und aller Regionen. Es gibt eine gewisse „Heilsprivilegiertheit" des Menschen, da für den Buddhismus die Wiedergeburt als Mensch für die Erlangung des Wissens und die Einsicht in das dharma (Weltgesetz) notwendig ist. Einzig der Mensch erreicht es, wenn er das wahre Wissen erlangt hat, nicht mehr in die leidvollen Zustände der Welt wiedergeboren werden zu müssen. Wegen seiner fehlenden Aussage zu den Göttern ist oft gesagt worden, daß der ursprüngliche Buddhismus eine atheistische Lehre sei. Er hat die Existenz eines persönlichen Gottes nicht bestritten, maß dieser Frage aber keine Bedeutung bei und betrachtete Spekulationen über Wesen und Eigenschaften der Götter als Zeitverschwendung. Zugleich behauptete er aber das Nirwana als ewig und nannte es Seligkeit, Wahrheit oder höchste Wirklichkeit. Als Buddha später in zunehmender Verklärung als Verkörperung des Nirwana angesehen wurde, wurde er damit selber zum Gegenstand religiöser Verehrung.

Die 4 Heiligen Wahrheiten

Die 4 Heiligen Wahrheiten verstehen sich im Buddhismus als Lehre von den Antworten auf die 4 entscheidenden Fragen: 1.) Was ist Leiden? 2.) Was ist die Entstehung des Leidens? 3.) Was ist die Aufhebung des Leidens? 4.) Welches ist der Weg zur Aufhebung des Leidens?

Als Leiden gelten Geburt, Alter, Krankheit und Tod, auch das Getrenntsein von Geliebtem und die Vergeblichkeit des Strebens. Als verantwortlich für das Entstehen des Leidens gilt der Durst, der von Wiedergeburt zu Wiedergeburt führt und von Freude und Leidenschaft begleitet ist; es ist der Durst nach Lust, der Durst nach Werden und nach der Aufhebung des Werdens. Die Aufhebung des Leidens besteht in der Unterdrückung bzw. Aufhebung dieses Durstes. Der Weg zur Aufhebung ist der „achtfache Pfad" als Heilsweg. Um das Leben als Leiden zu begreifen, ist es notwendig, die 5 Skandhas des Menschen als 5 Weisen des Sich-Anklammerns ans Irdische zu betrachten und die Leidensseite des Lebens gedanklich nicht zu verdrängen. Wer am Körper und am „Selbst" mit seinem Bewußtsein und seinen Gefühlen haftet, verfällt notwendig dem Leiden. Das Leiden ist allgemein.

Der achtfache Weg zur Überwindung des Durstes (der Gier) besteht aus 8 Gliedern: Rechte Ansicht, rechter Entschluß, rechte Rede, rechtes Verhalten, rechtes Leben, rechte Anstrengung, rechte Achtsamkeit, rechte Meditation. Der achtfache Weg unterteilt sich in drei Gruppen, die gefaßt werden als Weisheit (Glieder 1 und 2), Zucht (Glieder 3 bis 5) und Meditation (Glieder 6 bis 8). Die einzelnen Glieder werden in verschiedenen Schriften näher erläutert. Die rechte Meditation (Glied 8) unterteilt sich in 5 Meditationstechniken: Bewachung der Sinnestore, Achtsamkeit bei allen Verrichtungen, Versenkung bzw. Trance, Analytische Techniken (introspektive und extrospektive) und Synthetische Technik.

Die Synthetische Technik wird auch „Die 4 göttlichen Verweilungen" genannt: Der Geist wird grenzenlos, nachdem er in den 4 Verweilungen nacheinander Güte, Mitleid, Mitfreude und Gleichmut mittels Meditation in sich erzeugt hat. Dazu kommt noch ein ethischer Katalog als Haltung des Meditierenden. Das Heilsziel, das Nirwana, wird nicht als Nichts verstanden, sondern durchaus positiv beschrieben, besonders als Fehlen der Leidensfaktoren, die das Leben ausmachen. Nirwana meint die Auflösung oder besser: Aufhebung der individuellen Person.

DAS LEBEN BUDDHAS

Zum Begriff des Buddha

Der Buddha kann unter drei Gesichtspunkten betrachtet werden: als menschliches Wesen, als geistiges Prinzip und als Wesen zwischen beidem.

Der historische Gautama Buddha ist für den ursprünglichen Buddhismus kaum von Interesse gewesen. Der Buddha ist ein Erleuchteter, eine Art Urtypus des Weisen, der sich in der Welt zu verschiedenen Zeiten in verschiedenen Persönlichkeiten verwirklicht. Als geistiges Prinzip betrachtet, ist in dem „Individuum" Gautama eine Buddha-Natur verborgen, nämlich der Dharma-Leib (Tathagata). Der historische Buddha ist also kein Vereinzelter oder historisch einmaliger Lehrer, sondern nur einer aus der unendlichen Reihe von Tathagatas, die zu allen Zeitaltern auf der Erde ein und dieselbe Lehre vortragen. Endlich kann der Buddha betrachtet werden in seinem „verklärten Leib", der auch „Körper des Genusses", „unverfälschter Körper" oder „Körper der wahren Natur" heißt. Er ist quasi hinter dem sterblichen menschlichen Körper des historischen Buddha verborgen und ist an 32 Kennzeichen des „Übermenschen" zu erkennen, die ein beliebtes Motiv der buddhistischen Kunst bilden.

Der historische Buddha

Der historische Buddha hieß eigentlich Siddharta, wurde aber Gautama (nach einem vedischen Lehrer, von dem sich die Familie herleitete) oder Shakyamuni (= „Weiser vom Stamme der Shakyas") genannt. Er entstammte einem vornehmen Haus Nordindiens und wird oft als Prinz bezeichnet, obwohl sein Vater Suddodana als Radscha eher der „Doge" einer Adelsrepublik als Monarch war. Seine Lebensdaten sind umstritten, werden aber allgemein mit 560-480 v. Chr. angegeben. Die Buddhalegende berichtet viel über die früheren Existenzformen Gautamas, wobei auch erwähnt wird, daß seine Mutter Maya ihn in einer unbefleckten Empfängnis empfangen und in einer jungfräulichen Geburt in Gestalt eines kleinen weißen Elefanten geboren habe. Sie verstarb sieben Tage nach der Geburt Gautamas. Auch aus seiner Kindheit werden zahlreiche Wunder überliefert; er wurde von Mahapajapati, der Schwester seiner Mutter, erzogen, die auch eine Gattin des Vaters war. Er verheiratete sich früh mit Yasodhara, die ihm den Sohn Rahula gebar, als Gautama 29 Jahre alt war.

Mit 29 Jahren erlebte Gautama eine radikale Wandlung seines Wesens. Die Legende berichtet, daß er bei seinen Grübeleien über die Zustände, die von Übeln und Leid (Krankheit, Alter, Tod) frei sind, bei vier aufeinander folgenden Ausfahrten einem Greis, einem Kranken, einem Leichnam (Leichenzug) und schließlich einem Asketen begegnete. Dabei sei ihm der Gedanke an die Vergänglichkeit und Weltüberwindung gekommen; doch unterschlägt diese Geschichte den starken Hindu-Einfluß auf sein Denken.

Nach der vierten Ausfahrt erhielt Gautama die Nachricht von der Geburt seines Sohnes, beschloß aber, noch in derselben Nacht wegzugehen, und wanderte in der heutigen Provinz Bihar umher. Er schloß sich verschiedenen Meistern (Gurus) an, die er alle als für sich unbefriedigend empfand, und führte sodann durch Hungern und Kasteiung das Leben eines Asketen bis zur völligen Entkräftung, bevor er diesen Weg als den falschen erkannte. Schließlich meditierte er (in 4 Stufen) unter einem Feigenbaum sitzend, wo er seither lebte, und erlangte im siebten Jahr seines Meditierens dort die Erleuchtung (bodhi); dadurch wurde er vom Bodhisattva, dem Anwärter

Der lehrende Buddha
7./8. Jh., Magao-Grotten bei Dunhuang, China

Die etwa lebensgroße Figurengruppe zeigt eines der immer wiederkehrenden Ensemble-Motive der buddhistischen Plastik: In der Mitte im Lotussitz der lehrende Gautama Buddha, kenntlich an der erhobenen Hand mit der Vitarka-Geste der Diskussion, die linke Hand weist vor dem Knie auf die Erde (Geste des Erd-Zeugnisses) zum Zeichen, daß Gautama die Erde zum Zeugen seiner Erkenntnis der Wahrheit anruft. Neben ihm die beiden Lieblingsschüler, der asketische Kasyapa und der schöngesichtige Ananda. Flankiert wird diese „historische Gruppe" von mildtätigen Bodhisattvas und martialischen Weltenwächtern, wie sie als das Böse abschreckende und die Gesinnungen der Gläubigen erkennende Schutzgottheiten zu jeder größeren Figurengruppe gehören und auch im Eingangsbereich der Tempel plaziert sind.

Buddhas Tod im Kreis seiner Schüler

Die Darstellung des (ent-)schlafenden Gautama Buddha gehört, speziell in der Plastik, durch ihre Monumentalität zu den beeindruckendsten Motiven der buddhistischen Kunst. Während in der Malerei dabei der historisch-legendarische, der erzählende Charakter zumeist im Vordergrund steht – die unterschiedlichen Reaktionen der Buddha-Jünger sowie der huldreichen und dämonischen Geisterwesen aller Weltgegenden –, betont die Plastik die Einzigartigkeit des mit Gautamas Tod in historische Erscheinung getretenen Vorgangs des Auslöschens von Bewußtsein und Empfindung und des Eingangs in das vollständige Nirwana. Das Zusammentreffen von erfahrbarer Welt und Nicht-Erfahrbarkeit in der Darstellung des „schlafenden Buddha" verleiht dem Motiv des Todes Gautamas gegenüber den streng typisierten Darstellungen der vielfältigen Verbildlichungen der Buddha-Kraft einen besonderen Charakter.

auf die Buddhaschaft, zum Buddha. Er rang mit sich, ob er die Weisheit für sich allein behalten oder den Menschen verkünden sollte. Schließlich machte er fünf Asketen zu seinen ersten Schülern und setzte so das „Rad der Lehre" in Bewegung. Er wählte einen mittleren Weg der Weltentsagung ohne krasses Asketentum, verstand das Leben als Leidenszusammenhang und widmete seine Lehre der Überwindung des Leidens. Die kleine Gemeinschaft zog als Wandermönche umher, und Gautama stellte mit den fünf sittlichen Geboten die ersten Ordensregeln auf, die für Mönche und Laien verschieden streng waren.

Seine Anhängerschaft wuchs rasch und stammte aus verschiedenen Schichten; auch erfuhr Gautama Förderung durch verschiedene lokale Herrscher, die er wohl auch beriet. Er umging bei seinen Anhängern die hinduistische Kastenordnung, erstrebte aber keinen grundsätzlichen Umsturz des Kastensystems. Gautama leitete die Gemeinde durch die Überzeugungskraft seiner harmonischen Persönlichkeit und stellte intellektuell hohe Anforderungen an seine Mönche, die außer ihren persönlichen Utensilien kein Eigentum besitzen durften. Auch seine Familie schloß sich der neuen Lehre an. Im Alter von 80 Jahren ging Gautama nach kurzer Krankheit friedlich ins Nirwana ein, nachdem er von allen Abschied genommen hatte. Sein Körper wurde verbrannt und die Asche an verschiedene Anhängergruppen verteilt; sie bildet die Grundlage für den späteren Reliquienkult des Buddhismus.

Gautama Buddha war eine durch und durch aristokratische Erscheinung, aber mitfühlend und aufgeschlossen. Er war auf der Höhe der philosophischen Spekulationen seiner Zeit und kannte die Systeme des Hinduismus. Er entwarf ein ausgedehntes, vielseitiges und anspruchsvolles Weltbild und erstrebte die Harmonie von Leben und Lehre, eine hohe Ethik sowie die Erlangung einer friedfertigen und freundlichen Gesinnung. Er besaß eine geistige Ausgeglichenheit, die auch vielen Versuchungen widerstand. Seine Züge von überirdischer Heiterkeit bildeten die Grundlage für die spätere Verklärung seines Wesens.

Die Schriften des Buddhismus

Gautama hinterließ nichts Schriftliches, und seine Lehre wurde zunächst bewußt nur mündlich tradiert. Daher sind alle Versuche schwierig, die ursprüngliche Lehre, den Ur-Buddhismus, von späteren Ergänzungen zu trennen. Die ununterbrochene Entwicklung in der Frühzeit der Lehre gehört also zum Buddhismus, der in diesem Sinne keinen dogmatischen Grundkanon aufweist.

Zum frühesten Bestand gehören wohl die „4 Edlen oder Heiligen Wahrheiten", der achtfache Pfad, die Lehrsätze vom „Entstehen in Abhängigkeit" und von der Nichtexistenz eines beständigen Selbst sowie die Aussagen über das Nirwana als letztem Ziel. Die ersten Aufzeichnungen über den Buddhismus entstanden etwa 200 Jahre nach Gautamas Tod zur Zeit des Kaisers Ashoka (272-232 v. Chr.).

Die Schriften wurden früh eingeteilt in „Dharma" = Lehre und „Vinaya" = mönchische Disziplin. Den wichtigsten Textteil bilden die „Sutras", die angeblich von Gautama selbst stammenden Aussagen. Die späteren Sutras werden von den buddhistischen Schulen unterschiedlich behandelt. Das Hinayana (Kleines Fahrzeug) sieht sie als Dichtung an und bestreitet ihre Authentizität; das Mahayana (Großes Fahrzeug) geht davon aus, daß bestimmte Texte Gautamas noch nicht für seine Zeitgenossen bestimmt waren und in der Unterwelt aufbewahrt wurden, woher sie später von großen Gelehrten heraufgeholt wurden.

Einen weiteren Teil des Kanons bilden die „Shastras" als Texte von namentlich nicht bekannten Verfassern mit Autorität (also eine Art „Kirchenlehrer"). Sie wurden von Gelehrten verfaßt, wobei viele Texte nur in Bruchstücken erhalten sind, deren Datierung unsicher ist. Viele Texte wurden auch berühmten buddhistischen Lehrern einfach nachträglich zugeschrieben. Alle Schriften, die als authentisch gelten, werden in 3 große Sammlungen oder Kanones eingeteilt: 1.) das

Pali Tripitaka (Hinayana-Schule); 2.) das Chinesische Tripitaka und 3.) das Tibetanische Kanjur und Tanjur. Die Einteilung bezieht sich grob auf den Entstehungs- und Sprachraum der Sammlungen. Daneben sind noch Schriften im indischen Sanskrit erhalten, die aber keinen eigenen Kanon bilden.

DIE LEHRE DES FRÜHEN MÖNCHISCHEN BUDDHISMUS

Der Buddhismus der Mönche (Sangha)

Die wichtigste Unterscheidung der buddhistischen Gemeinde ist die zwischen Mönchen und Laien. Die Mönche bilden den Kern der Bewegung und leben in Gemeinschaft, aber auch als Einsiedler; die Gemeinschaft der Mönche und Einsiedler heißt „Sangha". Sie ist im Laufe der Geschichte des Buddhismus und auch regional unterschiedlich stark gewesen. So wuchs die Zahl der Mönche und Nonnen in China beispielsweise von 77 258 im Jahre 450 n. Chr. auf 2 Millionen im Jahre 525; in Tibet lebte zeitweise jeder dritte männliche Einwohner in einem buddhistischen Kloster.

Die Mönche betrachten sich selber als die „wahren Buddhisten". Ihre ursprüngliche Lehre, das Hinayana, kennt in den Mönchsregeln eine strenge Selbstüberwachung, Gebote der Reinheit sowie die Warnung vor dem Sinnenleben und seinen Versuchungen. Die Klosterregeln heißen „Vinaya" (von „vi-nayati" = wegführen, nämlich vom Übel zur Disziplin). Die Regeln wurden früh kodifiziert und vor ihrer schriftlichen Aufzeichnung in den Versammlungen rezitiert.

Das Vinaya kennt drei Ideale: Armut, Zölibat und Friedfertigkeit. Der Mönch besitzt kein Eigentum außer Almosenschale, Nähnadel, Rosenkranz, Rasiermesser und Trinkwasserfilter. Die Mönche waren zunächst als Wandermönche dem Ideal der Heimat- und „Hauslosigkeit" verpflichtet, was später nach der Errichtung von Klöstern gelockert wurde. Da auch der Geldbesitz verboten war, sollte die Nahrungsbeschaffung allein durch Betteln erfolgen. Dabei galt die Regel, bei Arm und Reich gleichermaßen zu betteln und niemanden zu bevorzugen. Das Hinayana sah im Betteln eine Schule der Selbstdisziplin, während das Mahayana später die altruistische Seite, die Liebe und das Mitleid, hervorhob. Das Betteln findet sich heute nur noch bei Teilen der Zen-Mönche Japans, allerdings nicht für sich selbst, sondern ausschließlich für wohltätige Zwecke. Die Zölibatsregeln legten den Umgang der Mönche mit Frauen fest. Es galt sowohl die Lust als auch die Sexualität als Weg der Entspannung zu unterdrücken, da der Mönch für seinen inneren Frieden allein den Techniken der Meditation zu folgen hatte. Später gab es allerdings auch verheiratete Mönche.

Im Ideal der Friedfertigkeit weist der Buddhismus größte Gemeinsamkeiten mit dem zeitgleich in Indien auftretenden Jainismus auf. Jainas und Buddhisten vertreten hierbei zwei Grundsätze: 1.) den Glauben an die Verwandtschaft alles Lebendigen und die Lehre, daß jedes Lebewesen ein wiedergeborener Mensch sein könne (eine Radikalisierung hinduistischer Anschauungen); und 2.) die Ableitung aus dem Buddha-Satz „Alles, was mir begegnet, bin ich selbst", daß man keinem anderen etwas antun sollte, weil jeder sein Selbst erhalten will, also das Mitfühlen mit allen anderen Lebewesen, „als wären sie ich". Beide Lehren übten einen stark humanisierenden Einfluß im asiatischen Raum aus. Wegen seiner Friedfertigkeit wurde der Buddhismus vor allem in seiner Frühzeit politisch gefördert und mit Wohlwollen bedacht, doch kennt die Geschichte des Buddhismus auch die Verstrickung in weltliche und politische Gewalt bis in die Gegenwart.

Hauptströmungen und Schulen des frühen Buddhismus

Nach dem Tode Gautamas bemühten sich drei Konzilien, die Lehre des Meisters festzulegen. Es kam zu frühen Spaltungen zwischen den Theravadins (Sanskrit: Sthaviravadins), den Anhängern der „Lehre der Alten", die im wesentlichen den strengeren Hinayana-Buddhismus ausformulier-

Verehrung des Bodhisattva Guanyin
auf der dem Bodhisattva geweihten Berginsel Putuo Shan, Nähe Ningbo, China

Als Mönchskirche kennt der Buddhismus keinen Gemeindegottesdienst. Gemeinsame Sutrenrezitation (mehrmals täglich) und die Verehrung von Statuen bestimmen das Tempelgeschehen in den Klöstern. Im Gegensatz zum Volksglauben stellen die figürlichen Darstellungen der Buddhas der Weltzeitalter, der Bodhisattvas, Medizin-Buddhas, Buddhas der Sündenvergebung u. a. keine transzendent vorgestellten göttlichen Wesenheiten dar, sondern Verbildlichungen geistig-kosmischer Kräfte und Prinzipien, die als Hilfe und Stütze des Meditierenden dazu dienen, dessen Konzentration von sich selbst ganz auf den Gegenstand der Versenkung zu lenken. Allerdings hat der Volksglaube in seinen jeweils nationalkulturellen Ausprägungen zur Vergöttlichung zahlreicher Emanationen der Buddha-Kraft und zur Herausbildung eines buddhistischen Pantheons geführt, was auch die rituelle Praxis der Mönchskirche nachhaltig beeinflußte. Ein Beispiel dafür gibt die Verwandlung des Bodhisattva Avalokiteshvara zur hilf- und huldreichen Göttin Guanyin in China zwischen dem 6. und 10. Jh.; in China ist sie bis heute die populärste buddhistische Volksgottheit.

ten, und den Mahasanghikas, den Anhängern der „Großen Gemeinde", die weitaus liberaler eingestellt waren und den späteren Mahayana-Buddhismus vorbereiteten.

Zu der „Alten Weisheitslehre" des Hinayana kam die „Neue Weisheitslehre" des Mahayana mit ihrem Glauben an Buddhas und Bodhisattvas als höheren Wesen hinzu sowie die Yoga-Schulen (Yogacarins) und nach 500 n. Chr. als besondere Form des magischen, von der hinduistischen Tantra-Lehre beeinflußten Buddhismus das Vajrayana, das „Diamantfahrzeug", das sich besonders in Nepal, Tibet, China, Japan, Java und Sumatra verbreitete. In Tibet ging der Buddhismus in der Form des Lamaismus eine besondere Verbindung mit der alten schamanistischen Bon-Religion ein. Die Linien der Theravadins und Mahasanghikas zersplitterten sich im Laufe der Zeit in eine Reihe von Unterschulen. Seit dem 11. Jahrhundert n. Chr. gelten die Schulen des Buddhismus (in 1500 Jahren Buddhismus) im wesentlichen als ausgebildet.

Stellung und Einfluß des Laientums

Die Mönche und Asketen waren stets auf den guten Willen der buddhistischen Laien angewiesen. Außerdem trägt sich die buddhistische Ethik mit der Sorge um das geistliche Wohlergehen aller Menschen; daher gilt es, die Lehre (Dharma) mit anderen zu teilen und (anders als im Hinduismus) auch missionarisch tätig zu sein. Der Buddhismus mußte auch das Bedürfnis nach Mythologie und Glauben abdecken und tat dies durch die buddhistische Theorie vom „Erwerb von Verdienst". Durch eine gute Lebensführung sollen Verdienste zu erwerben sein für ein reicheres Dasein in einer besseren Wiedergeburt, bis zum Aufstieg zur zukünftigen Erleuchtung. Die Sehnsucht der Gläubigen nach einer anderen Welt wurde auch durch die Buddha- und Reliquienverehrung in sogenannten „Caityas" (= Heiligtümer, Schreine) aufgefangen. Im Mittelpunkt dieser Verehrung steht der Heilige Platz in Bodhgaya, der Feigenbaum, unter dem Gautama die Erleuchtung empfing. So entstanden ein reicher Opferkult, die Verehrung heiliger Bildwerke als Schutzpatrone und eine ausgeprägte Symbolik um den Baum, um das Rad als Symbol des Dharma, um Thron und Stupa (den Weltenberg). Von größtem Einfluß für das Verhältnis von Mönchen und Laien war die Schirmherrschaft Kaiser Ashokas (272-232 v. Chr.) über den Buddhismus. Als Reformer führte er weitreichende Veränderungen ein und erwirkte von den Mönchen eine starke Popularisierung ihrer Lehre. Ursprünglich hatten sich die Mönche für einen geringen Einfluß des Laientums und eine strikte Trennung der beiden Stände ausgesprochen. Die Mönche legten 5 Gebote und 3 „Schätze" oder „Juwelen" fest, sogenannte Zufluchtsformeln, durch deren dreimaliges Nachsprechen der Laie (Upasaka) der buddhistischen Gemeinschaft angegliedert wurde. Die dreifache Formel lautet: „Ich nehme meine Zuflucht zu dem Buddha; ich nehme meine Zuflucht zu der Lehre; ich nehme meine Zuflucht zu dem Orden." Danach galten für die Laien ebenfalls die 5 Gebote: Nicht töten (1), nicht stehlen (2), nicht ehebrechen (3), nicht lügen (4), keine berauschenden Getränke zu sich nehmen (5).

Unter Anleitung Ashokas milderten die Orden ihre strengen Regeln, wodurch der Buddhismus universaler wurde, was in der Absicht des Kaisers lag. Die Anbetung und Verehrung des Buddha wurde durch seine Abbildung in menschlicher Gestalt erleichtert und das Entstehen einer populären Literatur der Buddhalegenden gefördert. Die Lehren von Karma und Wiedergeburt, die den Gläubigen aus dem Hinduismus bekannt waren, wurden herausgestellt. Insgesamt bereitete der erhöhte Einfluß des Laientums das Entstehen des Mahayana-Buddhismus vor.

Der Buddhismus und die weltliche Macht

Kaiser Ashoka war der erste, der den Buddhismus zur Weltreligion machte. Er schickte Missionare in die umliegenden Länder, ließ die Texte präzisieren und sorgte für die Ausbreitung der „guten Lehre" in ganz Indien und Ceylon. Er erließ Edikte zur sittlichen Lebensführung und un-

Das hängende Kloster
7./9. Jh., Hengshan, südlich Datong, China

Weltferne als Voraussetzung unbeeinträchtigter Meditation und das asketische Ideal der buddhistischen Mönchsregeln haben dazu geführt, abgelegene Berggipfel, Inseln, Einöden oder schwer zugängliche Plätze zur Anlage von Einsiedeleien und Klöstern auszuwählen, die sich oft zu belebten Pilgerstätten und demzufolge mit der Zeit zu großen Tempelkomplexen entwickelten. Das hängende Kloster an einer steilen Felswand des Hengshan gehört zu den beeindruckendsten Zeugnissen dafür, wie sich aus einer in den Fels geschlagenen Einsiedelei ein Klostertempel mit insgesamt 40 Gebäuden entwickelte. Da das Kloster zugleich als Pilgerherberge für jedermann diente, verfügt es u. a. auch über Andachtsstätten für Lao-tse und Konfuzius.

tersagte die mönchischen Streitigkeiten. Wichtig für die Entwicklung des Mahayana-Buddhismus war, daß Ashoka sich in seinen Felsenedikten gegen eine Überbewertung äußerer Regeln und Riten im Hinayana-Buddhismus wandte und statt dessen zu tugendhaften Handlungen und nutzbringenden Taten aufrief. Für alle Schulen gilt Kaiser Ashoka als Idealbild des gerechten buddhistischen Herrschers.

Seither stand der Buddhismus vor allem in Nordindien und Bengalen unter dem Schutz der Herrscher, da er zu Friedfertigkeit, Heiterkeit und Versöhnlichkeit aufrief. Viele Herrscher schmückten sich mit buddhistischen Ehrentiteln, und in einigen Ländern wie Indochina, Java und Tibet entstanden Theokratien unter buddhistischem Einfluß. Dabei kam dem Buddhismus zustatten, daß er keine Kultur- und Wissenschaftsfeindlichkeit kennt, keine Kastenschranken oder Stammestabus betont und in seiner Anpassungsfähigkeit auch mit dem Denken moderner Industrienationen und technischen Hochleistungen ebenso vereinbar ist wie mit der erhöhten Mobilität des modernen Menschen.

HINAYANA: DIE ALTE WEISHEITSSCHULE

Das Ideal des Arhat

Das Eingehen Buddhas ins Nirwana 480 v. Chr. stellte seine Anhänger vor eine schwierige Situation, da alle Überlieferung nur mündlich tradiert wurde. Auf einem ersten Konzil kamen 500 Mönche zusammen und spalteten sich sogleich in verschiedene Sekten und Schulen. Auch im Buddhismus (ebenso wie im Christentum) wurde die Lehre nicht durch den Gründer selbst, sondern durch einen seiner ersten Jünger kodifiziert; der Mönch Sariputra entwarf die methodische Kontemplation nach den Regeln des Abhidharma und entwickelte die Lehre der Alten Weisheitsschule; seine Auffassungen prägten den Buddhismus der ersten 15 bis 20 Generationen. Das Hinayana oder „Kleine Fahrzeug" bildet den Regelkanon der Alten Weisheitslehre. Dieser Kanon wird in drei Kompendien eingeteilt, die jeweils – nach dem Ort ihrer Aufbewahrung – als „Korb" (Pitaka) bezeichnet werden. Die drei Kompendien sind das Vinayapitaka (= die Ordensregel), das Suttapitaka (= die Lehrreden des Meisters und seiner Mönche in 5 Sammlungen) und das Abhidharmapitaka (= der 7 Bücher umfassende „Korb der Scholastik").

Arhat bedeutet Heiliger oder Weiser auf der

Stupa Shwedagon
ab 15. Jh., Rangun, Burma

Der Stupa Shwedagon, das goldene Wahrzeichen des Buddhismus in Burma, ist religiöses und nationales Monument zugleich. Seine Pracht verdankt er nicht nur der Spendenwilligkeit glaubenseifriger Buddhisten, sondern auch der Selbstdarstellung buddhistischer Herrscher, die den Ruhm Buddhas mit dem eigenen verbanden. Steinerne Stupas (Pagoden) wurden als Gedenk- und Schutzbauten über den sterblichen Überresten bedeutender buddhistischer Lehrer und besonders aufwendig über Reliquien des Gautama Buddha errichtet. So werden im mehrfach erneuerten Komplex des Stupa Shwedagon acht Haupthaare Gautamas aufbewahrt. Das künftige Schicksal des einzelnen wird um so positiver beeinflußt, je heilsbedeutsamer die Reliquie ist.

höchsten Stufe und ist das Vollkommenheitsideal des Hinayana-Buddhismus. Das Wort bedeutet „Vernichter der Feinde", womit die weltlichen Genüsse und Leidenschaften und der Glaube an ein Ich oder Selbst gemeint sind. Der Arhat sieht im Menschen ein Konglomerat der 5 Skandhas oder Bestandteile und hat seine Bindungen an die „dreifache Welt" – die Welt des sinnlichen Verlangens, die Welt der Form und die Welt ohne Form – aufgegeben. Er ist zu einer Art „Über-Erkenntnis" gelangt und ist ganz auf die übersinnliche Welt der beständigen Wirklichkeit (Nirwana) ausgerichtet, der er sich in der Meditation nähert. Diese Meditation vollzieht sich in drei Stufen: moralische Disziplin – Trance – Weisheit. Unter moralischer Disziplin versteht das Hinayana eine disziplinierte Einstellung gegenüber dem eigenen Körper, das Ablassen von sinnlichen Freuden und Gier und die Befreiung von der Illusion der Individualität. Verschiedene Übungen führen den menschlichen Körper als abstoßend und unzulänglich vor Augen. Die „Bewachung der Sinnesorgane" schult die Konzentration des Blicks, während die „Bewachung der Sinnestore" eigentlich so etwas wie eine bewußte Unterbrechung der Reiz-Reaktions-Kette darstellt: Die Reize sollen in Schach gehalten und der Geist rein für sich, ohne äußere Affektionen, betrachtet werden, damit unsere Wünsche sich nicht an weltliche Dinge klammern. Unter die „Trance" fallen drei Arten von Konzentrationsübungen: 1.) die 8 Dhyanas; 2.) die 4 Unbegrenzten; 3.) die okkulten Kräfte. Die 8 Dhyanas bilden die Stufen des Unterbrechens unserer Reaktionen auf äußere Sinnesreize. Man beginnt mit der Konzentration auf einen bestimmten Gegenstand und unterdrückt alle eigenen Neigungen in be-

Bodhisattva Avalokiteshvara
vergoldete Bronze, 18. Jh., Tempelkloster Tanzhesi bei Peking, China

Mit der Einführung der als Bodhisattvas bezeichneten Heilsbringer, die zwar die vollkommene Buddhaschaft erreicht, auf den Eingang ins Nirwana aber verzichtet haben, um den in den Kreislauf der Wiedergeburten eingebundenen Menschen zu helfen, hat die Mahayana-Schule wesentlich zur Wandlung des Buddhismus von der Mönchslehre zur Volksreligion beigetragen. Besondere Popularität genoß zu allen Zeiten Avalokiteshvara, der Bodhisattva der grenzenlosen Barmherzigkeit, der mit seinen elf Gesichtern und tausend Armen die allgegenwärtige Buddha-Kraft symbolisiert, das Leid der Hilfsbedürftigen zu erkennen und Hilfe und Trost zu gewähren.

zug auf ihn (1. Stufe); über die Beschäftigung mit dem äußeren Objekt geht man nun hinaus in Bereiche des Glaubens und des nicht-diskursiven Denkens, wodurch man innere Befriedigung und Verzückung erfährt (2. Stufe). Es kommt zur „Aufhebung der Befleckung" (3. Stufe) und sodann zum Verlust jeder Empfindung für Behagen bzw. Unbehagen für die eigene Person (4. Stufe). Über diesen Stufen stehen die 4 formlosen Dhyanas, in denen jede Objektbezogenheit überwunden und der unbegrenzte Raum bzw. die Leere (Nirwana) „sichtbar" wird. Der Meditierende erreicht schließlich einen Zustand jenseits von Wahrnehmung und Nicht-Wahrnehmung, in dem jedes Bewußtsein ausgeschaltet ist, und erfährt die Vereinigung des Nichts mit dem Nichts bzw. des Einen mit dem Einen. Dieser Zustand wird auch „göttlicher Abgrund" oder „Wüste der Gottheit" genannt. Es ist ein Weg fortschreitender Selbstauslöschung.

Die 4 Unbegrenzten (Apramana) sind Methoden zur Beherrschung der Gefühle: a) Freundlichkeit, b) Mitleid, c) Mitfreude und d) Gleichmut. Diesen Übungen ist wesentlich, die Grenzen zwischen dem eigenen und einem fremden Selbst auszulöschen, ohne die eigenen Vorlieben oder Abneigungen zu beachten. Die Freundlichkeit fördert die Sorge um das Wohlergehen aller Lebewesen und die Befreiung von jedem bösen Willen gegen andere; das Mit-Leiden bedeutet die Konzentration auf das Leiden der anderen Lebewesen sowie den Willen, diesem abzuhelfen; wenn dies erreicht ist, stellt sich als heiteres Mitgefühl die Mit-Freude ein; im Erreichen der Gleichmut wird diese Einstellung universal und unbegrenzt.

Die okkulten Kräfte spielen in der streng rationalistischen Ausrichtung des frühen Buddhismus nur eine sehr untergeordnete Rolle; doch schärfte das erhöhte geistige Leben immer auch die parapsychologischen Kräfte.

Die Weisheit

Weisheit gilt als höchste Tugend im Buddhismus und meint die methodische Kontemplation des Dharma (Lehre). Sie ist vor allem in den 7 Büchern des Abhidharma niedergelegt. Da das Abhidharma sich systematisch mit der Überwindung der Individualität oder „Ich-haftigkeit" beschäftigt, kann man es mit Edward Conze als die älteste ausgearbeitete Psychologie bezeichnen. Das Abhidharma unternimmt die systematische Umsetzung der persönlichen Ausdrücke durch unpersönliche gemäß dem Dharma (Lehre).

Conze wählt zur Verdeutlichung den persönlich formulierten Satz „Ich habe Zahnschmerzen." Seine Aufteilung gemäß der 5 Skandhas würde lauten: 1.) Dies ist eine Form (der Zahn als Materie); 2.) dies ist ein schmerzliches Gefühl; 3.) dies ist die Wahrnehmung des Zahnes durch Gesicht, Berührung, Schmerz; 4.) dies ist als Willensreaktion: Abneigung gegen Schmerz, Furcht vor den Folgen für ein zukünftiges Wohlbefinden, gieriges Verlangen nach Wohlbefinden; 5.) dies ist Bewußtsein – Bewußtsein des unter 1 bis 4 Genannten. Das Abhidharma zerlegt die Wirklichkeit entgegen dem Alltagsverständnis in 79 bis 174 letzte Daseinsfaktoren, die einer Umwandlung der üblichen, vereinheitlichenden Betrachtung in ein Spiel unpersönlicher Kräfte dienen. Doch ist eine solche Betrachtung in keiner Weise theoretisch gemeint, sondern dient einzig dem „therapeutischen" Zweck, mit der Last und dem Leiden der Welt fertig zu werden. Das besitzergreifende Denken des Individualismus entfremdet uns unserem wahren Selbst und bewirkt unsere Leiden durch Identifikation mit Bedingtem und Wandelbarem. Die Meditation dient dagegen der Abtötung des Selbst und damit der Entidentifizierung mit allem Bedingten.

Bei diesen Definitionen bleiben einige Widersprüche über „das Absolute" des Buddhismus, das Nirwana, unaufgelöst. So hat das Absolute per definitionem keine Verbindung zu anderem; andererseits setzt die Idee einer Erlösung aus den Fesseln der Wandelwelt hin zum Absoluten doch eine Verbindung zum Bedingten als dem Erlösungsbedürftigen voraus. Außerdem ist über das Absolute nichts auszusagen, da alle Aussagen bedingt sind und allenfalls vorläufig gelten; so läßt sich also vom Absoluten positiv weder aussagen, daß es in der Welt ist (immanent) noch daß es außerhalb der Welt ist (transzendent). Trotzdem wird das Absolute (Nirwana) gegen die Welt definiert als diese nicht seiend. Die Welt gilt als unbeständig, zerfallend und Leiden verursachend, das Absolute dagegen als unbedingt und unwandelbar und wird sogar „ungestörter, segensreicher Friede" genannt. Der Buddhismus ist sich dieser Schwierigkeiten zu allen Zeiten bewußt gewesen und stellte daher die entsprechenden Sachverhalte oft mit Hilfe von Paradoxien dar.

MAHAYANA: DIE NEUE WEISHEITSSCHULE

Mahayana: Das „große Fahrzeug"

Zur Zeit des Kaisers Ashoka kam es zu einer ersten bedeutenden Spaltung des buddhistischen Mönchsordens in die konservativen Sthaviravadins und die mehr „demokratischen" Mahasanghikas, die den Laien einen größeren Einfluß einräumten und den Mahayana-Buddhismus vorbereiteten. Der Mahayana-Buddhismus, der in seinem Namen bereits andeutet, daß er nicht der exklusiven Schar der Mönche vorbehalten sein will, entwickelte sich aus der Mahasanghika-Bewegung. Erst mit dem Niedergang des Buddhismus in Indien um 800 n. Chr. wurde die Mahayana-Bewegung zahlenmäßig stärker als das Hinayana und entwickelte sich in verschiedenen Schulen vor allem in China, Japan und Tibet, während Ceylon, Burma, Kambodscha und Siam die Hochburgen des Hinayana blieben. Allgemein lehrt der Mahayana-Buddhismus die Existenz eines Absoluten und projiziert die Züge des Absoluten auf die Gestalt Buddhas. Im Gegensatz zum Hinayana, das die Welt überwinden will, will das Mahayana der Welt zur Erlösung verhelfen und hält daher auch eine Übertragung der eigenen karmischen Verdienste auf andere für möglich; so entstand eine völlig neue Ethik des Mitleidens. Das Mahayana brachte zwischen 100 v. Chr. und 200 n. Chr. einen großen Reichtum an Sutras hervor, vor allem den „Lotus des Guten Gesetzes" und die umfangreiche „Vollendung der Weisheit" (Sanskrit: pra-jna-param-ita; Prajnaparamita, wörtl: „Weisheit, nach jenseits gegangen", also transzendente Weisheit). Die philosophisch anspruchsvollen Schriften des Prajnaparamita entstanden im Dekkan (Südostindien) um 150 n. Chr. und sind im wesentlichen von den Mönchen Nagarjuna und Aryadeva formuliert worden. Nagarjuna war einer der bedeutendsten Dialektiker aller Zeiten und behauptete die Unhaltbarkeit aller affirmativen Behauptungen, besonders über das Absolute, weswegen er mit Logik und Paradoxien arbeitete. Er machte die „Wesenhaftigkeit" zum Unterscheidungskriterium von Echtem und Scheinhaftem und entwarf die Theorie der Leerheit als Grundlage der Wandelwelt und des Vergänglichen, deren Erkenntnis den Kreislauf der Wiedergeburten zu durchbrechen vermag und das Verlöschen im Absoluten als „Haltung der Leerheit" ermöglicht.

Unter Anleitung Nagarjunas brach der Mahayana-Buddhismus, beeinflußt von hinduistischen Denkfiguren, mit dem strengen Dualismus des Hinayana, der das Verhältnis von Nirwana und Wandelwelt als unüberbrückbaren Gegensatz deutete. Nagarjuna lehrte einen Monismus, wonach alles Wandelbare bloß Schein ist und in Wahrheit nur „die Leere" (shunya) als eine Art „relatives Nichts" (ähnlich dem Nirwana) oder All-Einheit existiert, in der jeder Unterschied von Sein und Nicht-Sein wie auch von Einem und Vielem aufgehoben ist; so besteht letztlich auch der Unterschied zwischen Nirwana und Wandelwelt nur für den Bereich des Scheinhaften, also für die Wandelwelt, nicht aber in Wahrheit. Die aktivistische und altruistische Ethik des Mahayana betont, daß nicht nur einzelne Weise und Heilige zur Erlösung prädestiniert seien, sondern fast alle Wesen, weswegen es wichtig ist, für die Erlösung aller Sorge zu tragen.

Das Bodhisattva-Ideal des Mahayana

Neben der Leere oder Leerheit ist das Ideal des Bodhisattva ein zentraler Begriff des Mahayana. Ist der Buddha ein Erleuchteter, so ist der Bodhi-

Buddha Maitreya

5. Jh., Yungang-Grotten bei Datong, China

Maitreya gehört zu den vielschichtigen Gestalten des buddhistischen Pantheons. Einerseits wird er als der erlösende Buddha der Zukunft dargestellt und verehrt, andererseits wirkt er in der gegenwärtigen Epoche noch als hilfreicher Bodhisattva, der, um den Menschen Zukunftszuversicht zu verleihen, vorerst auf den Eingang in die Buddhaschaft verzichtet hat. Der angewinkelte rechte Arm des Buddha Maitreya mit der nach außen gerichteten Handfläche zeigt die Abhaya-Geste („Fürchtet euch nicht"); der gesenkte linke Arm mit nach unten vorgestreckter Handfläche zeigt die Geste des Gebens (Varada-mudra). Die Gestaltung der Zentralfigur wie auch der pagodenförmigen Stützpfeiler verweist auf die indisch-afghanische Herkunft der frühen buddhistischen Kunst Chinas.

Abbrennen von Räucherstäbchen

Da alle Menschen, die nicht den Weg der Mönchsgemeinschaft, der Einhaltung der Mönchsregeln und der Selbstauslöschung in der Meditation gewählt haben, aus sich selbst keine Möglichkeit besitzen, dem Rad des Lebens, d. h. dem Kreislauf der Wiedergeburten und Vergeltungen, zu entraten, muß ihr religiöser Eifer in erster Linie darauf gerichtet sein, neben der Einhaltung der buddhistischen Gebote durch gute Taten so viele Verdienste anzuhäufen, daß dadurch das künftige Schicksal positiv beeinflußt wird. Zur Anhäufung von Verdiensten gehört u. a. das Abbrennen von Räucherstäbchen oder Opfergeld im Tempelbezirk bzw. vor Statuen, das Entzünden von Kerzen und die, oft mit kostspieligen Opfergaben verbundene, Verehrung von Statuen. Dabei werden neben persönlichen Wünschen heilige Silben oder Sutrenverse rezitiert, was allein schon als verdienstanhäufend gilt.

sattva ein Erleuchtungswesen, ein angehender Buddha. Der Bodhisattva bleibt in der Welt einzig zum Vorteil anderer Lebewesen, um die anderen aus dem Strom des Leidens zu retten. Weil er das Selbst in sich längst überwunden hat, ist der Bodhisattva mitleidend und mitfühlend mit allen anderen Lebewesen und will ihnen Gutes tun. Für das Mahayana geht es nicht nur darum, sich selbst dem Nirwana anzugleichen, sondern sein „Selbst" dergestalt ins Nirwana hineinzuversetzen, daß man zugleich alle Lebewesen zur Erlösung führt. Der tibetanische Buddhismus übersetzt daher Bodhisattva mit „heroisches Wesen" und vergleicht den Hinayana-Arhat mit einem Menschen, der sich mit seiner Familie im Urwald verläuft und nur sich selbst rettet; der Held (Bodhisattva) hingegen führt aufgrund seiner Stärke auch seine Familie aus dem Urwald heraus und bringt sie in Sicherheit.

Der Bodhisattva ist allumfassend mitfühlend, er gibt zwar die Welt auf, aber nicht deren Lebewesen. Das Bodhisattva-Ideal verdankt sich vielfach der Übung der „4 Unbegrenzten", welche die Mönche erzog, keinen Unterschied zwischen sich und anderen zu machen und das Mitleiden und die Mitfreude in Freundlichkeit und Gleichmut zu erlernen.

Verschiedene Bodhisattvas wie auch Buddhas wurden vom Mahayana ausgemacht und in der religiösen Praxis des Buddhismus wie Engel als Nothelfer verehrt. Besonderer Beliebtheit als Bodhisattvas erfreuen sich Maitreya, der Buddha der Zukunft, und vor allem Avalokiteshvara, der das grenzenlose Leiden aller Lebewesen auf sich nimmt und in der Not angerufen wird; er ist die Personifikation des grenzenlosen Mitleids. Von den Buddhas wird besonders Vairocana, der „Sonnenartige", verehrt, der in Teilen Ostasiens als Höchstes Wesen gilt, sowie der „Ur-Buddha" (Adi-Buddha), der seit Ewigkeiten erleuchtet ist und alle weiteren Buddhas durch Meditation erschaffen hat, damit sie als Schutzpatrone der Lebewesen fungieren.

Die Leere

Ausgearbeitet von Nagarjuna, geht das Mahayana davon aus, daß der Bodhisattva zu der Erkenntnis gelangt, daß alle Dinge leer sind, wobei „leer" als Synonym für „Nicht-Selbst" steht. Zunächst ist damit gesagt, daß alle bedingten Dinge, alle Dinge in der Welt, „leer" und damit nicht begehrenswert sind. Nagarjuna faßt diese Leere vielfach als Mitte zwischen Extremen und nennt sie die Identität von Ja und Nein als Mitte zwischen Behauptung und Verneinung, zwischen Dasein und Nichtsein, zwischen Ewigkeit und Vernichtung. Wesenlosigkeit und Leerheit sind Voraussetzungen für das Entstehen der Wandelwelt, gleichzeitig ermöglicht die rechte erkennende Annäherung an die Leere (die „Leerheits-Haltung") aber auch das eigene Verlöschen im Nirwana bzw. in der „Soheit". Die Leerheit ist also das Gemeinsame in allen Gegensätzen und Widersprüchen und führt so zur letzten Wirklichkeit des Absoluten.

Bei den Synonymen, die das Mahayana für die Leere einsetzt, ist dasjenige des „Nicht-Dualismus" besonders wichtig: Alle Dualismen in der Welt sind in der Leere oder Soheit aufgelöst, etwa die zwischen Subjekt und Objekt, zwischen

Mile Fo (Budai)
Stein, Tang-Dynastie, 618-907, Provinzmuseum Taiyuan, China

Die Anpassung indisch-buddhistischer Vorstellungen an die kulturelle Umwelt Ostasiens hat auch in China zu weitreichenden Veränderungen der „reinen Lehre" vor allem im Bereich der Volksreligiosität geführt. Dies betrifft auch den Zukunftserlöser Maitreya (chin.: Mile Fo), dessen Bodhisattva-Natur die Chinesen im freundlich lachenden Mönch Budai verkörpert sehen, der mit Bettelsack und Rosenkranz unerkannt über die Erde wandert, um den Gläubigen bereits jetzt hilfreich zur Seite zu stehen. Er hat in der Vorhalle jedes Tempels seinen Platz und gewährt den Gläubigen Harmonie, Liebe, Freude und Wohlergehen. Die Versinnbildlichung, die Gautamas abstrakte Daseinslehre in der chinesischen Umwelt erfuhr, tritt in Budais gewaltigem Bauch als Lebenszentrum, das hinter dem Nabel gedacht wird, augenfällig zutage.

Sein und Nicht-Sein, besonders aber auch die zwischen der Welt und dem Nirwana. Daß diese Leere auch als „Soheit" gefaßt wird, besagt vor allem, daß der Erkennende die Dinge so beläßt, wie sie sind, und ihnen keine eigenen Deutungen aufzwingt. Auch dies ist ein wichtiger Schritt auf dem Weg zur Selbst-Auslöschung.

Die Erlösung in der Neuen Weisheitslehre

Die Erlösung ist im Mahayana gekennzeichnet durch drei negativ und ein positiv definiertes Attribut. Die drei negativen sind Nicht-Erreichen, Nicht-Behaupten und Nicht-sich-Stützen, das positive ist die Allwissenheit. Das Nicht-Erreichen meint, daß der Bodhisattva aufgrund seines freiwilligen Mitleidens mit allen Lebewesen die Erlösung (jedenfalls derzeit) nicht erreicht. Aber da die Leere keine definierbaren Eigenschaften hat, können wir nie wissen, wann und wo wir das Nirwana erreichen.

Eine große Gefahr liegt im unüberlegten Sprachgebrauch. Da jede Aussage eine Unterscheidung ist und eine Behauptung darstellt, gilt das Nicht-Behaupten als Kennzeichen wahrer Erlösung. Jede Behauptung grenzt sich zumindest von ihrem Gegenteil ab und leistet damit dem Dualismus Vorschub; außerdem kann eine abgesonderte Wirklichkeit niemals mit dem Nirwana oder der Leere in Einklang stehen, da die Leere ja als Aufhebung des Unterschiedes von Ja und Nein, zwischen dem Behaupteten und seinem Gegenteil, gefaßt war. Das Nicht-sich-Stützen meint eine Abkehr von unserem Sich-Verlassen auf die bedingten und unbeständigen Dinge dieser Welt, das den Grund für unsere Angst in der Welt darstellt.

Die positiv definierte Allwissenheit ist erklärungsbedürftig; für das Mahayana war auch der historische Buddha allwissend im vollen Wortsinne, d. h., er hatte durch seine absoluten Gedanken als Erleuchteter unbeschränkte Kenntnis von allem – aber nicht als Mensch, als historischer Gautama–, sondern in seinem verklärten Körper, in seinem „Dharma-Leib", der ein geistiges Prinzip meint. Der dahinter stehende philosophische Gedanke ist folgender: Wäre Buddha nicht allwissend im Zustand seines Eingegangenseins in das Absolute, so würde seine Unkenntnis von Dingen seinen Wissensbereich einengen und er wäre durch ihre Ausschließung von seinem Wissen nicht mit dem Absoluten als dem All-Umfassenden identisch. Außerdem bedeutet Allwissenheit Selbstauslöschung und die Lösung aller Bindungen ans Selbst. Das weltliche Selbst (Ich) gelangt dadurch, daß es sich stets als Ich gegen anderes (Nicht-Ich) abgrenzen muß, niemals zur Allwissenheit. Nur wenn „ich" nicht mehr Ich bin, ist Allwissenheit möglich. Allwissenheit meint aber nicht die Kenntnis der Summe aller Dinge, sondern ihre Totalität, die jedes Einzelding (Einzelwissen) sowohl einschließt als auch ausschließt.

DIE WEITERENTWICKLUNGEN DES BUDDHISMUS

Bhakti: Der Buddhismus des Glaubens und der Verehrung

Während der Glaube im Hinayana-Buddhismus eine völlig untergeordnete Rolle spielt, differenzierte bereits Nagarjuna den leichten Weg des Glaubens von dem beschwerlichen Weg der Weisheit. In der Bewegung des „Bhakti", was mit Glauben oder fromme Verehrung zu übersetzen ist., kam es zur Verehrung der Gottheiten, auch der Buddhas und Bodhisattvas, die man sich in menschlicher Gestalt vorstellte; ebenso erfuhren die Paradiese der „Reinen Länder" (Buddhaländer) eine sinnliche Ausmalung.

Durch die Bhakti-Bewegung kamen drei neue Gedankenstränge in den Buddhismus hinein: 1.) die Lehre von der Übertragung des (karmischen) Verdienstes; 2.) die Überzeugung, daß die Buddha-Natur in allen Lebewesen gegenwärtig ist; und 3.) die Erschaffung einer großen Anzahl von Erlösten. Die Übertragungs-Lehre widersprach eigentlich der alt-buddhistischen Karma-Auffassung des Hinayana, wonach jeder für sein eige-

Der Gott des Nordens und des Reichtums
Thanka, 18. Jh., Yonghegong, Peking

Buddha hat 5453 Namen, und für jeden Namen ist eine ikonographische Typologie überliefert, die in besonderer Weise im tibetischen Buddhismus plastische und malerische Gestalt gewann und in strenger Traditionswahrung überliefert wird.
Zu diesen bildgewordenen kosmischen Kräften gehört auch Mahasavarna Vaishravana, die Potenz des Nordens; als gegenwärtig wirkende Kraft dargestellt mit dem Kopfschmuck eines Bodhisattva, reitend auf einem brüllenden Schneelöwen, in der rechten Hand das flatternde Rundbanner als Symbol für den Siegeszug des Buddhismus; in der linken Hand den juwelenspeienden Mungo, der ihm den Beinamen „Gott des Reichtums" einbrachte. Sonne und Mond, zwei kleine Kreise in seiner Gloriole, kennzeichnen ihn als den Herrschergott unter den Hütern der Weltrichtungen und den Wohlstand spendenden Gottheiten.

Jataka des Königs Sivi
Wandmalerei, Nördliche Wei-Dynastie, 5. Jh., Magao-Grotten bei Dunhuang, China

Jatakas sind Erzählungen über die verdienstvollen Taten Gautama Buddhas in einer seiner früheren Existenzen, ehe er im Haus des Königs Suddhodana als Gautama geboren wurde. Die Vielzahl der mit der Zeit überlieferten Jatakas diente zur Illustrierung der buddhistischen Gebote und zur Untermauerung der Vorstellung, daß allein die Anhäufung selbstloser Taten zur Erlösung aus dem Kreislauf der Wiedergeburten und Vergeltungen führe. Die Wandmalerei zeigt, wie der Buddha in Gestalt des Königs Sivi eine Taube aus den Klauen eines Falken rettet. Als Gegenleistung für die Freilassung der Taube schneidet er sich ein Stück Fleisch aus seinem Körper; er muß sich jedoch schließlich ganz opfern, um die Taube zu befreien.

nes karmisches Schicksal selbst verantwortlich ist; das Verdienst sammelte jeder für sich selbst. Erst das Mahayana lehrte, daß die Buddhisten bereit sein müßten, ihre Verdienste mit anderen Lebewesen zu teilen. Nun wurde daraus eine universelle Verpflichtung, die übrigens auch einer inneren Logik folgte: Wenn die Welt und das Nirwana in der „Leere" letztlich identisch sind, kann es auch in Wahrheit keine Unterschiede zwischen Erleuchteten und Nicht-Erleuchteten geben. Wenn nun auch das Mitleid unbegrenzt sein soll, darf kein Lebewesen vom eigenen Verdienst ausgeschlossen werden. Die Buddhas und Bodhisattvas fördern die Tugend der Gläubigen und schützen sie vor allen Gefahren. Auch gewähren sie handfeste materielle Vorteile, wenn man sie bei bestimmten Unternehmungen anruft. Zugleich werden sie im mystischen Denken zu Objekten der liebenden Verehrung, es entwickelt sich also – entgegen den ursprünglichen Intentionen des Ur-Buddhismus – eine persönliche Beziehung zu einem persönlich gedachten Gottwesen. Der Buddha gilt den Bhaktis nicht mehr als im Nirwana verloschen, sondern als in einem Paradies (Buddhaland) glücklich lebend.

Die Idee einer Schaffung des „Reinen Landes" durch das karmische Verdienst eines Bodhisattva verdeutlicht das buddhistische Vertrauen auf die schöpferische Kraft ethischer Handlungen. Seine Wiedergeburt in einem der „Reinen Länder" erreicht der Gläubige durch ein reines Leben und sein Streben, zur Buddhaschaft zu gelangen. In Gebetsformeln gedenkt er des verehrten Buddha oder Bodhisattva durch ständiges Aussprechen seines Namens; eigene Meditationsübungen beschäftigen sich mit der Schönheit und Vollkommenheit der Buddhaländer.

Die Yogacarins

Die Schule der Yogacarins entwickelte sich in den ersten Jahrhunderten n. Chr. und beherrschte seit etwa 500 n. Chr. die Gedankenwelt des Mahayana. Ihre Theorien sind oft sehr schwer nachvollziehbar, da die Methoden und Wirkungen des Trancezustandes (Samadhi) auch inhaltlich eine große Rolle spielen. Die Schule betont den hohen Wert der inneren Ruhe und verfährt eher sinnend-meditativ und asketisch als intellektuell.

Die Yogacarins behaupten, daß das Absolute Denken sei, und stützen sich dabei auf bestimmte Aussagen Buddhas. Anders als das Prajnaparamita oder Nagarjuna nehmen sie die Leerheit (Soheit) nicht als letzte Tatsache, obgleich sie sie anerkennen, sondern beschreiben diese Leerheit als Denken, verbunden mit der Idee der absolut „selbstleuchtenden Gedanken". Diese besagt: Wenn der menschliche Geist der Wahrheit gegenübersteht, so offenbart sich ein selbstleuchtender Gedankenfunke sowohl im tiefsten Innern des Selbst als auch analog im Innern der Wirklichkeit – es handelt sich also um eine Art „Korrespondenztheorie". Die hauptsächlichen Theorien der Yogacarins sind die Lehren vom Nur-Geist, vom Speicher-Bewußtsein, von den 3 Arten des Selbst-Seins und von den 3 Körpern des Buddha.

Geist, Denken und Bewußtsein sind im Buddhismus Synonyme. Die Yogacarins sehen alles Wahrnehmbare als „nur Geist" an, einschließlich der äußeren Objekte; die Dinge sind nur existent, soweit sie Inhalte des Bewußtseins sind, und alle Schöpfungen sind reine Geist-Schöpfungen. Die Yogacarins bezeichnen auch das Nirwana durch positive Ausdrücke wie Nur-Geist, Nur-Denken oder Nur-Bewußtsein. Sie betonen die Dimension des Selbst-Gewahrseins (Selbst-Bewußtseins) als eines „Ortes", wo das Absolute zu finden sei. Die Yogacarins stellen sich dem alten Problem, daß wir von unserem Bewußtsein (Geist) keine direkte Erfahrung als Subjekt haben können; sobald wir uns (in einem Bewußtseinsakt) dem Subjekt zuwenden, wird es zum Objekt (unseres Bewußtseins), weshalb uns eine Introspektion nicht vor das Subjekt als Subjekt führt. Das endgültige Subjekt (Geist) ist daher außerhalb unserer Erfahrung und kein Teil dieser Welt, sondern unseren Bewußtseinsstrukturen transzendent. Die Yogacarins versuchen sich diesem endgültigen Subjekt (Geist, Absolutes) anzunähern durch ein radikales Sich-Zurückziehen von jedem Objekt in einen nach innen gerichteten Trancezustand. Wo kein Objekt mehr einem Subjekt gegenübersteht, wird das Innerste selbst in seiner Reinheit erlebbar; das Erfassen hört auf, wo es nichts außerhalb des Geistes Liegendes mehr zu erfassen gibt. Die ekstatischen Trancezustände der Yogacarins erstreben daher eine radikale Loslösung von aller Identifikation mit einem Objekt. Die Theorie des Speicher-Bewußtseins besagt, daß ein überpersönliches Bewußtsein die Grundlage aller (einzelnen) gedanklichen Tätigkeiten bildet. Der Geist kennt also zwei Schichten: das Speicher- oder Grund-Bewußtsein und die individuellen Denkbewußtseine, deren Unterschied aber nur funktionell ist. Das Speicher-Bewußtsein ist das unwandelbare Absolute, in welchem die wandelbaren individuellen Bewußtseine, wie in einer Art Nährflüssigkeit treibend, aus dem Karma-Samen der früheren Existenzformen heranreifen. In dem Speicher- oder Grund-Bewußtsein bleiben alle Taten und Erfahrungen der Vergangenheit aufbewahrt. Die individuellen Bewußtseine sind keine objektiven Tatsachen, sondern verdanken sich dem Speicher-Bewußtsein und werden nur fälschlich – in der Wandelwelt – als losgelöste Einzelbewußtseine angesehen.

Für die Yogacarins kann alles Seiende unter drei verschiedenen Gesichtspunkten betrachtet werden; einmal vom Standpunkt des „gesunden Menschenverstandes" aus, der reale Dinge und Objekte wahrnimmt; sodann unter dem Gesichtspunkt ihrer gegenseitigen Abhängigkeit und wechselseitigen Bedingtheit, was schon der frühe Buddhismus im Auge hatte; schließlich vom Standpunkt der „eigentlichen Realität" aus, die vom Yogi intuitiv erfaßt wird und in der kein Subjekt mehr einem Objekt gegenübersteht. Alle Dinge bilden hiernach ein einziges So-Sein, nämlich Nur-Geist, und sind in Wahrheit nicht voneinander unterschieden.

Mit der Lehre von den 3 Körpern des Buddha bereiteten die Yogacarins den Übergang in den tantrischen Buddhismus vor. Sie unterschieden den „Erscheinungs-Leib" Buddhas, der nur in der weltlichen Vorstellung existent ist und sämtliche Stadien der Buddha-Legende durchlief, von Buddhas „Leib des Genusses", der sich den Bodhisattvas offenbart und in den Reinen Buddhaländern lebt. Davon ist zu unterscheiden der „Dharma-Leib" Buddhas, in dem Buddha sein wahres Selbst verwirklicht und selbst das Absolute wird. Dieser Leib ist das Ur-Eine, aus dem die anderen beiden Leibformen erst erwachsen.

DER TANTRISMUS ODER MAGISCHE BUDDHISMUS

Formen des Tantrismus

Zwei Ziele visiert der Tantrismus an: den Erfolg (Siddhi) im Streben nach vollkommener Erleuchtung bereits in diesem Leben und den Erfolg im (weltlichen) Streben nach Gesundheit, Reichtum und Macht. Die Nachzeichnung der Geschichte des Tantrismus erweist sich für den Buddhismus als ebenso schwierig wie für den Hinduismus, da die Inhalte zunächst nur als Geheimlehren an Eingeweihte weitergegeben wurden. Als ausgearbeitetes System erscheint er wohl erst nach 500/600 n. Chr., doch reichen seine Anfänge in die vor-buddhistischen chthonischen Kulte der Muttergottheit und der Fruchtbarkeitsriten zurück. Wie im Hinduismus unterscheidet man im tantrischen Buddhismus ein mehr männlich ausgerichtetes „rechtshändiges" von einem weiblich ausgerichteten „linkshändigen Tantra".

Der Tantrismus hat neben zahlreichen Sekten zwei bedeutende Schulen hervorgebracht: die linkshändige Form des Vajrayana („Diamant-Fahrzeug") und die rechtshändige Form des Mitsung („Die Schule der Geheimnisse").

Das Vajrayana leitet sich her von dem blitzesendenden Zepter bzw. Donnerkeil (Vajra) des hinduistischen Kriegsgottes Indra, der selber unzerbrechlich ist, aber alles andere durchbrechen kann. In der tantrischen Lehre wird das Vajra zu einer Art übernatürlicher Substanz, die hart wie Diamant, klar wie der leere Raum und unwider-

Das Reine Land des Westens
Detail, Wandmalerei, Tang-Dynastie, 618-907, Magao-Grotten bei Dunhuang, China

Die „Schule des Reinen Landes" prägte sich seit dem 4. Jh. zu einer eigenen buddhistischen Lehrrichtung aus. Dabei verschmolzen das chinesische Ideal der Unsterblichkeit und die mythologische Überlieferung des Jadepalastes der Königinmutter des Westens, Wangmu, zur Vorstellung eines westlichen Paradieses, eines vom irdischen Jammer freien Ortes der Seligen, der durch Verdienstanhäufung allen Gläubigen zugänglich ist. Herr des Reinen Landes ist Amitabha, der Buddha des Westens, das Symbol der ursprünglichen, geistigen Reinheit und Unberührtheit vom Irdischen. Da das Reine Land zugleich als Lebenssphäre des Zukunftsbuddhas Maitreya und der Bodhisattvas gedacht wird, die auf den Eingang ins Nirwana verzichteten, zeigt die Darstellung den predigenden Buddha Amitabha unter einem Ehrenschirm mit dem Kopfschmuck der Bodhisattvas in einem idealen Palast chinesischer Prägung.

Kleine Wildganspagode
Tempelkloster Jianfu, 8. Jh., Xi'an, China

Die buddhistische Tradition des Reliquienkults traf in China, das nach der Eroberung Nordindiens durch den Islam zur zweiten Heimat des Buddhismus wurde, insofern auf Schwierigkeiten, als dort die Unverletzlichkeit des Körpers eine der Voraussetzungen zur Aufnahme in die Ahnenfolge darstellte. Dafür erkannte das von Bildung und Schrift faszinierte China den buddhistischen Texten den Rang von Reliquien zu. Die ersten steinernen Pagoden wurden zur Aufbewahrung von Schriften errichtet. Sie dienten nicht zuletzt deren Schutz, den die leicht verderbliche Holzarchitektur des Landes nie gewährleisten konnte.

stehlich wie der Donnerkeil ist. Das Vajrayana geht von der Yogacarin-Prämisse aus, daß die Welt lediglich Vorstellung, „Nur-Geist" ist, und identifiziert die Leerheit (Soheit) in der endgültigen subjektiven Sichtbarwerdung mit dem Vajra; das Vajra wird mit der endgültigen Realität, dem Dharma und der Erleuchtung gleichgesetzt. Der Schüler des Vajrayana wird durch verschiedene Praktiken in seine wahre „Diamant-Natur" zurückversetzt und erhält einen „diamantenen Körper".

Das rechtshändige Mi-tsung ist hauptsächlich in China bekannt. Die Schule verbindet zwei tantrische Systeme, deren jedes in einem magischen Zirkel (Mandala) verkörpert ist: der Kreis des Mutterschoßes und der Kreis des Donnerkeils, die im höheren Sinne identisch sind. Der Buddha Mahavairocana verkörpert hierbei das Universum, und sein Körper ist aus zwei einander ergänzenden Seiten zusammengesetzt: dem passiven, geistigen Element des Mutterschoßes (weiblich) und dem aktiven, materiellen Diamant-Element (männlich).

Tantrische Übungen und Meditationen

Der Tantrismus trifft zunächst einmal eine Unterscheidung zwischen Eingeweihten und Nicht-Eingeweihten und nimmt damit eine scharfe Trennung zwischen exoterischer und esoterischer Lehre vor. Die Methoden der Erlösung sind nicht aus Schriften zu lernen, sondern ergeben sich einzig aus der persönlichen Verbindung mit einem Lehrer (Guru), dem sich der Schüler bedingungslos unterwirft und der für den Kreis der Schüler die Stelle des Buddha einnimmt. Der Tantrismus kennt 3 Arten von Übungen: die Rezitation von Zaubersprüchen, die Ausführung ritueller Tänze und Handbewegungen und die Selbst-Identifizierung mit den Gottheiten durch besondere Meditation.

Die Anhänger des magischen Buddhismus erwarten von den Zaubersprüchen zunächst direkte materielle Hilfe gegen Krankheiten, Unglücksfälle, Dämonenmacht und dergleichen. Der Zauberspruch (Sanskrit: mantra) dient dem Schutz des Lebens. So gilt z. B. der in Tibet überall zu findende Ausspruch „Om Mani padme hum" (etwa: „Der Edelstein (ist) im Lotus") als eine der wertvollsten Gaben des mitleidenden Bodhisattva Avalokiteshvara an die leidende Welt; das Aufsagen der Formel bringt Linderung vom Leiden.

Die tantrische Meditation kennt 4 Stufen: 1.) man muß ein Verständnis der Leere gewinnen und die eigene Individualität in diese Leere versenken; 2.) man muß die „Samen-Silben" (bija) immer wieder aussprechen und sich vor Augen führen; 3.) man muß sich eine Vorstellung von den bildlichen Erscheinungen der Gottheiten machen, wie sie sich in Bildern, Statuen usw. darstellen; 4.) man wird selbst durch Identifikation zur Gottheit. Die Neue Weisheitslehre des Mahayana sah in der Leere die letzte endgültige Realität, während die Yogacarins diese Leere mit dem (Nur-)Geist identifizierten und nichts außerhalb des Geistes Bestehendes anerkannten. Das Vajrayana näherte sich dieser Leere durch den Gedanken: Im Grunde meines Wesens habe ich eine Diamant-Natur. Für das tantrische Denken erlangt man die Aufgabe der Individualität, wenn man sein Selbst mit der Leere zu identifizieren

Buddhistische Zeremonie in Japan

Der Buddhismus stand stets vor dem Problem, den hohen Anspruch philosophisch-spekulativer Weltinterpretation mit dem Bedürfnis der Menschen nach Handgreiflichkeit des Metaphysischen zu verbinden. Dem dienten die Überlieferungen aus den Daseinsstufen der Buddhas und geistlichen Lehrer ebenso wie zeremoniöse Inszenierungen und Umzüge anläßlich religiöser Gedenktage (Geburtstag Buddhas, Fest des Badens Buddhas, Fest der hungrigen Geister, Fest der Inkarnationen Avalokiteshvaras u. a.). Auch wetteifert der buddhistische Klerus mit den örtlichen Religionen bei der Abwehr von Seuchen, Naturkatastrophen u.ä. um die Gunstgewährung der himmlischen Mächte. Im alltäglichen Leben stehen neben Pilgerreisen bezahlte Sutrenrezitationen im Haus oder im Tempel in besonderer Weise mit dem Sterben in Zusammenhang, weil man damit Einfluß auf die nächste Wiedergeburt des Verstorbenen wie auch der Spender zu nehmen sucht.

vermag. Die Silben der Mantras entsprechen den verschiedenen Mächten und Gottheiten, der Buchstabe kann die Gottheiten heraufbeschwören und wird daher „Same" (Samen-Silbe) der Gottheiten genannt. In der Magie gilt es als unzweifelhaft, daß wir durch Identifikation an der magischen Kraft der Gottheit teilhaben können. Doch ist es auch hier die Leere, die uns in Wahrheit mit der Gottheit verbindet; nur in der Leere vermag das Subjekt mit dem Objekt wirklich identifiziert zu werden.

Tantrische Philosophie und Mythologie

Der Tantrismus erwartet Erlösung durch sakrale Handlungen, da sie eine Angleichung an die Kräfte und Ziele des Kosmos darstellen. Der Buddha wird nur noch in seinem kosmischen Körper (Dharma-Körper) anerkannt und gilt als allgegenwärtig und nicht mehr transzendent. Die Substanz des (dharmischen) Buddha-Körpers bilden die 6 Elemente (Erde, Feuer, Wasser, Luft, Raum, Bewußtsein); die Aktionen von Körper, Sprache und Geist sind die Funktionen dieses Körpers. Die Welt ist eine Widerspiegelung des Lichtes des Buddha und eine Manifestation seines Dharma-Körpers, der Buddha ist die verborgene Wirklichkeit hinter allen Dingen und ihr Lebensprinzip. In einer Weiterentwicklung der Mahayana- und Yogacarin-Lehren werden das Nirwana und die Welt in der einen, absoluten Wirklichkeit der Leere miteinander identifiziert. An dem buddhistischen Bedürfnis nach Selbstauslöschung hält auch der Tantrismus fest.

Der Tantrismus überträgt die Vorstellung vom Menschen auf den Buddha selbst: Auch der Buddha besteht (in seinem Dharma-Körper) aus 5 Skandhas. Diese Skandhas werden selbst als identifizierbare Buddhas begriffen und die 5 Jinas (= „Sieger, Eroberer") genannt. Die 5 Jinas machen den Körper des Universums aus und manifestieren sich in den 5 Elementen, den 5 Sinnen, den 5 Kardinalpunkten usw. Nach 800 n. Chr. wurde diese Lehre dahingehend erweitert, daß man diese 5 Jinas oder Tathagatas auf einen ersten Ur-Buddha, den Adi-Buddha, zurückführte.

Die Lehre vom Adi-Buddha wurde als besonders strenge Geheimlehre gehütet und läuft auf einen Monotheismus oder Henotheismus hinaus, was dem ursprünglichen Buddhismus widerstrebt. Der Kosmos wurde auf eine erste Gottheit zurückgeführt, die nun als „Mutterleib der Tathagatas" beschrieben wurde. Auch die Welt soll aus diesem Mutterleib entstanden sein – ein Gedanke, der ebenfalls monotheistische Schöpfungsprinzipien aufnimmt.

Das linkshändige Tantra

Das linkshändige Tantra weist 3 Hauptmerkmale auf: 1.) die Anbetung der Shaktis als weibliche Gottheiten, die mit den männlichen Gottheiten in der Umarmung und Liebesvereinigung verbunden sind und diesen ihre Energie spenden; 2.) der Glaube an eine Vielzahl von Dämonen und furchterregenden Gottheiten; 3.) die Aufnahme des Geschlechtsverkehrs und des „unmoralischen" oder besser amoralischen Verhaltens unter die Übungen, die zur Erlösung führen. Der Buddha wurde ursprünglich als rein männliches Prinzip gedacht, und alle höheren Götter und die Bewohner der Buddhaländer galten als geschlechtslos. Als erste weibliche Gottheiten des Buddhismus galten die Prajnaparamita und die Tara. Der Kult der Tara („Die Retterin") trat ca. 150 n. Chr. erstmals im volkstümlichen Buddhismus auf. Die Prajnaparamita, deren Kult wohl aus Südindien stammt, wurde die „Mutter der Buddhas" genannt und als weibliches Prinzip dem männlichen Buddha an die Seite gestellt.

Der Shaktismus sieht in seiner buddhistischen wie in seiner hinduistischen Variante die höchste Wirklichkeit als Vereinigung des aktiven männlichen mit dem passiven weiblichen Prinzip an und nennt das aktive Prinzip „Geschick in den Mitteln", das passive die „Weisheit". Erst die Vereinigung beider führt zur Erlösung, und auch das Absolute selber wird als endgültige Vereinigung beider Prinzipien vorgestellt. Der Tantrismus bekennt sich wie der übrige Buddhismus zur Herrschaft des Geistes über den Körper, den es durch das Bewußtsein zu kontrollieren gilt. Das Tantra unternimmt Yoga-Übungen mit dem Ziel, den schwächlichen menschlichen Körper in einen „Diamant-Körper" zu verwandeln und für die Reise des Geistes zu rüsten. Obwohl der Tantrismus stärker als andere Richtungen die Körperlichkeit betont und ihr auch eine Wahrheit zuerkennt, geht es ihm letztlich ebenfalls um eine Erweiterung der Fähigkeiten des Bewußtseins.

ENTWICKLUNGEN DES BUDDHISMUS AUSSERHALB INDIENS

Der Ch'an- und Zen-Buddhismus

Alle bisher besprochenen Richtungen entwickelten sich vornehmlich in Indien. Drei Schulen des Buddhismus aber entstanden in anderen Län-

Altar für Tsongkhapa
Kloster Ganden, Wiederaufbau, 80er Jahre, Zentraltibet

Eine extreme Umwelt mit überaus unwirtlichen Lebensbedingungen hat daran mitgewirkt, daß der spekulativ-mystische Buddhismus in Tibet zu einer besonderen, volksintensiven wie autokratischen Ausprägung des Buddhismus führte. Bereits Songtsan Gampo (617-649), der die erste gesamttibetische Herrscherdynastie gründete, bediente sich der sanften Lehre zur Regulierung der widerstreitenden territorialen Interessen. Ähnlich verfuhren die Mongolen als Beherrscher Tibets, als sie im 16. Jh. den obersten Geistlichen der Gelb-Mützen-Schule (Gelugpa) zum Dalai Lama, d. h. zum geistlichen Herren und weltlichen Verwalter Tibets, einsetzten. Gründer der Gelugpa-Schule war Lobsang Tsongkhapa (1357-1419), der das tibetische Mönchtum reformierte, die buddhistischen Mönchsregeln, das Zölibat und das Sutrenstudium wiederherstellte, einen demokratischen Aufbau der Klosterhierarchien durchsetzte, dabei allerdings die tantrische Mystik des „Diamantfahrzeugs" beibehielt und zahlreiche exorzistische Praktiken duldete. Tsongkhapa, der das in der Kulturrevolution zerstörte Kloster Ganden 1409 gründete und dort auch starb, gilt, wie alle Dalai Lamas nach ihm, als Inkarnation des Bodhisattva Avalokiteshvara und genießt daher wie alle seine Nachfolger göttliche Verehrung. Auf dem Altar neben Tsongkhapa seine beiden Lieblingsschüler Gyeltsab und Khedrup.

Der 14. Dalai Lama (Tenzin Gyatso) bei einer zeremoniellen Zusammenkunft

Der seit dem 17. Jh. zwischen den Dalai Lamas und der chinesischen Zentralregierung umstrittene Anspruch auf die zivile Verwaltung Tibets – nur zwischen 1912 und 1949 konnte sich Tibet als relativ unabhängigen Staat betrachten – hat dem seit 1959 im indischen Exil lebenden geistlichen Oberhaupt des tibetischen Buddhismus neben seiner religiösen eine politische Rolle zuerkannt, die es dem 14. Dalai Lama in einzigartiger Weise ermöglichte, die Ideale buddhistischer Geistigkeit und Ethik vor den Augen der Weltöffentlichkeit des 20. Jh. als alternatives Modell zu vergegenwärtigen.

dern und Kulturkreisen: Der Ch'an-Buddhismus in China bzw. Zen-Buddhismus in Japan, der Amidismus in den ostasiatischen Ländern und das Nying-ma-pa in Tibet. Der Buddhismus gelangte um 50 n. Chr. erstmals nach China, und zwar angeblich durch einen Traum des Kaisers Ming-ti im Jahre 61, als dieser eine Studienkommission nach Indien schickte. Doch gestattete erst ein kaiserliches Edikt des Jahres 355 den Chinesen, buddhistische Mönche zu werden. Der Buddhismus machte in Ostasien große Zugeständnisse an die dortigen Religionen und verband sich in China und Japan mit der taoistischen Einheitsschau, dem kaiserlichen Staatskult und der Ahnenverehrung sowie mit dem ostasiatischen Natur- und Kunstgefühl.

Ch'an entspricht dem Sanskrit-Wort Dhyana und bedeutet Meditation. Der Ch'an-Buddhismus geht von der Metaphysik des Mahayana aus und erkennt auch die Meditationspraktiken des Prajnaparamita und der Yogacarins an. Er wird im wesentlichen der vielleicht sagenhaften Gestalt des Bodhidharma (um 520 n. Chr.) zugeschrieben und bildete seit ca. 700 eine eigenständige Schule, die sich bald eigene Regeln und eine unabhängige Organisationsform gab.

Seine bedeutendste Neuerung besteht in der Anerkennung und Einführung körperlicher Arbeit gemäß der Regel: „Ein Tag ohne Arbeit – ein Tag ohne Nahrung". Die Ch'an-Schule überlebte die schwere Buddhistenverfolgung des Jahres 845 und war seit etwa 1000 n. Chr. die führende buddhistische Sekte in China neben dem Amidismus. Ihre Schriften bilden eine Sammlung dunkler Aussprüche, Rätsel und Paradoxien, und ihre Lehre drang in alle Kulturbereiche Ostasiens vor. Um 1200 gelangte die Lehre nach Japan, wo sie Zen-Buddhismus heißt (Zen ist ebenfalls ein Wort für Meditation) und durch ihre Einfachheit und ihren unbekümmerten Heroismus großen Anklang unter der japanischen Kriegerkaste fand. Der Zen-Buddhismus übte in Japan einen starken Einfluß auf alle Bereiche von Kultur und Kunst aus, besonders auf die Malerei und Gartengestaltung, die Fechtkunst und die Tee-Zeremonie. Die Besonderheiten des Ch'an- bzw. Zen-Buddhismus lassen sich an 4 Themenbereichen festmachen, und zwar 1.) an seinem radikalen Empirismus, 2.) an seiner Feindlichkeit gegenüber allem Theoretisieren, 3.) an der Plötzlichkeit der Erkenntnis bzw. Erleuchtung und 4.) an der Bedeutung wie Negierung des alltäglichen Lebens. Die traditionell „konstruierende" Einstellung des Buddhismus wird abgelehnt zugunsten einer radikalen Empirie. Mit Regeln wie „Denke nicht, versuche!" wird dem Experimentieren ein großer Raum gelassen und die Erlangung der Bud-dhaschaft außerhalb der Schriften gesucht. Die Schriften gilt es zugunsten einer praktischen Einstellung zu vernachlässigen: „Seine eigene Natur zu erkennen, das ist Ch'an."

Mit dieser Haltung geht eine Feindlichkeit gegenüber allem Theoretisieren und den metaphysischen Spekulationen einher, weil eine unmittelbare Einsicht höher veranschlagt wird und die Wahrheit so konkret und praktisch wie möglich dargestellt werden soll. Die Ch'an-Meister sind berühmt für ihre orakelhaften Aussprüche und originellen Handlungsweisen. Sie gehen davon aus, daß die Erleuchtung nicht allmählich reift, sondern einen plötzlichen Vorgang der Erkenntnis darstellt. Dies bedeutet nicht, daß eine Vorbereitung überflüssig oder die Erkenntnis rasch zu erlangen sei, sondern daß die Erleuchtung – wie alle mystischen Erfahrungen – außerhalb der Zeit in einem zeitlosen Augenblick eintritt, der eigentlich der „Ewigkeit" angehört. Er ist ein Akt des Absoluten und nicht unser Werk, die Erleuchtung ist ein freier Vorgang und kein (karmisches) Verdienst. Wer glaube, mittels Askese oder Medita-tion die Erleuchtung willentlich herbeiführen zu können, handele wie einer, der „einen Ziegelstein blank reibt, damit er ein Spiegel werde."

Wie der Amidismus und einzelne Richtungen des Tantra geht der Ch'an-Buddhismus davon aus, daß man die Erfüllung eines buddhistischen Lebens nur in den alltäglichen Dingen und ihrer Negierung finden kann. Buddha verbirgt sich in den unansehnlichen Dingen und Geschehnissen des täglichen Lebens, und die im Leben zu findende Erleuchtung besteht auch darin, dies zu akzeptieren und aufmerksam zu beachten.

Der Amidismus

Der Name leitet sich von dem in Ostasien als höchstes Wesen verehrten Buddha Amitabha oder Amida her. Der Amitabha-Kult gelangte um 150 n. Chr. nach China und bildete sich dort um 350 zu einer eigenen Schule, der „Schule des Reinen Landes" aus.

Nach 950 breitete sich der Amidismus auch in Japan aus und bildete dort ebenfalls eine Schule oder „Wahre Sekte des Reinen Landes" aus. Da der „Lotus des Guten Gesetzes" dort eine große Rolle spielt, rechnen einige auch die Schule des Nichiren (1222-1282) mit ihrem intoleranten Nationalismus dem Amidismus zu, während sie von anderen im Kontext der nationalen Religion

Japans (Shintoismus) gesehen wird. Der fernöstliche Amidismus nahm im Laufe seiner Geschichte eine auch sozialpolitisch immer stärkere Radikalisierung an, besonders in der Shin-Sekte (chin.: Shin-shu), bei welcher der Glaube an Amida im Vordergrund steht und die Moral als dem Glauben gegenüber bedeutungslos gilt, da durch die Güte Amidas alle Menschen zum Paradies zugelassen sind.

Das Nying-ma-pa

Nach 700 n. Chr. gelangte der Buddhismus über Bengalen nach Tibet, wo er auf die einheimische Bon-Religion traf, mit der er sich teilweise vermischte. Die stark magisch ausgerichtete alte „Rote Sekte" wurde um 770 von dem indischen Prinzen Padma Sambhava in Tibet eingeführt. Padma Sambhavas Buddhismus-Auslegung war eine Form des Tantrismus, die sich stark an die Bon-Religion anlehnte und zwischen 750 und 850 ihre Lehre ausbildete. Ihre Anhänger nennen sich Nying-pa-ma (= „Die Alten") und pflegen eine magische Geheimlehre mit Betonung der Inspiration. Die „Roten Sekten" und die Lehre Padma Sambhavas wurden von der reformistischen und stärker orthodoxen „Gelben Kirche" Tibets stets bekämpft. Seit ca. 1400 kann man in Tibet von der Vorherrschaft der „Gelben Kirche" sprechen, an deren Spitze die seit 1642 als Priesterkönige herrschenden Dalai Lamas stehen; nach der Okkupation Tibets durch die Volksrepublik China war der 14. Dalai Lama 1959 gezwungen, das Land zu verlassen. Das Nying-mapa ist ein Zweig des linkshändigen Tantra. Es betet 100 Schutzgottheiten (58 heitere und 42 böse) an. Die wahre Natur des Geistes ist nichts als Leere. Die magische Natur des Nying-ma-pa kommt vor allem in der Lehre vom Thod-gyal („Übersteigung des Höchsten") zum Ausdruck, der zufolge ein Weg zur Erlösung oder Befreiung führt, auf dem der materielle Körper sich im Regenbogen auflöst oder ähnlich wie die Farben in ihn eingeht.

Der Buddhismus in Europa

Dem europäischen Denken wurde der Buddhismus besonders durch Arthur Schopenhauers (1788-1860) Werk „Die Welt als Wille und Vorstellung" (erstmals 1818 erschienen) nähergebracht. Schopenhauer, der selber nur eine Übersetzung der Upanishaden kannte, betonte in seinem Hauptwerk die Verneinung des Lebenswillens und den Gedanken des universellen Mitleids. 1875 gründeten Madame Blavatsky und Oberst Olcott die „Theosophische Gesellschaft", die einen esoterischen Buddhismus pflegte und bekanntmachte. Im 20. Jahrhundert gingen viele Buddhismus-Begeisterte in die asiatischen Länder. In Deutschland gründete Paul Dahlke 1924 in Berlin die erste Buddhistische Gesellschaft.

Der Verfall der Lehre

Da der Pessimismus besonders des Hinayana den Gang der Welt als Verfallsgeschichte ansieht, ist auch die buddhistische Lehre selber in diese Entwicklung eingeschlossen. So glaubt der Buddhismus, daß das Gesetz Buddhas (Dharma) nur kurze Zeit in Kraft und Reinheit besteht, um sodann zu verfallen und unterzugehen, bis es sich schließlich von neuem offenbart. Das Bestehen der Lehre wurde anfangs mit nur 500 Jahren angegeben, später dann auf 1000, 1500 oder 2500 Jahre erhöht. Den Prophezeiungen zufolge kann nur in den ersten 500 Jahren eine Vereinigung mit dem Dharma erreicht werden, während die zweiten 500 Jahre durch erfolgreiche Meditation, die dritten 500 Jahre durch Gelehrsamkeit und die vierten 500 Jahre durch Kampf und Kritik geprägt sind, bis das Gute Gesetz nicht mehr zu erkennen ist. Es werden verschiedene Zeiträume genannt, aber überall findet sich die Idee der Verfalls-Geschichte, wonach spätere Zeiten die Weisheit der früheren nicht mehr zu erreichen vermögen. Es kamen aber auch Schriften über den kommenden Buddha, den Buddha Maitreya (Buddha der Zukunft) in Umlauf, der die personifizierte Freundlichkeit ist und eigenen Zyklen folgt. Diese Spekulationen, welche eine Erlösung in die zeitliche Zukunft verlagern, weisen eine Nähe zu den Messias-Erwartungen der monotheistischen Religionen auf.

Mönche in Chamdo, Tibet

Immer wieder begeben sich buddhistische Mönche in politische Krisengebiete, um freiwillig und friedfertig Aufbauarbeit zu leisten und für den Frieden zu beten. Dabei versuchen sie, mit ihrer Gesinnung der Frömmigkeit und des Gleichmuts ein Vorbild für das menschenfreundliche Zusammenleben auch in schwierigen Situationen zu geben.
„Der, dessen Sinn nicht wankt, wenn er in Berührung mit den Dingen der Welt kommt, sondern von Kummer und Befleckung frei und sicher bleibt, dessen ist der höchste Segen" (aus dem Sutra-Nipata).

DIE RELIGIONEN CHINAS

Der Chinesische Universismus betont die den gesamten Kosmos durchherrschende universelle Harmonie, wobei das Zusammenwirken aller Elemente dynamisch verstanden wird. Als Motor einer solchen ‚Wechselbewegung aller Kräfte fungieren die beiden Grundprinzipien Yin und Yang, die antagonistisch, aber doch komplementär zueinander alles in Bewegung halten. Das oberste kosmische Prinzip wird verschieden gefaßt, als „Oberster Herr" (Shang-ti), als „Himmel" (T'ien) oder auch als „Weg" (Tao), wobei den kultischen Aufgaben des Kaisers eine besondere Bedeutung zukommt.
Der Taoismus sieht das Tao als Urquell und Urkraft allen Seins an, aus welchem sich alles Existierende entwickelte. Er propagiert eine kontemplative Haltung weitgehender Abstinenz von weltlichen Geschäften mit seinem Begriff des Wu-Wei („Nicht-Handeln"). Demgegenüber fordert der Konfuzianismus, den man eher als einen Staatskult bezeichnen kann, die Beachtung der gesellschaftlichen Tradition und die aktive Mitarbeit des einzelnen Menschen zum Wohle des Ganzen.

Yin und Yang

DER CHINESISCHE UNIVERSISMUS

Die universelle Harmonie

Der Universismus ist ein uraltes metaphysisches Prinzip, das allem chinesischen Denken zugrundeliegt: Himmel, Erde und Mensch gelten als drei Komponenten eines einheitlichen Alls. Alle Erscheinungen in der Natur (Makrokosmos) haben ihre Entsprechung im menschlichen Körper (Mikrokosmos). Die kosmische Ordnung gilt auch als moralisches Gesetz des menschlichen Zusammenlebens, was den Gedanken der Harmonie wesentlich ausmacht. Der innere Zusammenhang aller Komponenten wird dynamisch und nicht statisch gedacht, und die höchste Weisheit besteht in der Zusammenschau des Universums als eines geordneten Ganzen. Die Elemente, Planeten, Himmelsrichtungen, Jahreszeiten usw. korrespondieren mit den verschiedenen Kräften des Menschen.
Die 5 Elemente – Holz, Feuer, Metall, Wasser, Erde – gelten als wandelbare und dynamische Grundlagen von allem; sie werden aber nicht als Substanzen, sondern als Kräfte vorgestellt. Ihnen entsprechen jeweils genau festgelegte und nicht beliebig bestimmte Himmelsrichtungen, Planeten, menschliche Sinne und Organe, Tiere, Tages- und Jahreszeiten sowie bestimmte Tugenden und Regierungsformen. Dabei wird nicht nur die allgemeine Korrespondenz, sondern auch die gegenseitige Bedingung bzw. „Zerstörung" der Elemente betont, da eines vom anderen lebt. So saugt die Erde das Wasser auf, das Wasser löscht das Feuer, das Feuer schmelzt das Metall, das Metall schneidet das Holz, und das Holz pflügt die Erde; der Kosmos erscheint als ein universeller Mechanismus im Wandel. Als Motor der Bewegung fungieren die beiden antagonistischen Grundprinzipien Yin und Yang.

Yin und Yang

Das Yang und das Yin sind die beiden antagonistischen Wirkkräfte im Kosmos und in der Natur, die vielfältig besetzt sind. Das Yang gilt als das männliche, aktive, zeugende, schöpferische und lichte Prinzip, das Yin als das weibliche, passive, empfangende, hingebende, verhüllende bis dunkle Prinzip. Beide lösen sich gegenseitig im gesetzmäßigen Turnus ab, etwa im Wechsel der Tages- und Jahreszeiten, sie ergänzen einander, sind vielfältig ineinander verstrickt und bringen durch ihr Zusammen- und Gegeneinanderwirken alle Erscheinungen des Kosmos hervor. Diese Urgewalten sorgen so für den ständigen Wechsel von positiv – negativ, Bewegung – Ruhe, Licht – Finsternis, Wärme – Kälte, gut – böse usw. Sie sind die zwei Seiten des All-Einen und werden durch eine Kreisfigur symbolisiert, die sich in einer Wellenbewegung in eine schwarze und eine weiße Hälfte teilt; jede Seite birgt das jeweils andere Prinzip in Form eines Punktes in der anderen Farbe in sich. Diese Figur wird T'ai-chi genannt, was „Uranfang" bedeutet, da der Zustand des Yang-Yin-Antagonismus aus einem Ur-Zustand entstand, in welchem die Kräfte noch ungeschieden waren.
Der Himmel wird gedacht als männliches Yang-, die Erde als weibliches Yin-Wesen; der Himmel ist Geist, die Erde Körper; der Himmel ist in unaufhörlicher Bewegung, die Erde in der Ruhe; der Himmel ist blau und eine Kugel, die Erde gelb und ein Viereck. Als Viereck korrespondiert sie mit den vier Himmelsrichtungen, zu denen noch eine fünfte hinzukommt: die Mitte, die in Form eines Lebensbaumes oder einer Weltachse als mit dem Himmel verbunden gedacht wird. Die Sorge um diese Verbindung obliegt wesentlich den kultischen Pflichten des Kaisers.

Das höchste Weltprinzip: Shang-ti und T'ien

Das Weltall erscheint dem chinesischen Denken als riesiger, geordneter und lebendiger Organismus. Schwierigkeiten bereitet die Frage, ob man das altchinesische Denken als Naturalismus oder Pantheismus bezeichnen soll und wieweit man von einem Glauben an einen persönlichen Schöpfergott oder ein schöpferisches Prinzip ausgehen kann.
Der zentrale Begriff für das, was die Welt in kosmischer Ordnung regiert und das Universum erhält, ist „Shang-ti", was „Oberster Herrscher" bedeutet. Shang-ti erscheint schon in frühen Zeugnissen als Hochgott, der auch mit dem Polarstern identifiziert wird, als höchster Herr und Weltenlenker. Er wird zwar als menschenähnliches Wesen beschrieben, erscheint aber nicht deutlich personal ausgestaltet. Es wird von ihm gesagt, daß er den Königen Aufträge erteilt und der Urheber von allem ist. Er wird mit dem Regieren der Welt verbunden, ist aber kein Wesen der persönlichen Verehrung.
In vielen Texten, etwa auch bei Konfuzius, wird der höchste Herrscher auch T'ien (= Himmel) genannt. Der Himmel erscheint so als Urgrund aller Dinge, der alles weitere hervorgehen läßt und mit Glück und guten Ernten belohnt, aber auch mit Naturkatastrophen bestraft. Bald wird er als

Gott, bald als unpersönliche Schicksalsmacht genannt. Erst später, vor allem unter dem Einfluß des Konfuzius, wird T'ien auch als Vater und Erzieher der Menschen beschrieben und mit Naturkräften ausgestattet. Als dritter Begriff für das höchste Wesen wird „Tao" genannt. Tao bedeutet „Weg", und zwar ursprünglich den Weg der Gestirne am Himmel. Von manchen Denkern wird das Tao als Urstoff beschrieben, der eine magische Macht besitzt. Bei Konfuzius meint Tao das Gesetz der Ordnung in Natur und Menschenleben, für die Taoisten ist Tao das vernünftige, überpersönliche Naturgesetz und zugleich das Ursein, aus dessen bipolarer Trennung Himmel und Erde allererst hervorgehen. Wichtig für das chinesische Denken ist die praktische Verwirklichung der universellen Harmonie. Dabei geht es vor allem darum, die künftige Tendenz des Weltverlaufs zu kennen und günstig zu beeinflussen. Das berühmteste Zeugnis hierfür ist das I-Ging, das „Buch der Wandlungen", das dem mythischen Kaiser Fu-hsi (2950 v. Chr.) zugeschrieben wird und vom König Wen (um 1000 v. Chr.) reformiert und in seine heute vorliegende Form gebracht worden sein soll. Die Wandelzustände des Kosmos werden über Yin und Yang beschrieben und mit 8 x 8 = 64 Zeichen dargestellt. Als vornehmste Wissenschaft galt im alten China (wie im Alten Orient und in Indien) die Astrologie, besonders die Lehre von den guten und schlechten Zeiten (Chronomantie). Es gibt eine komplizierte Symbolik der Zahlen, Formen und Farben. Der Mensch wird angehalten, sein Tun ethisch nach der kosmischen Ordnung auszurichten.

Der Ahnenkult und die Aufgabe des Kaisers

Die Welt erscheint den Chinesen von zahlreichen Göttern und Dämonen bevölkert, guten und bösen Geistern, die dem Yang und dem Yin entstammen. Die Götter des Staatskultes sind in der Regel die kosmischen Potenzen, aber es gibt auch eine Reihe lokaler Haus- und Familiengötter. Im Volksglauben ging es um Glückssegen und die Abwehr von Schadenszauber. Seit alters her spielt der Ahnenkult eine wichtige Rolle. Der chinesische Totenkult kennt eine Reihe komplizierter Rituale, die schon bei der Totenfeier mit der Rückrufung des Totengeistes beginnen. Der Ahn gehört noch zur Familie und wird in deren Leben einbezogen.

Der offizielle religiöse Kultus stand seit jeher unter staatlicher Verwaltung. Daher gab es in der altchinesischen Religion keinen eigenen Priesterstand, sondern die Zeremonien wurden vom Kaiser und den Staatsbeamten vollzogen. Die Aufgaben des Kaisers waren vor allem ethischer und kultischer Natur, er hatte die Verbindung mit dem Himmel und der kosmischen Harmonie zu vollziehen, wobei Regierungskunst und Staatswesen mit diesen kultischen Aufgaben verbunden wurden. Der Kaiser opferte stets zur Sonnenwende dem Himmelsherrn Shang-ti, weswegen er auch „Sohn des Himmels" genannt wurde und als einziger Vertreter des Himmels auf Erden galt. Die kultische Aufgabe des Kaisers oder Königs ist an ein kompliziertes Wahrsagesystem gekoppelt, was sich schon an den frühesten religiösen Funden in China, den Orakelknochen, erkennen läßt. Der Kaiser übernahm die Fürsorge für das Wohl der Menschen durch Erkundung

Der Kriegsgott Guandi
Seidenstickerei aus einem Tempelschrein, 18. Jh., Prov. Shaanxi

Wie bei vielen chinesischen Volksgottheiten hat im Lauf der Geschichte auch die Gefahren und Unheil abwehrende Funktion des Kriegsgottes eine historische Gestalt übernommen. Guan Yu, General aus der Zeit der Drei Reiche (3. Jh.), gehört zu den populärsten vergöttlichten Volkshelden. Bis in die Neuzeit gab es zumindest in jeder Kreisstadt einen Tempel des Kriegsgottes, der zugleich als Gott der Gerechtigkeit verehrt und in dessen Tempelhalle Gericht gehalten wurde. Eine Spezifik der chinesischen Volksreligion liegt in der Einbeziehung buddhistischer und taoistischer Vorstellungen in ihre Glaubenswelt; hier ausgedrückt durch die Symbolgestalten, die Guandi begleiten, aber sich ebenso seinem Schutz unterstellen.

Hausaltar
südchinesisches Bauernhaus, Prov. Fujian

Ein traditionelles südchinesisches Bauernhaus besteht oft nur aus einem einzigen großen Raum, in dem der Hausaltar den dominierenden Platz einnimmt. Auf den Altartisch werden die Ahnentafel und Opfergaben gestellt. Die Wahl der Gottheiten, deren (Papier-)Bild angebracht wird, richtet sich nach familiären Traditionen oder persönlichen Vorlieben. Oft findet sich dort die Darstellung des Küchengottes mit Gemahlin samt Hofstaat, der als Gott des Hauses für alles zuständig ist, was sich innerhalb der Familie abspielt. An festen Terminen und zu besonderen Anlässen wird dem Gott geopfert. Am Jahresende wird sein Bild verbrannt (der Küchengott geht zum Himmelsherrn, um Bericht über die Familie zu erstatten), und nach dem großen Hausputz wird mit Jahresbeginn ein neues Bild angebracht (der Küchengott kehrt zurück).

Der Gott des Ortes
vergoldete Statue in einem Dorftempel, 18. Jh., Prov. Zhejiang

Jede größere Ansiedlung verfügte über einen „Tempel des Stadtgottes", der religiösen Zwecken (z. B. Prozessionen und Gebeten zur Abwehr von Seuchen) und als Platz für allgemeine Versammlungen diente (z. B. Tempelmärkte). Zumeist fungierten historische Personen aus der Geschichte der Gemeinde als Stadtgott.
In größeren Dörfern lagen die Tempel oft am Ortsrand inmitten der Felder, um den Schutz von Saat und Ernte zu gewährleisten.

des „himmlischen Willens" (t'ien-ming). Darin zeigt sich das Bewußtsein der Verantwortung des Himmels, der sich um das Wohl der Erde und des Menschen sorgt. Dieses paternalistische Prinzip war wohl seit den Ackerbau-Kulturen in China vorherrschend und erkannte dem Kaiser schamanistische Fähigkeiten zu: Durch seine Kenntnisse verband er sich mit den Kräften der Natur und vermochte diese günstig zu stimmen durch Voraus-Ahmung bzw. voraus-ahmende Imitation des Kommenden in komplizierten und geheimen Riten.
Besonders der mythische Kaiser Fu-hsi und die auf ihn folgenden fünf „erhabenen Kaiser" galten den Chinesen als bedeutende Weise und als Mittler zu den göttlichen Mächten. Die Aufgabe des Kaisers bestand daher vor allem in der Astrologie und einer genauen Kalendererstellung (durch seine Kenntnis des Kommenden). Die Kalender mußten erstellt werden, damit das menschliche Leben vom Himmel reguliert werden konnte.

Religionsgeschichtlicher Überblick

Die Geschichte Chinas beginnt der mythischen Überlieferung nach mit Kaiser Fu-hsi, der nicht nur das I-Ging verfaßt haben soll, sondern auch die Anfänge der Kultur schuf. Er soll Jagd und Fischfang, den Ackerbau, die Züchtung der Haustiere, die Zeitrechnung und die Prinzipien der Reichsverwaltung eingeführt haben.
Auf Fu-hsi und die 5 „erhabenen Kaiser" folgten 22 Erbdynastien. Während der 3. Dynastie (Tschou-Dynastie) erhielt China um 1100 v. Chr. ein festes und geordnetes Staatswesen mit verfeinerten religiösen Bräuchen. Der Dienst an den kaiserlichen Ahnen trat in den Vordergrund, und der Staat wurde patriarchalisch nach dem Modell der Familie vorgestellt.
Nach 490 v. Chr. kam es zu einer rapiden Schwächung der Staatsgewalt und zum Aufstieg lokaler Machthaber. Die Epoche der „Streitenden Reiche" (480/403-221 v. Chr.) erlebte Machtrivalitäten mit teilweise anarchischen Zuständen und war auch religiös eine Zeit großer Unruhe. Die Verunsicherung der altchinesischen Religion rief das Erneuerungsstreben des Konfuzianismus besonders in bezug auf den Staatskult hervor. Mit der Tsin-Dynastie (221-206 v. Chr.) trat wieder eine starke Zentralgewalt hervor. Die Han-Dynastie (206 v. Chr.-220 n. Chr.) protegierte den Konfuzianismus, während nach 61 n. Chr. der Buddhismus nach China vordrang. Die Tang-Dynastie (618-907 n. Chr.) bescherte China eine kulturelle Glanzzeit, während die Sung-Dynastie (960-1260/78) die Blütezeit der chinesischen Kunst und Wissenschaft darstellte und erneut den Konfuzianismus förderte.
Die mongolische Yüan-Dynastie (1260-1368) förderte den Buddhismus, während sich die Ming-Dynastie (1369-1644) um eine gegenseitige Durchdringung und Befruchtung des Konfuzianismus, des Taoismus und des Buddhismus in China bemuhte. Das synkretistische Ideal dieser Epoche war die durch taoistische und buddhistische Meditation zu erlangende Menschlichkeit des Konfuzius. Die letzte Dynastie der Mandschu (1644-1911) erlebte seit dem frühen 19. Jahrhundert eine Reihe politischer und religiöser Unruhen. Der anschließende Bürgerkrieg und das Regime der Kuomintang versuchten teilweise eine Restaurierung der alten Religionsformen, doch geriet seit der Machtübernahme Mao Tse-tungs 1946/49 besonders der Buddhismus

Drachentanz
Drachenbootfest in Leshan, Prov. Sihuan

Das Symbol des Drachen vereint mythologische und kosmologische Elemente. Der Drache ist Sinnbild der männlichen, zeugenden Naturkraft, des Yang, und als solches Symboltier des Kaisers und Himmelssohnes. Er steht in Verbindung mit dem Fruchtbarkeit gewährenden Wasser, dem Regen, den Flüssen und der Himmelsrichtung Osten, da aus dem Ostmeer die Sonne steigt und die Sommermonsune für Wachstum sorgen. Zu Beginn dieser Jahreszeit findet am 5. Tag des 5. Monats (Anfang Juni) das „Fest des Drachen" statt. Die Drachentänze (der Drache „spielt" mit einer Perle) werden zu Ehren des Dichters Qu Yuan (gest. 278 v. Chr.) abgehalten, die Tradition des Fests als Stammesfest reicht in frühgeschichtliche Zeit zurück, als der Drache das Totemtier der Yue-Stämme war.

in die Defensive. Der Maoismus bekämpft zwar generell die Religion, doch ist er mit einigen Formen des altchinesischen Denkens zu verschiedenen Zeiten eigentümliche Verbindungen eingegangen.

DER TAOISMUS

Die Persönlichkeit des Lao-tse

Der Name Lao-tse bedeutet „der alte Meister" und meint eine geheimnisvolle und historisch umstrittene Persönlichkeit. Er soll der Überlieferung nach zwischen 604 und 517 v. Chr. gelebt haben und im Dorfe Chu Jen (Prov. Hu) geboren worden sein. Sein wirklicher Name soll Li Erh Tan gewesen sein, und er soll zeitweilig Reichsarchivar beim König von Chou in der damaligen Hauptstadt Lo-yang gewesen sein. Moderne Forscher bezweifeln, ob er wirklich zu dieser Zeit gelebt hat und sein Name Lao-tse nicht eher der Beiname eines Philosophen aus dem 4. Jahrhundert v. Chr. gewesen ist. Seine Schrift, das Tao-te-king, ist aber bereits für das 3. Jahrhundert v. Chr. bezeugt.

Eine große Anzahl von Legenden rankt sich um sein Leben und seine Persönlichkeit, so auch die bekannteste, daß er am Ende seines Lebens auf einem schwarzen Ochsen reitend China gen Westen verlassen wollte und von einem Grenzposten aufgefordert wurde, vorher seine Gedanken niederzuschreiben, woraus das Tao-te-king entstanden sei.

Das Tao-te-king

Der Name „Tao-te-king" bedeutet „Das Buch (king oder ching) vom Weltgesetz (tao) und seinem Wirken". Es soll die einzige überlieferte Schrift des Lao-tse sein und ist eines der originellsten Werke des chinesischen Denkens, das wegen seiner Kulturkritik und seiner mystischen Tendenzen zu den in europäische Sprachen meistübersetzten Werken der chinesischen Sprache gehört.

Es enthält 81 kurze Abschnitte oder Kapitel, die teilweise gereimt sind, welche die Gedanken ohne feste Gliederung in aphoristischer Form in hochpoetischen Bildern und einer sehr ausdrucksvollen Sprache transportieren. Die Kapitel 1 bis 37 bieten Definitionen des Tao, die Kapitel 38 bis 81 eine Definition des Te (= „das Wirken des Tao"; manchmal auch mit „Tugend des Tao" übersetzt) und des Verhältnisses von Tao und Te, weshalb der Titel der Schrift eigentlich lautet: „Das Buch von Tao und Te".

Lao-tse
Steinskulptur, Song-Dynastie, 11./12. Jh., Qingyuan Shan bei Quanzhou, Prov. Fujian

Lao-tse, der legendäre Lehrer und philosophische Begründer des Taoismus, fand bei der religiösen Ausgestaltung des Taoismus zum zuerst esoterischen, später auch volkstümlichen Kult Aufnahme in die Trinität der obersten Gottheiten (Taishang Laojun). Die Skulptur auf dem Gelände eines taoistischen Tempels (zerstört) zeigt den Gott Lao-tse als den „alten Weisen" mit kahlem Kopf, wallendem Bart und überlangen Ohren, die als Zeichen der Weisheit gelten. Die 5 m hohe und 7,3 m breite Figur ist eines der wenigen Beispiele taoistischer Großplastik.

Die Lehre

Im Zentrum des Denkens Lao-tses steht der Begriff des Tao, welches als ewiger Urquell allen Seins und als die Kraft, die allem zugrundeliegt, angesprochen wird. Zugleich gilt das Tao aber auch als das Weltgesetz und die ethische Richtschnur für richtiges Handeln. Es ist ein ewiges All-Eines und das höchste Prinzip der natürlichen und der sittlichen Welt; es wird mit Weg, Leben, Gott, Gesetz oder auch natürlicher Ordnung übersetzt. Zugleich wird es als namenlos und undefinierbar bezeichnet. Es kann als Universalgesetz oder auch als göttlicher Wille verstanden werden, doch ist es kein statisches Ideal, sondern eine tätige Kraft.

Denkt man das Tao als Absolutes, muß man wohl ein unpersönliches Prinzip annehmen, doch wird es an einigen Stellen des Tao-te-king auch als „Gott" oder „Muttergöttin" angesprochen. Damit hatte Lao-tse bzw. der Verfasser wohl den Anschluß an die altchinesische Bilderwelt gesucht. Seine Undefinierbarkeit als kosmische und ethische Autorität wird durch zahlreiche Paradoxien beschrieben, die später zum beliebtesten Stilmittel der taoistischen Schule wurden. Das Tao ist der Urgrund der Welt, aus ihm ist alles entstanden. Aus dem rein transzendenten Nicht-Sein geht das Sein, das Tao, als ungeschiedene All-Einheit hervor und erzeugt als diese Einheit in sich die Zweiheit von Yang und Yin. Aus dem Dualismus dieser Prinzipien entsteht der Lebensatem, der die Harmonie der beiden antagonistischen Kräfte bewirkt. Diese Dreiheit von Yang, Yin und Lebensatem erzeugt nun die Vielheit („die zehntausend Wesen"). So ist das Tao der Ursprung aller Wesen, nährt sie mit seiner Kraft und vollendet sie durch sein

Das Wandlungszeichen des Yijing
alte Form des Zeichens „yi", „Wandlung", nach einer Steingravierung, Song-Dynastie, 960-1278

Das Schriftzeichen „shou" („Langlebigkeit")
Kalligraphie eines unbekannten Meisters, vermutl. 17. Jh., Steinabreibung

Das Streben nach Unsterblichkeit, zumindest aber nach Langlebigkeit, reicht zurück bis in die Anfänge der chinesischen Hochkultur. Es steht ebenso mit dem Ahnenkult wie mit dem taoistischen Ideal des Nicht-Eingreifens in den Lauf der Dinge in Verbindung. Der Kult des Alters (und damit der Gesundheit, des richtigen Essens und der Weisheit) hat dem Wunschzeichen „shou" sowie dem Gott des langen Lebens, Shouxing, zu allen Zeiten einen zentralen Platz in der Volkskultur gesichert, zumal auch zwischen allen philosophischen und religiösen Schulen in der Verehrung des Alters Einmütigkeit bestand.

Einsiedelei in idealer Landschaft
Steingravur auf einer Stele, Östliche Han-Dynastie, 25-220, Konfuzius-Tempel, Qufu, Prov. Shandong

Wirken. Indem das all-eine Tao so zur Vielheit wird, treten in der Welt Gegensätze zutage, die vorher nicht waren (gut – böse, schwer – leicht, lang – kurz, hoch – tief, vorher – nachher usw.). Sie bedingen einander, das heißt, sind zu ihrer Entstehung auf ihr Gegenteil angewiesen. So verhält es sich auch bei der menschlichen Tugend. Die taoistische Ethik geht davon aus, daß die bestehenden Gegensätzlichkeiten in der Welt die Loslösung der Welt und des Menschen von der ursprünglichen natürlichen Einheit anzeigen. Daher muß der Mensch vom weltlichen Streben ablassen und eine Freiheit von allen irdischen, auch den sozialen Bindungen erstreben. Das Tao erscheint als einzig Beständiges gegenüber der Wandelwelt, und der Mensch soll sich ganz ins Tao versenken und in ihm aufgehen.
So ist das taoistische Ideal letztlich ein quietistisches: Das Handeln des vom Tao durchdrungenen Weisen ist letztlich ein „Nicht-Handeln" (Wu-wei), d. h. ein Wirken durch sein bloßes (vorbildhaftes) Dasein und das Ablassen von allem kurzfristigen weltlichen Tun. Das Wu-wei ist das sanfte, weiche Prinzip, dem letztlich nichts widerstehen kann und das sich durchsetzt; es ist nicht einfach bloße Abwesenheit von Handeln, sondern eine Haltung des Nicht-Eingreifens in den Lauf der Dinge und die Kunst, mit dem Wirken des Tao in Einklang zu sein. Ideal des Taoismus ist der Unsterbliche (hsien), der sich von der Welt zurückzieht und ins Tao versenkt. Der dem Dasein zugewandten Tätigkeit steht das beschauliche Sich-Versenken, die friedfertige und versöhnliche Ruhe des Sich-Zurückhaltens gegenüber.
Doch ist der Anspruch des Taoismus dem des Konfuzianismus ähnlich: Sein Ideal ist nicht nur die Weisheit des einzelnen, sondern er sieht seinen Weg ebenfalls im Dienste der sittlichen Erneuerung der Gemeinschaft, des Staates und letztlich der Welt. Alles Übel in der Welt entsteht dadurch, daß sich die Menschen von der frühen Natürlichkeit und Sittlichkeit entfernt haben. Das politische Ideal des Taoismus besteht (dem Konfuzianismus entgegengesetzt) in einer Skepsis gegen alles politische Handeln. Als erstrebenswert gilt ein kleines Reich, in dem die Leute friedlich und überschaubar nach dem Herkommen leben, ohne Kriege oder Beziehungen zu ihren Nachbarvölkern. Der gute Fürst im Sinne des Taoismus regiert nicht eigentlich durch Handlungen und machtvolle Durchsetzung, sondern wirkt allein durch sein ethisches Vorbild als Weiser; auch er läßt also das Tao ruhig wirken (Wu-wei).

Die Schule des Lao-tse

Die knappen und dunklen Sätze des Lao-tse wurden von seinen Schülern ausgestaltet, kommentiert und systematisiert, besonders durch seinen Nachfolger Lieh-tse (lat.: Licius) (4. Jahrhundert v. Chr.), über dessen Leben nichts Näheres bekannt ist. Er schrieb das „Wahre Buch vom quellenden Urgrund", welches den Taoismus metaphysisch ausbaute durch eine ausgeprägte Kosmologie. Danach ist das Tao das uranfänglich Zeugende, das selber nicht gezeugt wurde und sich beständig wandelt, obwohl es selber unwandelbar ist. Aus der Ur-Einheit bilden sich die Kräfte Yang und Yin, aus diesen die 5 Elemente, die sich schließlich zu einer Neunheit wandeln, welche den Kosmos bildet. Die unaufhörliche Wandelbarkeit der Welt wird durch eine in Teilen sehr modern anmutende Metamorphosenlehre beschrieben. Lieh-tse behauptet, durch langjährige Versenkung die Aufhebung der Unterschiede von Ich und Nicht-Ich erfahren zu haben – ein Gedanke, den später der Buddhismus in China besonders aufgreift. Durch seine starke Neigung zum Mystizismus bereitete Lieh-tse den späteren populären Taoismus vor.

Der populäre Taoismus

Das Zauberwesen spielt bei Lao-tse selber keine Rolle, wird aber in seiner Schule im Laufe der Zeit zu einem beherrschenden Thema. Die große Anziehungskraft dieses gewandelten Taoismus auf die religiösen Massen führte zur Herausbildung eines populären Taoismus, der mehr religiös und magisch als philosophisch ausgerichtet ist. Zentral wurde der Glaube an die Herstellung eines Elixiers des ewigen Lebens. Es entstand eine Art taoistischer Kirche mit einem „Himmelsmeister" (T'ien-shi) an der Spitze. Diese Himmelsmeister bildeten eine eigene Dynastie aus und wurden in Europa als „taoistische Päpste" angesprochen. Die Dynastie der Himmelsmeister residierte zwischen 1016 und 1930 auf dem „Drachen- und Tigerberg" in Kiangsi. Der Himmelsmeister wurde als Kirchenoberhaupt angesehen, und eine eigene Priesterhierarchie mit Mönchen und Weltpriestern entstand, die sich vor allem der Wahrsagerei und Wettervorhersage widmeten. Viele der Himmelsmeister gewannen durch Erstellung von Talismanen und geheime Beschwörungszeremonien großes Ansehen und regten zu unzähligen Legenden über ihre geheimnisvollen Fähigkeiten an. Mit der Zeit bildete sich eine eigene taoistische Götterhierarchie heraus, an deren Spitze die „Trinität der drei Reinen"

Kiefern und Kraniche

Steingravur eines unbekannten Meisters, 17./18. Jh., Steinabreibung

Die Kiefer ist der chinesische Baum „an sich". Da sie Kälte ertragen kann und dennoch ihre Blätter nicht verliert, gilt sie als Symbol der Beständigkeit, der Dauer und des langen Lebens. Bereits in den von Konfuzius überlieferten „Gesprächen" ist der traditionelle Symbolgehalt der Kiefer ausgeprägt („durch ihr Stillsein verlängert sie ihr Leben").
Gleiches gilt für den Kranich, der in den Sinngehalt langen Lebens die Beziehung zwischen Vater und Sohn mit einbringt: Wenn er singt, antwortet ihm das Junge. Wenn ein taoistischer Priester stirbt, verwandelt er sich in einen Gefiederten (Kranich) und steigt zum Himmel auf. Ausdrücke wie „Himmelskranich" oder „Seligenkranich" deuten auf die wunderbaren Eigenschaften, die man dem Kranich als Symboltier der Weisheit zuschreibt. Die Kombination beider Symbole drückt den höchsten Wunsch nach Weisheit und Langlebigkeit aus.

steht; sie setzt sich zusammen aus dem Himmelsgott Yü-huang, dem Uranfang T'ai-chi als dem personifizierten Tao und dem vergöttlichten Lao-tse. Das taoistische Pantheon ist kompliziert und streng hierarchisch aufgebaut und übernahm einen Großteil des chinesischen Kaiserkultes, so den Kult des „Jade-Kaisers" als Herr des Himmels und des „Großen Kaisers" als Herrscher auf Erden, denen zahllose Götter unterstehen. Drei Glücksgötter helfen den Menschen, die auf sie vertrauen, und in der Unterwelt, deren Höllen sehr plastisch beschrieben werden, herrschen die zehn „Höllenkönige".

Es entwickelte sich ein ausgesprochener Jenseits-Glaube, der bei den Mönchen ein strenges Asketentum in der Welt begünstigte. Das Mönchsideal der „schöpferischen Untätigkeit" (Wu-wei) wurde als Meditation des Tao gefaßt und der Begriff des Wu-wei erfuhr mannigfaltige Ausdeutungen; so wurde er auch als „Leere" interpretiert und mit dem Nirwana-Ideal des Buddhismus parallelisiert. Einige Richtungen deuteten das Tao immer stärker als Muttergöttin und verbanden es mit einer ausgeprägten Naturmystik. Das Streben nach Unsterblichkeit wurde gefaßt als Suche nach dem Zauberpilz, der Unsterblichkeit verleiht. Auch sollten Zauberkräfte eingesetzt werden zur Herstellung des Gleichgewichts zwischen Yang und Yin. Die reiche taoistische Literatur führte dazu, daß 471 n. Chr. ein erster Kanon des Taoismus zusammengestellt wurde, der 1200 Schriften enthielt. Der Kanon des Jahres 748 enthielt bereits 7300 Schriften, und 1444 wurde der letzte taoistische Kanon erstellt, der mit 5318 Schriften der größte religiöse Kanon der Welt ist.

DER KONFUZIANISMUS

Die Persönlichkeit des Konfuzius

Der Name Konfuzius steht als latinisierte Form für K'ung fu-tse, das bedeutet „Meister Kung" aus Fu. Katholische Missionare, die über China nach Europa berichteten, benutzten diesen Namen, und so wurde er im Abendland populär. Der persönliche Geburtsname des Konfuzius war Ch'iu (= Hügel), sein Männername lautete Chung-ni (= mittlerer Ni). Er wurde 551 v. Chr. in Tsche-fo, einer Provinzstadt in Lu (heute Schantung), geboren. Er war der Sohn eines Heerführers und entstammte einer vornehmen, aber verarmten Familie. Er genoß eine gute Erziehung und zeigte früh ein großes Interesse an den geistigen Traditionen Chinas. Er war als Lehrer an einem Fürstenhof tätig, mußte aber wegen zahlreicher Querelen mit Regierungsstellen mehrfach seinen Aufenthaltsort wechseln und war zumeist als Lehrer und Berater tätig. 501 v. Chr. wurde er der Verwaltungschef eines Bezirks und stieg schließlich zum Justizminister des Fürsten von Lu auf, demissionierte aber 496 und zog 13 Jahre lang mit seinen Schülern durch die Lande. 483 durfte er in Ehren in seine Heimat im Fürstentum Lu zurückkehren und starb dort 479 v. Chr.

Sein Charakter wird als unvoreingenommen, mild und würdevoll beschrieben. Er soll ehrerbietig, aber selbstbewußt gewesen sein. Er hatte kein Interesse an Zauber und Magie und führte als Weiser einen bescheidenen und enthaltsamen Lebenswandel, ohne ein Asket zu sein. Er beschäftigte sich mit den Prinzipien der Ordnung und betrieb geschichtliche Studien, die er zu seinem Bestreben einer Erneuerung von Kultur und Sittlichkeit heranzog.

Nach seinem Tode wurde er bald schon zum Staatslehrer der konservativen Kreise und Beamten Chinas. Er erlangte posthum höchste staatliche Ehren: 174 v. Chr. besuchte der erste Kaiser der Han-Dynastie sein Grab, 120 v. Chr. wurde ihm erstmals ein Tempel errichtet, und 555 n. Chr. wurde die Errichtung eines Konfuzius-Tempels für jede Präfektur Chinas verfügt. 1086 erhielt er die Würde eines chinesischen Kaisers, und noch 1906 wurde Konfuzius durch kaiserliches Dekret den Gottheiten von Himmel und Erde gleichgestellt.

Halle des Erntegebets
auf dem Gelände des Himmelsaltars; Anfang 15. Jh., originalgetreuer Wiederaufbau 1889, Peking

Die besondere Rolle des chinesischen Kaisertums erwuchs aus der alttradierten Identifikation von höchster weltlicher und religiöser Repräsentanz in Gestalt des regierenden „Himmelssohnes". Als Herrscher war er oberster und eigentlich alleiniger Priester, der für Staat und Volk die Gebete an die alten Naturgottheiten (Himmel, Erde), die Götter des Landes und Getreides, an Sonne und Mond, den Schutzherrn der Landwirtschaft, an den Planeten Jupiter, die kaiserlichen Ahnen und Konfuzius richtete und die vorgeschriebenen Opfer darbrachte (Speiseopfer, Seide, Jade u. a.). Das Gelände des Himmelsaltars (Himmelstempel) war der höchstrangige religiöse Platz des Reiches. In der „Halle des Erntegebets" bat der Kaiser zweimal den obersten Himmelsherrn Shang-ti um reichliche Ernte (Jahreswechsel und Frühlingsbeginn).

Stelenwald mit eingemeißelten Texten konfuzianischer Klassiker
Konfuzius-Tempel, 14.-18. Jh., Peking

Die Schriften des Konfuzianismus

Konfuzius verfaßte vornehmlich Werke zur Moralphilosophie und zur Staatslehre. Als autorisierte Schriften des Konfuzianismus gelten sowohl seine Schriften als auch die seiner direkten Schüler, wozu noch einige Werke späterer Konfuzianer kommen. Es gibt 5 kanonische Bücher, die Konfuzius selbst bearbeitet haben soll: a) das I-Ging („Buch der Wandlungen"), dessen Ursprünge auf den mythischen Kaiser Fu-hsi zurückgehen sollen; b) eine Liedersammlung (Shi-ging) von 305 älteren Liedern; c) das „Buch der Urkunden" (Shu-ging): Erlasse und Aussprüche verschiedener Herrscher; d) „Frühling und Herbst" (Ch'un-ch'iu), eine von Konfuzius verfaßte Geschichte seines Heimatstaates Lu mit moralischer Kritik; e) das „Buch der Riten" (Li-ki), das verschiedene religiöse und soziale Bräuche behandelt und aus der Konfuzius-Schule stammt. Dazu kommen 4 klassische Bücher: a) Lun-yü: eine Sammlung von Gesprächen des Konfuzius mit seinen Schülern; b) Ta-hsüeh („Große Lehre"): moralische Abhandlungen, die teilweise von Konfuzius selbst stammen sollen; c) Chung-yung („Weg der Mitte"), die Beschreibung des inneren Gleichmutes des Weisen, welche von Konfuzius' Enkel Tsu-ssu (Kung Ki), der selber ein großer konfuzianischer Gelehrter war, verfaßt worden sein soll; d) Aufzeichnungen über den Philosophen Meng-tse (lat.: Menzius) (372-289 v. Chr.), den bedeutendsten Denker des späteren Konfuzianismus. Dazu kommt noch eine reiche Kommentar-Literatur. Der Konfuzianismus stellt sich nicht als geschlossenes System dar, sondern bevorzugt die Form der Gespräche und Anekdoten.

Die Lehre

Die Ethik des Konfuzius, die von Meng-tse ausgebaut wurde, geht davon aus, daß der Mensch von Natur aus gut ist und alles Böse einer mangelnden Einsicht entstammt. Die Erziehung des Menschen zu Tugend und Harmonie ist daher das oberste Gebot. Die heiligmäßigen und weisen Männer der Geschichte gelten als Vorbilder, daher ist die Ehrerbietung gegen Eltern und Ahnen Pflicht. Der Konfuzianismus hat zum Ziel die Erziehung zu Wahrheitsliebe, Güte und Großzügigkeit, die Pflege der Familienbeziehungen und die Verpflichtung auf höfliche Umgangsformen. Er erstrebt ein bestimmtes Mäßigkeitsideal ohne Askese und hält die „Goldene Regel" (Gegenseitigkeit im Umgang) hoch. Der Mensch muß das Ganze, die kosmischen Zusammenhänge bedenken und stets das Gemeinwesen und Staatsinteresse im Auge haben.

Der Konfuzianismus entwickelt diese hohe Ethik, ohne sich dabei auf göttliche Gebote oder Offenbarungen zu berufen; daher wurde ihm von religiöser Seite oft der Vorwurf gemacht, er entwickle eine autonome Ethik ohne metaphysische Grundlagen. Aber Konfuzius war kein Gegner der Religion, er war ein konservativer Aristokrat und bejahte die traditionellen (religiösen) Riten ausdrücklich. Er trat aber nicht für bestimmte Glaubensvorstellungen ein und machte auch keine Aussagen über das Jenseits oder ein Leben nach dem Tode, bejahte aber den Ahnenkult. Er vermied alle Spekulationen über transzendente Dinge und gebrauchte für das höchste Prinzip nicht den Begriff „Shang-ti" (Oberster Herr), sondern „T'ien" (Himmel); er hielt also offen, ob das

höchste Prinzip personal gedacht werden soll oder nicht. Besonderen Wert legte er hingegen auf die Betonung der kosmischen Harmonie. Da der Konfuzianismus keine Aussagen über Gott oder ein göttliches Wesen macht, wird er von vielen nicht als Religion im eigentlichen Sinne, sondern als Staatsphilosophie und Ethik betrachtet. Über die Kulte und Riten und die göttliche Verehrung des Konfuzius ist er in China aber doch zu einer Art Religion geworden. Konfuzius selbst glaubte an die Kraft ritueller Handlungen, das Herz des Menschen einsichtig zu machen. Das chinesische Denken unterscheidet „chia" (= Philosophie) von „chiao" (= Religion), betont aber die Zusammengehörigkeit beider. Konfuzius gilt den Chinesen als „Ju" (= Gelehrter, Literat) und damit als Ausdruck der geistigen Kultur Chinas.
Die konfuzianische Soziallehre dreht sich um den zentralen Begriff des „jen", der soviel wie „Menschlichkeit" bedeutet und sich aus 5 Tugenden zusammensetzt: Würde, Großzügigkeit in den Anschauungen, Treue bzw. Aufrichtigkeit, Fleiß und Wohltätigkeit, und meint besonders die Erfüllung der sozialen und politischen Pflichten des Menschen im organisch gedachten staatlichen Zusammenleben. Die Aufrichtigkeit im Herzen geht mit dem Streben nach persönlicher Vervollkommnung einher. Als Tugenden gelten Mäßigung, Gleichgewicht und Rechtlichkeit. Die Achtung vor den Riten (Li) regelt die soziale Ordnung durch einen Bezug der Gegenwart zu den Ahnen und dem Raum der Geschichte.

Die Schule des Konfuzianismus

Als größter Interpret und Ausgestalter des konfuzianischen Denkens gilt Meng-tse (auch Meng-k'o genannt), der ein ähnliches Leben wie Konfuzius geführt hat. Er hatte die Gabe des dialektischen Denkens und gilt heute als der „zweite Weise" des Konfuzianismus. Meng-tse arbeitete die Theorie vom natürlichen guten Menschen aus, dem Menschenliebe (Humanität) und Gerechtigkeit (Pflichtbewußtsein) von Natur aus eingeboren seien. Auch setzte er auf die Güte als Prinzip der Herrschaft.
Der Konfuzianismus sah sich sehr früh schon als wesentliche ideelle Stütze des chinesischen Kaiser- und Staatskultes und zeigte sich zeitweise extrem intolerant gegen den aufkommenden Taoismus Lao-tses und später gegen den Buddhismus. Er wollte seine Anerkennung als einzig legitime „Staatsreligion" Chinas durchsetzen. Später drangen teilweise taoistische und buddhistische Gedanken in den Konfuzianismus ein, der dadurch metaphysischer und spekulativer wurde. Der Mensch wurde nun gedacht als Kampfplatz guter und böser Kräfte, die als das immaterielle (gute) und materielle (teils gute, teils böse) Prinzip verstanden wurden. Der Mensch besteht demzufolge aus Materie und Vernunft.
Der Konfuzianismus wurde immer wieder reformiert und ausgestaltet, besonders durch die neokonfuzianischen Schulen der „Lehre des Prinzips" und der „Lehre des Sinnes", die zum Erreichen der Weisheit und des jen das „Studium der Dinge" lehrten bzw. einen Weg der direkten Erleuchtung beschrieben. Auch gingen aus der konfuzianischen Schule eine Reihe bedeutender Juristen und Staatsrechtler hervor. In Europa war es lange üblich, wegen der frühen Monopolstellung des Konfuzianismus die gesamte chinesische Staatsphilosophie als Konfuzianismus zu bezeichnen.
Durch den Staatskult und die Betonung des Himmelsopfers durch den Kaiser erhielt der Konfuzianismus klar religiöse Züge. Noch am Vorabend des Bürgerkrieges bildete sich 1910 eine eigene konfuzianische Kirche in China. Als Verkörperung des nüchtern-praktischen Lebensideals stand und steht der Konfuzianismus auch in hohem Ansehen bei den ausgewanderten Chinesen, besonders in den USA und den anderen ostasiatischen Ländern, etwa in Vietnam und Korea. Es gibt auch eine spezielle japanische Variante des Konfuzianismus in mehreren Schulen, die gut mit dem shintoistischen Staats- und Kaiserkult Japans harmonisiert. Konfuzius gilt vielen Chinesen als Garant der Kontinuität in der chinesischen Kultur.
Es gibt eine ganze Reihe von weiteren chinesischen Denkern, Weisen und Philosophen, deren Lehren eine Zeit lang in China eine große Verbreitung erlebten, letztlich aber mit der Bedeutung des Konfuzianismus und des Taoismus nicht mithalten konnten. Der Buddhismus übernahm nach seinem Aufkommen in China vieles von den früheren chinesischen Religionsformen, so zum Beispiel den Ahnen- und Totenkult oder den Staats- und Kaiserkult, die alle nicht zu seinem ursprünglichen Bestand gehören. Besonders der Buddha Amitabha (Amida) genießt in China höchste Verehrung, weil er mit dem altchinesischen Gedanken der sittlichen Weltordnung verbunden wurde. Eine Reihe von eklektizistischen Denkern bemühte sich immer wieder um eine Synthese der großen Religions- und Philosophiesysteme Chinas.

Konfuzius
idealisierte Porträtstatue, Stein, Tang-Dynastie, 618-907, Provinzmuseum Taiyuan, Prov. Shanxi

Ein annähernd historisches Porträt des Meisters Kung ist nicht überliefert. Obwohl sich die konfuzianische Staats- und Morallehre in den folgenden Jahrhunderten zur populärsten Richtung unter den „Hundert Schulen" entwickelte, waren ihre auf edler Gesinnung basierenden Normen für richtiges ethisches Verhalten ungeeignet. Während der Han-Dynastie (206 v. Chr.-220 n. Chr.) begann eine Rückbesinnung auf die Lehren des Konfuzius; sie wurden zur Staatsdoktrin erhoben, und die Verehrung des Meisters in seinem Heimatort Qufu sowie an der kaiserlichen Akademie erhielt den Rang eines Staatsaktes. Seitdem wurde Konfuzius zumeist in der würdigen Haltung und der Robe eines hohen Hofbeamten oder Kanzlers dargestellt, dessen Barttracht hohes Alter und große Weisheit andeutete. Die überlebensgroße Monumentalplastik in Taiyuan entstand wahrscheinlich im für die Renaissance des Konfuzianismus (Neo-Konfuzianismus) vorentscheidenden 9. Jh.

DIE RELIGIONEN JAPANS

Der Shintoismus, die ursprüngliche Religion Japans, kann als eine animistische Naturreligion bezeichnet werden und prägte mit seiner ästhetisierenden Naturverehrung, seiner Bewunderung für herausragende Ereignisse, Menschen und Handlungen, seinen Herkunftsmythen um die Sonnengöttin Amaterasu und den Kaiser als Abkömmling der Göttin sowie seinem Ahnen- und Seelenkult die Denkweise der Japaner bis heute. Der Shintoismus wurzelt pragmatisch in den Bedürfnissen des täglichen Lebens und hat in der Geschichte Japans eine sehr wechselvolle Rolle gespielt, zumal er keinen Wert auf Dogmen legt und sehr verschiedenartige Ausprägungen hat. Zwischen 1868 und 1945 war er als Staatskult für die Politik Japans mitbestimmend.

Seit dem 6. Jh. breitete sich der Buddhismus in Japan aus, der hier eine sehr eigene Ausgestaltung erfuhr und auf vielfache Weise mit dem japanischen Denken verschmolz. Heute ist der japanische Buddhismus stark in der Weltfriedensbewegung engagiert.

DER SHINTOISMUS

Die Herkunft: Urreligion und Ahnenkult

Die archaischen Urreligionen Chinas, Japans und Koreas weisen eine Reihe von Gemeinsamkeiten auf, nämlich die Elemente des Ahnenkultes, des Schamanismus und der Agrikulturmagie. Ihre Auffassungen gehen dahin, daß die niedere Seele auch nach dem Tode mit dem Körper verbunden bleibt oder sich in seiner Nähe aufhält und als Dämon oder Gespenst wiederkehren und den Lebenden schaden kann, wenn sie nicht durch Opfergaben und ehrendes Gedenken milde gestimmt wird.

Diese Vorstellungen stehen in enger Verbindung mit dem lebenswichtigen Ackerbau. Das Land wurde von ortsgebundenen Pflanzern bewirtschaftet, die in Abhängigkeit von den Naturkräften und Vegetationszyklen lebten, die es durch Zauber und Ritual günstig zu beeinflussen bzw. zu beherrschen galt. Wettervorhersage und Geomantie spielten eine entscheidende Rolle, und den wiederkehrenden Zyklen wurde durch wiederkehrende kultische Handlungen, in Japan besonders in der Form des Kultdramas (No-Theaterspiele), Rechnung getragen.

Die Menschen erstrebten den Besitz der magischen Kraft, da sie als Ursache für ungewöhnliche und kraftvolle Leistungen des Menschen angesehen wurde. Die Beherrschung der Naturkräfte erfolgte (stellvertretend) durch den Schamanen bzw. später durch den mit oberpriesterlichen Funktionen ausgestatteten Kaiser. So verrichtet der japanische Kaiser (Tenno) noch heute in der Neujahrsnacht Gebete in alle vier Himmelsrichtungen, um die Ordnung des Universum zu restituieren und den guten Ablauf des kommenden Jahres zu gewährleisten. Die traditionelle Macht des Kaisers in China und Japan war also nicht primär politischer, sondern „ethischer" Herkunft, als Erhalter der kosmischen Ordnung.

Durch den Gedanken, daß die Welt und auch der Mensch aus der sexuellen Vereinigung der Götter entsteht, erscheinen Götter, Menschen und Naturkräfte oder die Welt nicht durch Wesensunterschiede, sondern nur durch den Grad ihrer Mächtigkeit voneinander verschieden. Daher erfolgt in der Agrikulturmagie der japanischen Neujahrsnacht eine – vom Menschen beeinflußbare – Aufhebung der Zeit und Wiederherstellung des Kosmos.

So zielen auch die Riten des Ahnenkultes, die regional sehr verschieden sein können, auf unmittelbare Erfolge: Gefahren sollen abgewehrt, Glück und Gedeihen gewährleistet und die Kranken geheilt werden. Mit dem Speiseopfer wird die schattenhafte Existenz des Verstorbenen (des Ahnen) geneigt gemacht und seines Namens in wiederkehrenden Ritualen gedacht. So wird das Band mit den Ahnen im kultischen Mahl immer wieder erhalten und erneuert; in Japan heißt es, daß die Ahnen im Winter in den Bergen wohnen, im Frühjahr aufs Reisfeld kommen und die Ernte überwachen und nach Erhalt ihres Opfers wieder in die Berge zurückkehren.

Shinto: Die Mythen und der Begriff

Den Shintoismus kann man als eine animistische Naturreligion bezeichnen. Der Name bedeutet wörtlich „Weg der Götter", doch wurde er erst im 6. Jahrhundert n. Chr. als Begriff für das ursprünglich in Japan Bestehende gebräuchlich,

Shinto-Zeremonie
Priester bei einer Opferzeremonie vor dem Schrein von Ise

Der Schrein von Ise ist das der Sonnengöttin Amaterasu geweihte shintoistische Nationalheiligtum Japans. Im innersten Schrein der in einem Zedernhain liegenden Anlage wird der achteckige Spiegel als „Urquell des reinen Herzens" aufbewahrt. Da jede Generation das Heiligtum neu errichten will, werden die 65 Gebäude der Schreinanlage alle 20 Jahre abgerissen und – ebenso wie die Ritualobjekte – neu geschaffen.

Der Überlieferung nach hat die Sonnengöttin Amaterasu selbst den Wunsch geäußert, in Ise, dem „Land der Götterwinde", zu wohnen, und die Erbauer der Kultanlage selber im Bauen unterwiesen. Gerade die shintoistischen Hauptschreine in Ise und Izumo lassen im Aufbau ihre Orientierung am traditionellen japanischen Wohnhaus erkennen.

Japanischer Hohepriester

Shinto ist in hohem Maße ein Kult der Reinheit und der Vermeidung von Tabuverletzungen, wozu auch Blutvergießen und alles mit dem Tode Zusammenhängende gehören. Der Priester unterzieht sich vor den Zeremonien umfangreichen Reinigungsriten und Waschungen (misogi, harai), um die „Reinheit des Herzens", die der Mensch von Natur aus besitzt, wiederherzustellen. Nach der Reinigung erfolgt während der Zeremonie, bei der die Götter wie Ehrengäste begrüßt und respektvoll behandelt werden oder in bestimmten Kultgegenständen (shintai) präsent sind, die Darbringung der rituellen Opfergaben: Zweige des Sakaki-Baumes als Symbol der ersten Feldfrüchte bzw. der Gottheit selbst, sodann Reis und Reisbranntwein (Sake). Die Zeremonien sind oft von kultischen Tänzen (Kagura) und Ritualgebeten (Norito) begleitet. Die meisten Shinto-Feste sind Erntefeste.

um es gegen den nach Japan vordringenden „Weg des Buddha", den Buddhismus, als spezifisch japanischen Glauben abzugrenzen. Der Shintoismus bildet die Basis des japanischen Lebensgefühls und ist tief in der nationalen Identität des Landes verwurzelt.

Eine besondere Rolle für das Verständnis dieser nationalen Identität und die Bedeutung des Kaisers für diese Religion spielt der altjapanische Mythos von der Entstehung Japans. Danach entsteht aus einer höchsten Gottheit das Urgötterpaar Izanagi und Izanami, die auf Befehl die Welt erschaffen und ordnen (mit Japan als dem Mittelpunkt) und den Himmelspfeiler, die Weltachse als Verbindung von Himmel und Erde, aufstellen. Das Land entsteht durch die sexuelle bzw. eheliche Verbindung des Götterpaares, das den Dualismus der Weltprinzipien – vergleichbar dem chinesischen Yang und Yin – verkörpert. Bei einer kultischen Reinigung im Fluß entsteht aus dem Auge des Izanagi die Sonnengöttin Amaterasu, die als Ahnherrin der ältesten und heute noch regierenden Dynastie der Japanischen Kaiser gilt; ihr direkter Abkömmling (Urenkel) ist der sagenhafte erste Kaiser Jimmu, als dessen direkte Nachkommen sich die Japanischen Kaiser bis heute bezeichnen.

Der Shintoismus betrachtet das Universum als ein Spiel unzerstörbarer Energien, die in stetem Wandel in den Naturphänomenen in Erscheinung treten. Alle diese Phänomene gelten als göttliche Wesen und verlangen Verehrung, damit sie Heil bewirken. Ihre Zahl ist unendlich und wächst noch ständig durch die Vergöttlichung der Ahnen und Heroen aus Kultur und Geschichte; so wurde z. B. Robert Koch, der Entdecker des Tuberkelbazillus, unter die Gottheiten des Shintoismus aufgenommen. Der Kult sieht die Darbringung von Opfergaben vor, vor allem Speisen und Früchte, sowie die Rezitation von Gebeten (Norito), welche um gute Ernte, Schutz vor Krankheiten und Gefahren und den Hausfrieden bitten. Der Shintoismus kennt keine Belohnung oder Bestrafung in einem anderen (jenseitigen) Leben und hat kein System von Dogmen und Doktrinen, sondern wird als Praxis und Ritual ausgeübt und verwirklicht.

Zentral ist die Verbindung mit der Natur. Es geht im Shintoismus um die „Harmonie" durch ein Gefühl der innigen Verbundenheit mit der Natur, das besonders auch für die ästhetische Schönheit der Natur empfänglich ist und erreichen soll, daß der Mensch bei all seinen Unternehmungen niemals in Gegensatz zur Natur gerät: „Der Urgrund des Shinto ist ein Gefühl für die Heiligkeit der Natur und des Lebens" (Thomas Immoos).

Die verehrten mächtigen und unsichtbaren Wesen werden mit „Kami" bezeichnet, dem altjapanischen Wort für Gottheit (ein Gott oder mehrere Götter werden dabei nicht unterschieden) oder Göttliches, das ursprünglich vielleicht gar nicht personal, sondern als Prinzip oder Kraft gedacht wurde und mit „das Höchste" übersetzt werden kann. Jede Gottheit, Totengeist oder Naturerscheinung besitzt eine Seele, in der zwei gegenstrebige Kräfte – eine gute, sanfte und eine böse, wilde – tätig sind. Die unheimliche böse Macht gilt es im Kult milde zu stimmen. Der Shintoismus kennt (ursprünglich) keinen Glauben an eine Offenbarung oder eine rein transzendente Macht, sondern glaubt an die Kraft des Menschen; so gelten die Riten und Bräuche wesent-

Schrein auf der Insel Miyajima

Im Mittelpunkt des Shinto steht der Glaube an die göttlichen Wesen (kami) im Himmel und auf der Erde, von denen die Tradition berichtet. Gottheit wird genannt, was auffällt, erhaben und schön ist oder überragende Eigenschaften besitzt, kurz: was ein Gefühl der Ehrfurcht zu erwecken vermag. Daher können auch Naturschönheiten, Berge und Meere, Menschen, Tiere und Pflanzen zu Göttern werden. Die Götter werden als Geistwesen gedacht, die in Schreinen wohnen oder sich zu ihnen begeben und dort verehrt werden. Symbole jedes Shinto-Heiligtums sind die Schreintore (Tori-i), die in ihrer einfachsten Form aus zwei Pfeilern und einem darüberliegenden Querbalken bestehen. Oft befinden sich auf dem von Steinlaternen gesäumten Weg zum Schrein mehrere solcher Tore, immer aber zumindest eines direkt vor dem Schrein.

lich der Lebensmeisterung und der Steigerung der eigenen Leistung, was für das Verständnis der japanischen Leistungsmentalität unerläßlich ist.

Dem Shintoismus ist eigentümlich, daß er zunächst keine eigene ausgearbeitete Ethik hatte, sondern diese später weitgehend vom Konfuzianismus übernahm. Zum ureigensten Bestand dieser Religion zählt dagegen neben der Rolle der Natur die Beachtung der kultischen Reinheit und ihre Spiegelung in der menschlichen Seele durch den höchsten Wert des „Makoto", der inneren Lauterkeit. Die Reinheit erscheint als wesentlicher Lebenssinn, so daß man den Shintoismus geradezu als „Religion der Läuterung" bezeichnet hat.

Neben dem Fehlen der Ethik – was übrigens keine Morallosigkeit bedeutet – treten auch alle metaphysischen Spekulationen hinter dem Sinn für Ästhetik und einem pragmatischen Funktionalismus zurück. Mit der inneren Reinheit erstrebt der Shintoismus die Einfachheit des Lebens und den Einklang mit der Natur. Es gibt keine klare Auffassung über ein Leben nach dem Tode, außer daß die Toten des Speiseopfers bedürfen.

Im modernen Japan stehen – auf eine für den Europäer schwer zu begreifende Weise – Uraltes und Modernes nebeneinander. So werden auch die modernsten Bauvorhaben stets von traditionellen religiösen Zeremonien begleitet. Diese „Religion des nationalen Optimismus" kennt in den Gebeten der Menschen neben der Bitte um Fruchtbarkeit und Abwehr des Übels ganz natürlich auch die Bitten um geschäftlichen Profit und beruflichen Erfolg. Durch harte Arbeit nimmt der Mensch teil am Wirken der göttlichen Kräfte in der Welt. So sind die japanische Arbeitsethik und der – zeitweise expansive – japanische Nationalismus fest im Shintoismus verankert, ebenso wie die – heute nachlassende – unbedingte Loyalität gegenüber dem japanischen Kaiserhaus.

Die Kultanlagen und Schreine

Die ursprünglichen Kultanlagen bestanden nur aus einem Viereck, das mit Bambuspfählen markiert wurde, welche mit Strohseilen verbunden wurden. Innerhalb dieses Raumes nahmen die Götter ihren Wohnsitz in einem Baum oder Stein. Die Anlage wurde vor jedem Fest neu errichtet und lag vorwiegend auf einem Berg, da die Götter vom Himmel herabstiegen. Mit der Zeit entstanden permanente Anlagen, und zwar zunächst Umfriedungen aus Steinmauern (Iwakura), vor denen ein Platz für den Kulttanz angelegt war.

Später entstanden feste Gebäude bzw. Schreine zur Aufbewahrung der Kultgegenstände; diese waren in erster Linie Objekte, welche die Gegenwart der Gottheit symbolisierten, z. B. der Spiegel, das Schwert oder geformte Steine. Daraus entwickelte sich das „Allerheiligste" (Honden), der innerste Bau (Bereich) des Heiligtums, der wie ein Tabernakel zum Realsymbol des Gottes wurde. Vor diesem Bereich werden die Opfergaben dargebracht. Ein größeres Gebäude unmittelbar vor dem Bau des „Allerheiligsten" dient den Priestern zur Kultausübung. Den größeren Schreinen ist ein eigener freistehender Bau für den Kulttanz vorgelagert.

Zumeist umschließt eine Hecke die ganze Anlage als Abgrenzung des heiligen Bereichs gegen den profanen. Ein Holztor mit zwei Querbalken führt in den heiligen Bezirk; es heißt „Tori-i" (wörtl.: „Vogelwohnung") und leitet sich von der Auffassung her, daß die Totengeister in Vögel eingehen und hier einen Ruheort haben. Als wichtigste Kultstätte des Shintoismus gilt der Schrein von Ise, der in der Geschichte Japans oft das geistige Zentrum des Shintoismus darstellte. Er ist der Sonnengöttin Amaterasu als Ahnfrau der Kaiserfamilie geweiht.

Die Riten und Feste des Shintoismus

Der Shintoismus ist wesentlich Fest, japanisch „Matsuri". Das Wesen des Matsuri besteht darin, die Lebenskraft zwischen den Göttern und Menschen stets zu erneuern. Die Götter treten während des Festes in Erscheinung und ergreifen Besitz vom Spieler des Kultdramas. Das Kultdrama dient der „vorausahmenden Imitation" der für das kommende Jahr erhofften Abläufe in der Natur; sein Prototyp ist der kultische Tanz. Das Kultdrama des Matsuri verläuft in 5 Akten: 1.) kultische Reinigung, 2.) Herbeirufung der Götter, 3.) Opfer, 4.) Einigung (des Menschen mit den Göttern) und 5.) Verabschiedung (der Götter). Der Sinn besteht in einer Erneuerung der Lebenskraft für Götter, Menschen und Naturkräfte, und zwar durch rituelle Rückkehr zu den Ursprüngen. Damit sind auch die in Ostasien sehr bedeutenden Neujahrsrituale verbunden, die der Wiederherstellung des Kosmos und der Neugeburt des Lebens dienen und in Japan traditionell durch die „vorausahmenden" Gebete des Kaisers vollzogen werden.

Jedes Shinto-Fest beginnt mit der Errichtung eines Heiligen Bezirks: Vier Bambusstämme werden im Quadrat in die Erde gerammt und mit Strohseilen verbunden, an denen weiße, zeremoniell eingeschnittene Papierstreifen flattern; das weiße Papier symbolisiert die göttliche Präsenz, weshalb das Wort für die Götter, „Kami", auch das Wort für das Papier ist. Dieser gegen das Profane abgegrenzte Bezirk liegt meist auf einer Lichtung, da Lichtung, Wald und Weg zentrale Begriffe des Shintoismus sind. Der abgegrenzte Bezirk wird „Niwa" (= Garten) genannt.

Wichtig ist, daß zu den vier Himmelsrichtungen, welche die Bambuspfähle symbolisieren, (im Einklang mit dem chinesischen Denken) noch eine fünfte hinzukommt: die Mitte, welche den Himmelspfosten bzw. die Weltachse symbolisiert und daher „Yama" (= Berg) genannt wird. Dieser Platz wird oft durch den „Lebensbaum" (Matsu) symbolisiert und ist im Shintoismus mit dem Bergquell verbunden, da der „Quell des Lebens" auf dem Scheitelpunkt des Berges entspringt, der dadurch zum Weltberg wird.

Der Berg oder Baum dient während des Festes als Göttersitz und zeigt damit seine Rückbindung an den vom Urgötterpaar errichteten Himmelspfeiler. Dieser verbindet als Weltachse – analog dem chinesischen Denken – den Himmel mit der Erde. Der Tanz und das Kultdrama vollziehen sich wesentlich als Umkreisen bzw. Umrunden dieser Mitte. Da der Lebensquell zum Weltberg bzw. zur Weltachse gehört, ist der Ur-Shinto eng mit dem Bergkult und Wasserritualen verbunden. Das Wasser ist das Lebenselixier und symbolisiert das Fließende, die Potentialität, die reinigende Kraft, die Regeneration und die Neuschöpfung.

Das Matsuri-Fest gedenkt auch der beiden anta-

Wettkampf-Spiele

Jidai-Festival in Kyoto

Auch die rituellen Kampfspiele zwischen zwei Gilden (Za), die meistens als Wettlauf zwischen den festlich geschmückten Kultwagen der beiden Parteien ausgetragen werden, gehören als „Streitfest" (Kenka-Matsuri) zum traditionellen Bestand des Shinto und werden nach überlieferten Regeln abgehalten. Beide Parteien beziehen sich dabei auf das gleiche Heiligtum, und der Wettkampf gilt als Erkundung des göttlichen Willens. Die rituelle Aufhebung der alltäglichen Ordnung in Fest und Wettstreit spielt bei diesen Veranstaltungen eine große Rolle.

Bereits in den frühesten Shinto-Textsammlungen des 8. Jh. wird von Kämpfen selbst zwischen den Göttern berichtet; so vertreibt der wilde Sturmgott Susanoo die friedfertige Sonnengöttin Amaterasu in eine Höhle, aus der sie erst mit Hilfe der „800 Myriaden Götter" wieder hervortritt und das Sonnenlicht auf der Erde wieder scheinen läßt.

Samurais 1870
historisches Foto

Die Angehörigen der erblichen Kriegerkaste Japans waren seit dem 13. Jh. die Vasallen der mächtigen Landesfürsten, zu denen sie in einem Lehnsverhältnis der absoluten Treue standen. Ihr strenger Ehrenkodex („Bushido“: Weg des Kämpfers) war von religiösen und nationalen Überlieferungen geprägt und stützte den japanischen Ständestaat bis ins 19. Jh.

gonistischen Prinzipien in der Natur, die ähnlich dem chinesischen Yang und Yin gedacht werden. Daher gehört auch der Agon, der Wettkampf, zum Bestand des Shintoismus, etwa in Form von Wettspielen oder No-Wettkämpfen; auch finden Wettläufe und Kampfspiele zwischen den verschiedenen Gilden, die das Fest ausrichten, statt. In einigen Gegenden gehört dazu das nicht ungefährliche Wettrennen zweier geschmückter Kultwagen gegeneinander, die von jungen Leuten in ziemlichem Tempo durch die Straßen gezogen werden. Die Kultdramen und No-Theaterspiele werden häufig mit den bekannten japanischen Masken aufgeführt, welche Realsymbole der dargestellten Gottheit sein sollen. Verschiedene Götter werden in verschiedenen Masken personifiziert. Die kultischen Schauspieler sind immer Männer, die auch die weiblichen Gestalten übernehmen. Die ältesten bekannten No-Masken Japans stammen aus dem 7. Jahrhundert; die Masken werden teilweise das Jahr über als Göttersymbole in den Schreinen aufbewahrt. In den sehr ausdrucksstarken Masken sollen die unsichtbaren Götter sichtbar werden. Die Masken dienen also nicht der Verbergung, sondern im Gegenteil der kultischen Sichtbarwerdung der Götter oder auch der Totengeister. Die No-Maske ist der Sitz des Heiligen (des Göttlichen) im kultischen Drama.

Die Geschichte des Shintoismus

Der Shintoismus entwickelte sich in der Frühzeit Japans aus einer Verschmelzung des einheimischen Brauchtums mit den Anschauungen der Einwanderer vom asiatischen Kontinent und von den Inseln der Südsee. Shinto-Bräuche sind erstmals für die Yayoi-Zeit (250 v. Chr.-300 n. Chr.) nachweisbar. In der Konfun-Zeit (300-710 n. Chr.) führte ein aus Zentralasien kommendes Reitervolk die drei wichtigsten Symbole des Ur-Shinto ein: das Langschwert, den Sonnenspiegel und das Krummjuwel. Die Kaiserdynastie trat deutlich hervor, und die ersten Shinto-Schreine in Izumo und Ise entstanden. Das Volk war in Clans gegliedert, und in den Shintoismus gingen Gedanken des Konfuzianismus und Taoismus ein. Es entstanden die politischen Riten um das Kaiserhaus. Seit 645 überwachte das kaiserliche Amt für den Shinto-Kult die Rituale. Es entstand das Yamato-Reich auf der Grundlage der Adelsgeschlechter. Das chinesische Gedankengut, besonders die Yang-Yin-Polarität, die in Japan meist mit dem Bild von Licht und Schatten ausgedrückt wird, wurde beherrschendes Gedankengut im Shintoismus.

Im 10. Jahrhundert erschien der Shintoismus erstmals als umfassendes religiöses System mit Mythen, Riten, Priesterfamilien und 3132 Schreinen. Die Schreine standen unter kaiserlicher Verwaltung, und der Kaiser wurde immer stärker alleiniger oberster kultischer Repräsentant, während die Regierungsaufgaben zunehmend an die Prinzen des kaiserlichen Hauses und später an die Shogune (Reichsverweser) übergingen. Die 50 Bände umfassende Shinto-Sammlung „Engishiki“ entstand.

Seit dem 6. Jahrhundert erfuhr der Shintoismus eine tiefgreifende Wandlung durch das Vordringen des Buddhismus. Buddhistische Mönche übernahmen in Japan viele Shinto-Schreine und interpretierten das religiöse Geschehen neu, ohne dabei das Bisherige umzustoßen oder zu zerstören. Der Buddhismus selbst identifizierte die Shinto-Götter mit den Buddhas und Bodhisattvas. Es entwickelte sich der Ryobu-Shinto („Zwei-Aspekte-Shinto“), wonach der kosmische Buddha Vairocana mit der Sonnengöttin Amaterasu identisch sei.

Bereits im 13. Jahrhundert entwickelte sich dagegen ein massiver Widerstand der alten Shinto-Priesterschaft, die eine Befreiung des ur-japanischen Shinto von allen fremdreligiösen Einflüssen anstrebte. Das Zentrum des Widerstandes war der Schrein von Ise. Der Yoshida-Shinto drehte im 15. Jahrhundert den Spieß um und erklärte den Shintoismus zum Ursprung aller Religionen, dem Konfuzianismus, Taoismus und

No-Maske
Puppe eines No-Darstellers mit der Löwenmaulmaske

No ist das aus dem vor den Schreinen aufgeführten Kultdrama hervorgegangene Theater Japans mit klassischer Strenge in Wort, Gebärde und Musik. Die Ganzheit des No, bei dem der Monolog als Offenbarung des inneren Ringens des Darstellers vorherrscht, wird durch die Einheit von Darsteller, Wort/Musik und Handlungsraum/Kostüm erreicht. Bühne und Requisiten sind dem Ideal der Konzentration auf das Wesentliche verpflichtet. Alle im No vorkommenden Figuren, auch die Frauenrollen, werden von Männern gespielt; jede Rolle erhält eine genau vorgegebene Gebärdensprache. Zum festen Personal der No-Dramen gehören auch Gottheiten, Dämonen und Priester bzw. Mönche. Es gibt mehrere traditionelle und hoch angesehene No-Schulen, die den Geist des No stark kultisch und religiös-philosophisch interpretieren.

Buddhismus gedanklich verpflichtet seien. Der sich bereits abzeichnende Kult eines Zentralgottes trat nun deutlich in den Vordergrund: der Kult des Taigen Sonjin, des „Großen Erhabenen", mit eigenen Läuterungsriten. In dieser Zeit der politischen und religiösen Wirren schrieb Kitabatake Chikafusa (1293-1354) sein berühmtes Buch von der Gott-Kaiser-Herrschaft (Jinno-shoto-ki), das ein einheitliches Nationalbewußtsein und eine shintoistisch fundierte politische Ideologie schuf.

Die nationalistischen Tendenzen führten in der Edo-Zeit (1600-1867) zu einer starken Synthese des Shintoismus mit dem Konfuzianismus und seinem Staats- und Kaiserkult und zu einer Entfernung des Shintoismus von Taoismus und Buddhismus. Die „Seele Japans" wurde gegen alles Fremde, besonders gegen chinesische Einflüsse, definiert; das führte zu einer Politik der bewußten Isolierung. In der Meiji-Epoche (1867-1912) übernahm der Kaiser wieder die Regierungsgewalt. Der Shintoismus wurde nun zur geistigen Grundlage einer Modernisierung im Inneren und militärisch-wirtschaftlichen Expansion nach außen. Bereits 1869 wurde der Kashikodokoro-Schrein im Kaiserpalast errichtet, wo der Kaiser als alleiniger Hohepriester des Staats-Shinto fungierte; der japanische Staat erschien als „Kaiserfamilie" in einer Verbundenheit von Nation, Volk, Kaiser und den Göttern. Diese Ideen prägten seit 1890 den japanischen Imperialismus, wonach die Japaner nach dem Willen der Götter zur Weltherrschaft – zumindest in Asien – berufen seien. Der shintoistische Staatskult forderte Loyalität und Opferwillen für Kaiser und Nation, was auch mit zur Gewaltherrschaft Japans in Asien und zur Katastrophe Japans im 2. Weltkrieg beitrug. Da der Staats-Shinto solcherart belastet war, verfügte die alliierte Besatzungsmacht 1945 seine Auflösung.

Formen des Shinto

Den Shintoismus kann man im wesentlichen in 4 Grundtypen einteilen:

1.) Der volkstümliche Shinto (Minkan-Shinto) meint die Volksreligion auf der Ebene des Dorfes und der Familie. In ihm spielen Naturphänomene und Vegetationszyklen eine große Rolle, ebenso die „Orte" Ackerland, Wasser, Berg und Wald. Es handelt sich um stark lokal und sehr verschieden ausgeprägte Kulte der Dämonenabwehr und des Fruchtbarkeitszaubers.

2.) Der Schrein-Shinto (Jinja-Shinto) ist eine streng organisierte Religion, die besonders in der Meiji-Zeit ihre Ausprägung erhielt, als das kaiserliche Amt für den Shinto-Kult wiederbelebt wurde. Bis 1945 bestanden 218 Staats- und 110 000 lokale Schreine, von denen heute noch etwa 80 000 existieren. Sie wurden staatlich unterstützt und waren stark national ausgerichtet. Der Schrein-Shinto als „offizieller Shinto" entwickelte sich (besonders nach 1945) auch zum „akademischen Shinto" (Fukko-Shinto), der eine ausgearbeitete Theologie besitzt und literarische Studien betreibt.

3.) Aus den nationalen Formen des Schrein-Shinto entwickelte sich der Staats-Shinto (Kokka-Shinto) in engster Verbindung mit dem Shinto des Kaiserhauses (Koshitsu-Shinto). Der Tenno wurde als Nachfolger der Sonnengöttin Amaterasu und der großen kaiserlichen Ahnen gefeiert. Die Loyalität gegen Kaiser und Nation galt als Gehorsam gegen die Götter. Der Staats-Shinto war stark monotheistisch ausgerichtet und betonte die direkte Ahnenfolge von Sonnengöttin und Kaiserhaus und damit die Göttlichkeit des Kaisers.

Das Shinto-Fest „Matsuri" wurde zusammengebunden mit dem Wort „matsurigoto" = regieren. Der Shinto wurde ausdrücklich nicht als Religion, sondern als „nationaler Kult" definiert und bemühte sich um die Herausstellung der ethischen Reinheit und Aufrichtigkeit des „wahren Herzens". Nach dem Tod des Kaisers Meiji (1912) wurde in Tokio der Meiji-Schrein gestiftet, der politisch ebenso bedeutsam wurde wie der Yasukuni-Schrein, an dem der japanischen Gefallenen des 2. Weltkrieges gedacht wird. Da der Staats- und Kaiser-Shinto als mitverantwortlich für die japanische Gewaltherrschaft der 30er und 40er Jahre in Asien angesehen wurde, ver-

Zen-Mönche, die auf Bambusflöten (Shakuhachi) spielen und um Spenden bitten (Komuso)

Seit Ende des 2. Weltkrieges sind die Buddhisten in Japan vor allem im sozialcaritativen Bereich und in der Friedensbewegung engagiert. Auch das Spendensammeln der Mönche dient der Unterstützung sozialer Projekte wie Krankenhäuser, Kindergärten und Ausbildungsstätten. In ihrem betonten Pazifismus und ihrer praktischen Nächstenliebe kommen die ansonsten voneinander recht verschiedenen buddhistischen Schulen und Sekten Japans überein.

Zenkoji-Tempel in Nagano

Die buddhistischen Tempel sind im Gegensatz zu den schlichten Shinto-Schreinen reich ausgestattet, vor allem mit kostbaren Buddha-Statuen und Kultbildern. Seit seiner Einführung durch Prinz Shotoku Anfang des 7. Jh. ist der Buddhismus in Japan auf den pragmatischen Charakter des religiösen Denkens zugeschnitten. Der buddhistische Tempeldienst ist stark diesseitsbezogen, weist heilpraktische Komponenten auf („Medizin-Buddha") und erbittet von der „barmherzigen Kwannon" gute Ernten oder geschäftlichen Erfolg. Die von den Mönchen in der Öffentlichkeit praktizierten Zeremonien haben durch die Übernahme vielfältiger Volksbräuche zu einer Wandlung der ursprünglichen Lehre geführt. An der Spitze des buddhistischen Pantheons stehen der Urbuddha Vairocana, der Erlösungshelfer Amida und Yakushi, der Arzt der Seele und des Leibes.

fügten die Siegermächte 1945 seine Auflösung und die Trennung von Staat und Religion. Seit den 50er Jahren besitzt dieser Shinto eine deutlich religiöse Ausrichtung, welche ein Leben in der „Harmonie" der Ehrfurcht vor der Natur und den Göttern erstrebt.

4.) Der Sekten-Shinto (Kyoha-Shinto) umfaßt heute 13 (anerkannte) neuere Gruppen und unzählige Untergruppen, die seit dem 19. Jahrhundert aus dem volkstümlichen Shinto erwachsen sind. Sie sind teilweise stark esoterisch ausgerichtet und wurden in Krisenzeiten von charismatischen Persönlichkeiten (oft ländlich-bäuerlicher Herkunft) ins Leben gerufen. Aus demselben Wurzelgrund entstanden nach dem 2. Weltkrieg auch die heute in Japan starken „Neuen Religionen".

DER BUDDHISMUS IN JAPAN

Der Zen-Buddhismus

Der Buddhismus gelangte im 6. Jahrhundert (538) nach Japan und gewann schnell die Gunst des Kaiserhofes und des hohen Adels. Er paßte sich rasch dem einheimischen Shintoismus an und wurde bald zu einem Bestandteil der offiziellen Staatsreligion. Die japanischen Buddhisten waren zumeist vornehme Gelehrte von beachtlicher Bildung und hohem Ansehen. Seit dem 8. Jahrhundert fiel der Buddhismus in Japan in mehrere Schulen auseinander, von denen besonders die beiden Hauptschulen des Tendai und des Shingon miteinander rivalisierten.

Der Gründer der Tendai-Schule war Saicho oder Dengyo Daishi (767–822), der aus dem Mahayana-Buddhismus vor allem Nagarjunas Theorien von der Leere übernahm und die Lehre vom Lotus-Sutra („Lotus-Sutra des wunderbaren Gesetzes") aus China übernahm. Überhaupt stand er dem chinesischen Denken sehr nahe. Der Gründer der Shingon-Schule, Kobo Daishi (774–835), führte den tantrischen Buddhismus in Japan ein und lehrte in seiner esoterischen Schule auch magische Praktiken. Er übernahm die Lehre von den drei Körpern des Buddha und verbreitete die hohe Verehrung des kosmischen Buddha Vairocana. Der Amidismus bestand seit dem 11. Jahrhundert in vier Schulen in Japan, die sich „Schulen des Reinen Landes" nannten. Durch die Gnadenlehre des Amidismus behaupteten sie, daß der Übergang ins „Reine Land" schon auf Erden und nicht erst nach dem Tode möglich sei, was dem japanischen Denken sehr entgegenkam. Seit Ende des 12. Jahrhunderts wurde der Buddhismus in Japan besonders durch die amidistischen Schulen zu einer breiten Volksbewegung.

Zen ist der Weg der Meditation, die Erlösung aus eigener Kraft erlangt. In seinem Erleuchtungs-Ideal ursprünglich der Tendai-Schule entwachsen, wurde der Zen-Buddhismus zur entscheidenden Religion der japanischen Kriegerkaste mit seinen Lehren von körperlicher Zucht, geistiger Disziplin, Opfermut und der Verachtung körperlicher Schmerzen. Daher war er sehr früh schon verknüpft mit dem Bushido, dem „Weg des Kriegers". Zen ist eher als Meditationstechnik und „Haltung" denn als inhaltliche Lehre zu begreifen; der Wert des Schweigens, der harten Praxis, der Sammlung und Konzentration und der Bezwingung aller Leidenschaften wird besonders betont, wuchernde Spekulationen und

Die hilfreiche Kwannon

Die hoch verehrte weibliche Kwannon entspricht in Japan und China dem Bodhisattva Avalokiteshvara, der seine eigene Erlöstheit aufschiebt, um anderen Lebewesen zur Erlösung zu verhelfen.

Buddhistische Feuerzeremonie

Da für den Shintoismus der Umgang mit Leichnamen wegen ihrer Verweslichkeit kultisch unrein macht, sind Bestattungszeremonien und der Totendienst in Japan eine Domäne der buddhistischen Mönche, die so ihren Lebensunterhalt verdienen. Meist sind auch die Friedhöfe um buddhistische Tempel herum angelegt. Während des alljährlich im August stattfindenden Obon-Festes, an welchem in den Familien der Ahnen und Verstorbenen gedacht wird, übernehmen buddhistische Priester die Gebete für das Seelengedenken, obwohl der Buddhismus ursprünglich keinen Seelendienst kannte. Während des Obon-Festes laden Feuer auf den Hügeln oder vor den Häusern die Seelen der Ahnen in ihr altes Heim, wo sie zwei Tage lang Wiedersehen mit ihren Nachkommen feiern und anschließend feierlich verabschiedet werden.

magische Praktiken werden abgelehnt. Zen verschreibt sich dem Ideal der Einfachheit und Geradlinigkeit und erhebt den Anspruch, der reine und magisch unverfälschte Buddhismus zu sein. Seine Lehre wurde besonders von den Zen-Meistern Eisai (1141–1215) und Dogen (1200–1253) entwickelt, die Zen als ein auf (Selbst-)Disziplin beruhendes Streben nach direkter Erleuchtung unter der Anleitung eines Meisters begriffen.

Die Meditationsübungen (Zazen) dienen dem Ziel, die plötzliche Erleuchtung (Satori) zu erlangen; diese existentielle Verwandlung wird als „Sterben und Wiedergeburt" bezeichnet und meint eher eine Praxis als eine Lehre. Der Zen-Buddhismus liebt Widersprüche und Paradoxien zur Unterstreichung seiner Skepsis gegen den bloßen Intellekt. Ziel ist das eigene Freiwerden für das Wirken des Großen Weltgesetzes: Das „Buddha-Herz" der Welt wird so im eigenen Herzen wirksam.

Nichiren

Nichiren Shonin (1222–1282) war eine widersprüchliche Persönlichkeit, die dem japanischen Buddhismus eine sehr starke nationalistische Note gab. Er war ein energischer, aktiver und angriffslustiger Reformer, der ursprünglich den Tendai-Buddhismus von allen magischen und mystischen Zutaten reinigen wollte. Er sah sich selbst als Manifestation der Bodhisattva-Energien an und sah im Lotus-Sutra den Schlüssel zu aller Erlösung, wobei es ihm nicht darauf ankam, darüber zu meditieren, sondern darauf, schon die formelhafte Rezitation seines Titels („Verehrung dem Lotus-Sutra") als Weg zum Heil zu erweisen. Nichiren rückte sich selbst ins Zentrum einer apokalyptisch ausgerichteten Offenbarung und interpretierte seine Zeit als Zeitalter des Verfalls. Jedes Wort des Lotus-Sutra ist kraft seiner magisch geladenen „Wortseele" (Kotodama) bereits ein leibhaftiger Buddha. Nichiren ging eifernd und intolerant gegen alle übrigen buddhistischen Schulen vor und forderte die staatliche Verfolgung und Vernichtung seiner Gegner. In die Kämpfe seiner Zeit verstrickt, wurde er zunächst zum Tode verurteilt, dann aber zur Verbannung begnadigt. Seine stark nationalistische Ausrichtung erkannte Japan eine besondere geschichtliche Heilssendung für die ganze Welt zu. Die Nichiren-Schule wurde neben dem Amidismus und dem Zen zur dritten Hauptrichtung des japanischen Buddhismus.

Religionen in Japan heute

Die Buddhisten Japans sind heute – neben den Buddhisten anderer ostasiatischer Länder und dem tibetischen Dalai Lama – führend in der Ökumene-Bewegung tätig, die den friedlichen Dialog mit anderen Religionen sucht, sowie in der religiös motivierten Weltfriedensbewegung. Seit Ende des 19. Jahrhunderts, verstärkt aber seit Ende des 2. Weltkriegs, kennt Japan eine unübersehbare Vielfalt von sogenannten „Neuen Religionen", die fast alle verschiedene ursprünglich shintoistische und buddhistische Elemente aufgenommen und verändert haben, aber auch den Einfluß von Christentum und anderen Religionen erkennen lassen. Ihre Gründer und Gründerinnen traten vielfach als charismatische Propheten auf, die vorgaben, eine ursprüngliche Wahrheit neu zu interpretieren.

DAS JUDENTUM

Zum Judentum, das sowohl eine Abstammungs- wie eine Wahlgemeinschaft ist, gehört wesentlich das Bekenntnis zum Bund des Einzigen Gottes (Jahwe) mit den Menschen, die er erschaffen hat und denen er seine Gebote gibt. Der Urbund Gottes mit Noah und Abraham erfuhr seine Ausgestaltung durch den Bund mit Moses, dem Gott mit der Tora das Gesetz und die grundlegenden Lehren des Judentums übergab. Die Erwählung Israels bedeutet für die Juden eine besondere Verpflichtung zur Befolgung der göttlichen Gebote; durch die Propheten spricht Gott immer wieder zu den Menschen. Die dialogische Verbundenheit des Menschen mit Gott durchzieht das tägliche Leben und den religiösen Festzyklus des Jüdischen Jahres und gibt Trost und Stärke in den wechsel- und leidvollen Erfahrungen, welche die Juden in der Geschichte machen mußten. Ein ausgeprägter Messianismus und die göttliche Verheißung des Gelobten Landes bestimmen das jüdische Geschichtsdenken.

GOTT UND SEIN VOLK: DIE OFFENBARUNG UND DER BUND

Die Bundes-Tradition

Die Schöpfung der Welt erscheint eigentlich nur als Vorgeschichte des Bundes Gottes mit dem Menschen, beginnend bei Abraham und den Patriarchen. Gott tritt als personaler Dialogpartner in Beziehung zu den von ihm geschaffenen Menschen und gibt seine reale Präsenz kund (Jahwe: „Ich bin der ich bin"). Der Bund wird im Judentum sehr aktivistisch verstanden: Der Mensch ist nicht nur passives Objekt göttlicher Gnade oder göttlichen Handelns, sondern zu Partnerschaft und Verantwortung aufgerufen; er muß an seinem Heil durch entsprechende Lebensführung mitarbeiten. Die ganze Schöpfung erscheint so auf die beiden Pole Gott und Mensch hin angelegt. Diese dialogische Tradition des Bundes führt zum Bewußtsein einer in der Geschichte stets sich wiederholenden Begegnung des Menschen mit Gott, weshalb für das Judentum Mittlergestalten als besondere Fürsprecher bei Gott (wie Jesus für das Christentum oder Mohammed für den Islam) nicht erforderlich sind.

Gott schloß den Bund mit Abraham als dem Oberhaupt einer Familie (Gen. 17,1-8) und das jüdische Volk begreift sich als Nachkommen Abrahams. Gottes Bund mit Moses ist weiter gefaßt und umfaßt das ganze Volk Israel (Ex. 6,2-8). Sofern Noah als Überlebender der Sintflut der Stammvater aller Menschen ist, ist der Bund jedoch letztlich mit allen Menschen geschlossen worden, was bedeutet, daß alle Erlösung finden werden, die das Gesetz befolgen.

Der Bund gilt als unzertrennlich, auch wenn der Mensch oft genug die göttlichen Forderungen verfehlt. Da Gott quasi „Vorleistungen" erbrachte und das Volk Israel aus der Knechtschaft der Ägypter hin ins Gelobte Land der Verheißung führte, glauben die Juden, daß sie in ihrem Glauben strenger gemessen und für Verfehlungen härter gestraft werden als andere Völker. So ist der Bund zugleich Verdienst der gläubigen Vorväter – besonders Abrahams und seiner Nachkommen – und Auszeichnung, aber auch Bürde und Verpflichtung.

Die Erwähltheit

Die Rede vom „auserwählten Volk" ist seit den Zeiten der Bibel ein Mysterium – auch und gerade für das Judentum selbst, da diese Erwählung nicht irgendwelchen angeborenen Verdiensten des Volkes Israel zuzuschreiben ist, sondern allein dem unerforschlichen Willen Gottes. Bei der Erwählung wie bei der Bundes-Tradition ist zusammenzudenken, daß Gott als Schöpfer von allem der Schöpfer und Vater aller Menschen ist, zugleich aber auch als Gott des Alten Testamentes (AT) der Gott eines Volkes, nämlich Israels, das er sich frei erwählt hat.

Die Erwähltheit wird in Begriffen des „Vertrautseins" mit Gott gefaßt und meint keine nationale Überheblichkeit, sondern eine besondere Verpflichtung des Volkes Israel zur Erfüllung der göttlichen Gebote. So wird auch das ganze Unglück, das die Juden in der Zeit des Exils (seit 70 n. Chr.) traf und trifft, in der jüdischen Tradition an den Erwählungsgedanken gekoppelt: Das Volk Israel hat sicherlich nicht mehr gesündigt als andere Völker, doch wird es für seine Verfehlungen härter bestraft. Alle Schuld wird aber als ein historisches Versagen, nicht wie im Christentum als Erbsünde, begriffen.

Der Auszug der Tiere aus der Arche Noah
kolorierter Kupferstich, 17. Jh.

Im ersten Buch der Bibel wird die Geschichte der Sintflut berichtet, die Gott zur Strafe für den Ungehorsam der Menschen über die Erde kommen ließ. Noah erhält von Gott den Auftrag, für sich und die Seinen eine Arche zu bauen und von allen anderen Lebewesen mindestens ein Paar auf die Reise mitzunehmen. Der Flut und der Rettung folgt ein neuer Bund zwischen Gott und den Menschen, der durch Gottes Selbstbindung im Bund den Bestand und die Ordnung der Schöpfung garantiert. Das Bundeszeichen ist der Regenbogen. Damit erhält die Menschheit gewissermaßen einen neuen Anfang, wobei dieser aber keine Wiederherstellung des ursprünglichen paradiesischen Zustands ist, sondern ein Ausgangspunkt, der am Beginn der Geschichte steht.

DER JÜDISCHE GOTTESBEGRIFF

Der Einzige – Jahwe

Die zentrale Aussage zum jüdischen Gottesbegriff ist die absolute Einsheit und Einmaligkeit Gottes; wichtigster Bibelvers hierzu ist das Sch'ma Jisrael (Dtn. 6,4: „Höre, Israel: der Ewige ist unser Gott, der Ewige ist einzig."), welches dem Judentum als Glaubensbekenntnis und zentrales Gebet zugleich gilt. Im „Höre, Israel ..." offenbart sich auch der dialogische Gott des Bundes, der sich selbst mitteilt und sein Volk zum Hören (nicht zum Sehen) verpflichtet. Einer der Namen Gottes ist „der Ewige", womit seine Allgegenwart bezeichnet wird; in allen verschiedenen Erscheinungen begegnet doch ein und derselbe Gott. Die Anfangs- und Endlosigkeit Gottes betont die Selbstaussage Jahwes, der Erste und der Letzte zu sein (Jes. 44,6). Als solcher ist er nicht nur der Schöpfergott, der alles aus dem Nichts erschaffen hat (Anfang), sondern auch der Erlöser am Ende der Zeiten und der allgegenwärtig Handelnde der Geschichte.

Zugleich gilt aber das Gebot, sich von Gott kein Bild zu machen; ursprünglich wohl eine Abgrenzung gegen heidnische Bilderkulte, diente es auch zum Schutz vor der Versuchung, sich Gottes im Bilde bedienen oder bemächtigen zu wollen (Bildmagie) bzw. in Gottes alleinige Schöpfermacht eingreifen zu wollen. Gott kann vom Menschen zwar angerufen, aber nicht wirklich benannt werden, da jede Benennung eine Festlegung ist und damit eine Beschränkung des absoluten Seins Gottes darstellen würde. So finden sich schon in der Bibel neben dem Namen Jahwe (JHWH) auch andere Namen für Gott wie Jehova („Herr"), Adonaj, El oder Elohim.

Die Einzigkeit Gottes ergibt sich für das Judentum aus den Selbstaussagen Jahwes und wird nicht philosophisch hergeleitet; Abraham gilt als der erste Bekenner zur Einzigkeit Gottes in einer polytheistischen Umwelt. Als die eigentliche Sünde gegen Gott gilt der Abfall von ihm und die Anbetung anderer Götter oder Götzen, wozu auch die Anbetung aller bildlichen Gottesdarstellungen gehört, wie dies am deutlichsten in der Geschichte vom „Tanz ums Goldene Kalb" (Ex. 32) zum Ausdruck kommt.

Bibelgeschichtlich ist der Monotheismus das Ergebnis einer Entwicklung. Immer wieder berichtet das AT vom Streit Jahwes gegen die Götter der umliegenden altorientalischen Kulturvölker, vor allem gegen den babylonischen Gott Baal und die Götter Ägyptens (etwa Ex.12,12, wo Jahwe sein Strafgericht an den Göttern Ägyptens ankündigt). Erst mit dem Propheten Jesaja und der Kultreform des Königs Josias am Ende des babylonischen Exils wird die Monolatrie zu einem – durch Moses vorbereiteten – Monotheismus. Der im AT verwandte Gottesbegriff „Elohim" wird sowohl im Singular als auch im Plural verwendet – es gibt einfach keinen anderen Gottesbegriff mehr. Aus diesem Monotheismus folgt notwendig der universale Anspruch Gottes. Gott zeigt sich in verschiedenen Erscheinungsformen und ist doch der ewig Gleiche und Unteilbare. Als fordernder Gott trägt er ethische Gebote an den Menschen heran und verlangt deren Befolgung; ein ethisch indifferenter bloßer Opferkult (wie bei den heidnischen Göttern) reicht zur Erfüllung seiner Gebote nicht aus.

Die jüdische Theologie kennt nur wenige dogmatische Grundsätze; Moses Maimonides faßte diese im 12. Jahrhundert in 13 Glaubenssätze zusammen. Die Kernaussagen des jüdischen Gottglaubens lauten: Gott ist der Schöpfer und Lenker alles Geschaffenen und alleiniger Urheber von allem; Gott ist Einer und nichts ist ihm in irgendeiner Weise vergleichbar; Gott hat sich

Der Sündenfall/Die Vertreibung aus dem Paradies

Buchmalerei, um 1360, Darmstadt, Hessische Landesbibliothek

Die in Gen. 3 beschriebene Paradies- und Sündenfallgeschichte handelt von der noch heute immer wiederkehrenden Versuchbarkeit des Menschen, auf andere Stimmen mehr zu hören als auf Gott und ihm zu mißtrauen: Nachdem nämlich Eva selbst durch die Schlange verführt worden war, doch gegen das göttliche Gebot zu verstoßen und von der – unerlaubten – Frucht des Baumes der Erkenntnis des Guten und des Bösen zu essen, gab sie auch Adam von der Frucht. Nachdem beide von der Frucht gegessen hatten, erkannten sie, daß sie nackt waren. Sie hefteten Feigenblätter zusammen und fertigten sich daraus einen Lendenschurz. Daraufhin wurden beide aus dem Paradies (Garten Eden) verstoßen, und alle Dinge büßten ihre einstige Vollkommenheit und Unsterblichkeit ein. Doch gleichzeitig rüstete Gott den Menschen für das neugeschenkte Leben aus. Vor das Paradies stellte er die Cherubim mit dem lodernden Flammenschwert auf, damit sie den Weg zum Baum des Lebens bewachten.
Noch heute dient das Paradies als Metapher für ideale Zustände. Und in der Literatur ist die Vertreibung aus dem Paradies, verbunden mit dem Wunsch, diesen Verlust rückgängig zu machen, ein häufiges Motiv.

Moses verkündet die zehn Gebote
Misrachtafel, Öl auf Leinwand in neo-gotischem Holzrahmen, um 1900, Wien, Judaika-Sammlung Max Berger

Die zwei Gesetzestafeln mit den zehn Geboten bilden den Kern der religiösen und sittlichen Satzungen, die Mose in der Offenbarung am Berge Sinai empfangen hat. Sie sind Ausdruck der Fixierung des zwischen Gott und Israel gestifteten Bundesverhältnisses.
Das Sinai-Geschehen gilt als die Bundes-Offenbarung Gottes schlechthin, da Moses die göttlichen Gebote dem gesamten, am Fuße des Berges Sinai versammelten Volke Israel verkündet.

selbst dem Menschen in freier Entscheidung offenbart und durch Moses den Menschen seine Gebote (Gesetze) mitgeteilt; die Worte der Propheten sind Wahrheit; Gott kennt alle Handlungen der Menschen und erweist denen Gutes, die seine Gebote achten, während er die bestraft, die seine Gebote übertreten; ferner: daß dereinst der (von Gott gesandte) Messias kommen wird und die Toten dereinst auferstehen werden.

DAS JÜDISCHE MENSCHENBILD

Der von Gott erkannte Mensch

Grundlage des jüdischen Menschenbildes ist die Aussage der Bibel, daß der Mensch nach dem (Eben-)Bilde Gottes erschaffen sei (Gen. 1,27). Schwierig bei der „Ebenbildlichkeit" ist, daß der Gläubige sich von Gott selbst kein Bild machen soll. Neben der Ebenbildlichkeit in Gen. 1,26/27 steht aber auch Gen. 2,7-8, wonach der Mensch aus dem Staub der Erde (Lehm) gemacht ist und Gottes Atem eingehaucht bekam. Auch läßt Gen. 2,21-25 den Menschen als Mann und Weib erschaffen sein. Gegen die Versuchungen des Anthropomorphismus gibt es Bestrebungen, die „Ebenbildlichkeit" mit „Ähnlichkeit" oder „Schatten" zu übersetzen. Die theologische Anthropologie des Judentum definiert den Menschen geradezu als „von Gott erkannt" („der erkannte Mensch", Schalom ben-Chorin), also als Menschen in der „dialogischen Situation" (Martin Buber, Franz Rosenzweig) bzw. in der „Korrelation" mit Gott (Hermann Cohen). Die dialogische Situation wird durch die Personhaftigkeit sowohl Gottes als auch des Menschen gewährleistet. Die Tatsache des (inneren) Bereitseins für das Wirken Gottes im Menschen spielt eine große Rolle. Der Mensch ist auf die gerechte Schöpfungsordnung Gottes verpflichtet und ein Teil von ihr; er muß sich als „Partner Gottes" in der Schöpfung erweisen, indem er gemäß den moralischen Gesetzen Gottes handelt. Er ist im Leben und in der Welt zwar vielen Versuchungen zum Bösen ausgesetzt und versagt auch immer wieder in konkreten geschichtlichen Situationen – an deren Beginn der Brudermord Kains an Abel steht –, aber als Gottes Ebenbild ist der Mensch von Grund auf gut, wird von Gott geliebt und soll zum Heil geführt werden. Das Judentum kennt keine Erbsünde des Menschen.

Trotz der Allmächtigkeit und Allwissenheit des Schöpfergottes ist der Mensch für seine Taten verantwortlich: Er hat die Möglichkeit und die Fähigkeit, eine Wahl zu treffen, und ist damit frei, etwas zu tun oder zu lassen. Der Mensch hat Verstand und Fähigkeit, die ethische Ordnung der Welt einzusehen und sein Handeln gemäß ihren Gesetzen auszurichten. Die Rechte des einzelnen finden, da alle Menschen Ebenbilder und Kinder (Geschöpfe) Gottes sind, ihre Schranke an den Rechten anderer. Die Aufgabe des Menschen ist das Tun, die aktive Weltgestaltung nach den göttlichen Gesetzen, wobei die (körperliche) Arbeit einen hohen Stellenwert einnimmt; doch sind auch Zeiten der Ruhe und Besinnung (Sabbat, Feiertage) geboten. Der Mensch wird an seinen Taten erkannt, gemessen und gerichtet. Als Verhaltensregel muß die „Nachahmung Gottes" (Imitatio Dei) Grundprinzip des menschlichen Strebens sein, was nicht Seinwollen wie Gott bedeutet, sondern Leben nach den göttlichen Geboten. Die Sünde ist Aufruhr gegen Gott und die göttliche Ordnung, für das Judentum aber immer auch eine Erniedrigung der wahren Natur des Menschen. Eine Bestrafung dient also nicht primär der Vergeltung, sondern der Erinnerung an die wahre Natur des Menschen. Daher bedeutet das hebräische Wort für Reue, „Teshuwah", eigentlich „Rückkehr", nämlich des Menschen zu seiner wahren Natur. Das AT berichtet über eine Reihe von Situationen, die einen leichtfertigen Aufruhr gegen Gott darstellen und denen ein Strafgericht folgt.

Das Urteil Salomos
Giorgione, um 1505, Florenz, Galleria Uffizi

Nach der Überlieferung war König Salomo der zweite Sohn Davids und seiner Gemahlin Bathseba. Durch einen Staatsstreich bemächtigte er sich noch zu Lebzeiten Davids auf Kosten seines älteren Bruders Adonia des Throns. Traditionell gilt er als Verfasser einiger biblischer Bücher und war auch für seine Weisheit berühmt. Am bekanntesten ist sein im 1. Königsbuch überlieferter Rechtsspruch in dem Streit der zwei Frauen. Beide hatten ein Kind geboren, doch nur eines überlebte. Beide behaupteten, die Mutter zu sein. Durch König Salomos scheinbar hartes Urteil, das Kind zu zweiteilen, offenbarte sich die wahre Mutter schnell, denn sie wollte eher auf das Kind verzichten, als seine Tötung zuzulassen.

Das Leiden

Für das jüdische Ringen um ein Verstehen Gottes ist nichts so kennzeichnend wie die berühmte Theodizee-Frage, warum auch der Gerechte und Fromme in der Welt leiden muß. Exemplarisch hierfür ist die Geschichte von Hiob, der von Gott in seiner Glaubensfestigkeit geprüft wird. Der Gläubige vermag seine Leiden nicht als direkte Bestrafungen eigener begangener Verfehlungen zu interpretieren, aber er braucht Gottes Hilfe, um sie ertragen zu können. Ein chassidisches Gebet lautet daher: „Gott, sage mir nicht, warum ich leide, denn ich bin zweifelsohne nicht würdig, es zu wissen, aber hilf mir zu glauben, daß ich um deinetwillen leide." Dieses Gebet drückt die Bitte um die Einsicht aus, daß das Leiden weder zufällig noch sinnlos ist, wenn auch sein Sinn für uns oft verborgen bleibt. Das Leiden gilt als besonderes Mysterium des jüdischen Glaubens; immer wieder wird festgestellt, daß Gott belohnt und bestraft, wen er will.

Das Leid, das über den Menschen kommt, ist Folge seiner ethischen Freiheit: Er ist nicht indifferent, sondern vermag Gutes oder Böses zu tun. Das Leid ist dreifach möglich: als Strafe, als Prüfung und als Sühneleiden des Gerechten. In Form der Strafe ist es noch am ehesten rational einsehbar; als Prüfung wird es deutlich in der – nicht vollzogenen – Opferung des Isaak (Gen. 22) und im Buche Hiob beschrieben. Das Leiden als Sühneleiden des Gerechten ist im Judentum eine kollektive Deutung des Schicksals des Volkes Israel, wobei sich für das moderne Judentum die Frage nach dem Sinn des Leidens durch die Erfahrungen des 20. Jahrhunderts noch einmal verschärft stellt (Vertreibung und Vernichtung, Auschwitz, Holocaust usw.).

Die Propheten

Die Propheten gelten als die von Gott erwählten Künder des wahren Wortes Gottes. Das hebräische Wort „Nabi" meint den im Auftrag Jahwes „Rufenden" bzw. von Gott „gerufenen" Wortpropheten, der die Botschaft Gottes dem Volke auszurichten hat; er spricht an Gottes Stelle zu den Menschen. Die rabbinische Tradition unterscheidet die „3 großen Propheten" – Jesaja, Jeremia und Hesekiel – von den „12 kleinen Propheten" (Dodekapropheten). Die große Bedeutung der Propheten läßt sich schon daran erkennen, daß die Schriften über die Propheten, zu denen ein Großteil der späteren Bücher des AT, inklusive der Geschichtsbücher, gezählt werden, in der Rangfolge direkt hinter der Tora stehen. Dem Judentum gilt die prophetische Gabe als besonderer Gnadenerweis Gottes, und der Prophet ist daher stets mehr als ein bloßer Hellseher oder Wahrsager; er ist ein von Gottes Geist Erleuchteter, womit auch seine herausragende Stellung bezeichnet wird. Das AT betont bei den Berufungserlebnissen der meisten Propheten die Plötzlichkeit und Unerwartetheit der Erwählung. Als erster Prophet gilt Abraham (Gen. 20,7).

Der Prophet führt für die Gemeinde bzw. das Volk stets eine Entscheidungssituation herbei: Es muß sich bei seinem Auftreten für oder gegen Gottes Wort entscheiden und die möglichen Konsequenzen auf sich nehmen. Inhalte der prophetischen Verkündigung sind die Einforderung des Bekenntnisses Israels zum Einen Gott Jahwe, die Bekräftigung des Bundes Gottes mit dem Menschen und der Protest gegen Sittenverfall und Götzendienst. Viele Propheten haben apokalyptische Visionen von einem drohenden Strafgericht Gottes und bedienen sich einer warnenden Sprache. Sie tauchen in konkreten geschichtlichen Situationen auf und fordern ein unverzügliches Handeln der Gemeinde. Auch hierbei betont das Judentum die Freiheit des Menschen: Hätte er nicht die Möglichkeit, sich für oder gegen das durch den Propheten vermittelte Wort Gottes zu entscheiden, würde der Stand der Propheten als Mahner und Rufer zur Umkehr überflüssig sein. Oft sind die Worte der Propheten mit der jüdischen Heilsgeschichte verknüpft, und zwar in Form übermittelter Verheißungen, etwa das Heraufkommen einer neuen Zeit des Heils bei Jesaja und Jeremia.

Moses

Moses spielt im Judentum die herausragende Rolle als Überbringer des Gesetzes (Tora) und als der Führer Israels aus der Knechtschaft der Ägypter. Kein späterer Prophet lehrt für das Ju-

Tempel Salomos in Jerusalem
Modell, 20. Jh., Ausschnitt

König Salomo errichtete im 10. Jh. v. Chr. den ersten Tempel in Jerusalem auf dem bereits von König David bestimmten Platz auf dem Hügel Moria im Nordosten von Jerusalem. In 7jähriger Bauzeit entstand ein Prachtbau, dem sich im Süden der Palast-Komplex anschloß. Gemäß der Raumfolge im Stiftszelt befand sich hinter der Vorhalle mit den davorstehenden Säulen Jachin und Boas der Hauptraum mit Schaubrottisch, zehn Leuchtern und einem Räucheraltar, dahinter das Allerheiligste mit Bundeslade und Cherubim. Der von mehreren Höfen umgebene Tempel wurde 588 v. Chr. von Nebukadnezar zerstört. Der zweite Tempel wurde Anfang des 6. Jh. v. Chr. errichtet. Er war schlichter und ist mehrfach umgebaut worden, zuletzt durch König Herodes den Großen. Im Jahre 70 n. Chr. wurde er von den Römern zerstört.

Misrach-Tafel

Aquarell von Naum Gutman (Zuschreibung), um 1900, Wien, Judaika-Sammlung Max Berger

Beim Gebet wendet man sich in die östliche Himmelsrichtung. Um diese im Haus zu kennzeichnen, wird eine solche Misrach-Tafel an die Wand gehängt. Sie besteht aus Pergament und ist recht kunstvoll gearbeitet. In der Regel sind darauf kalligraphisch gestaltete Psalmtexte mit verschiedenen Symbolen oder Ornamenten umrahmt.
Als Misrach (hebr. „Osten“) wird auch die Ostwand der Synagoge bezeichnet.

dentum etwas Neues, was nicht schon in der Tora des Moses enthalten wäre (Sab. 104 a). Er gilt als der große Lehrer des Judentums; Maimonides nennt ihn den „Vater der Propheten“ vor und nach ihm. Viele Erzählungen der jüdischen Tradition beschäftigen sich mit dem Leben und den Legenden des Moses. Sein Prophetentum, niedergelegt in den 5 Büchern Moses (Pentateuch), gilt als die Wurzel aller anderen Prophetien. Doch obwohl er als der große Gesetzgeber des Judentums angesehen wird, betont die Tradition stets, daß er eigentlich nur der Überbringer und Künder der göttlichen Gebote ist.
Moses ist die charismatische Gestalt schlechthin: Er ist Prophet, Künder, Richter und selbst Heerführer, Führer seines Volkes in der Wüste, Befreier und Gesetzesbringer, während er die priesterlichen und Prediger-Funktionen weitgehend an seinen Bruder Aaron delegiert. Der jüdische Titel für Moses lautet meist „Rabbejnu“ = unser Lehrer. Die spätere jüdische Tradition verleiht ihm auch philosophische Züge. Auch das jüdische Bilderverbot wird auf Moses zurückgeführt. Martin Buber sieht die Bedeutung des Moses vor allem in seiner „Theopolitik“, d .h. der unmittelbaren Aufrichtung der Gottesherrschaft in und über eine Gemeinschaft, die in diesem Bundesschluß mit Gott zu einem Volk wird.

DIE TORA

Lehre und Gesetz

Die Tora gilt als das von Moses dem Volk Israel überbrachte Gesetz Gottes, wie es in den 5 Büchern Mose, dem Pentateuch, überliefert wird. Die Tora ist aber nicht nur Gesetz, sie ist „die Lehre schlechthin“ oder die „schriftliche Lehre“ (in Abgrenzung zur später hinzugekommenen „mündlichen Lehre“ der rabbinischen Tradition). Der Glaube an und die Berufung auf die Tora gehören wesentlich zum jüdischen Glauben; zu den wenigen „Dogmen“ des Judentums zählen der Glaube an den göttlichen Ursprung und die mosaische Fixierung der Tora, wohingegen ihre schriftliche Gestalt und ihre Überlieferung unter den jüdischen Schriftgelehrten umstritten ist.
Während die streng orthodoxen und die fundamentalistischen Juden daran festhalten, daß die Tora in einem Guß dem Moses übergeben wurde und einzig Moses ihr Überlieferer ist, nimmt die bibelkritische Forschung die zeitlichen und stilistischen Brüche wahr und betont, daß die Tora zwar eines Geistes ist, nämlich des mosaischen, aber doch von mehreren Schreibern überliefert wurde. Sie trennt also die Heiligkeit der Schrift, zu der sie sich genauso bekennt wie die orthodoxen Gruppen, von ihrem literarischen Entstehungsprozeß. Der Pentateuch ist im wesentlichen ein Zusammenschluß von vier Quellentexten – Jahwist, Elohist, Deuteronomist und Priesterschrift –, die Verbindungen miteinander eingegangen sind.
Das Judentum bekennt sich zur Unvertauschbarkeit und Unersetzbarkeit der Tora, d. h., sie gilt als vollständige Offenbarung der Gebote Gottes. Diese Aussage, die erst das spätere Judentum so formuliert hat, dient der Abgrenzung gegenüber Christentum und Islam, die sich beide in ihrer Weise auf die Tora beziehen. Eine davon unabhängige Frage unter den jüdischen Schriftgelehrten ist es aber, in welcher Form die Gebote der Tora insgesamt ewigen Charakter haben, etwa auch alle Kleider-, Speise- und Hochzeitsvorschriften, oder wieweit einiges davon nur zeitgebunden zu interpretieren ist.
Das nachbiblische rabbinische Schrifttum bemühte sich um eine Kodifizierung und Auslegung der religiösen Vorschriften auch unter veränderten Lebensbedingungen. Es ist aber festzu-

halten, daß die späteren Schriften (der Talmud, also Mischna und Gemara) niemals als neue Tora, sondern immer nur als Interpretationen der ursprünglichen Tora angesehen werden. Stets wird die Unveränderlichkeit der Tora betont, auch in ihren zahlreichen rituellen und zeremoniellen Vorschriften; in Dtn. 4,2 heißt es dazu: „Zufüget nichts ... und streicht nichts davon." Diese Unveränderlichkeit drückt sich auch in der Ehrfurcht vor den Buchstaben und dem Schriftbild der Tora aus. Die Abschreiber der Tora brauchen eine lange und gründliche Ausbildung und müssen bestimmte Reinheitsriten beachten; ebenso muß das Vorlesen fehlerlos sein. Bei jeder Vertreibung, der die Juden ausgesetzt waren, retteten die jüdischen Gemeinden ihre Torarollen als ihr kostbarstes Gut.

In der rabbinischen Tradition gilt die Tora als „Mittel der Reinigung" den Menschen gegeben. Die Tradition (Rabbi Simlai) geht davon aus, daß Moses ursprünglich 613 Gebote erhalten hat, nämlich 365 negative Verbote und 248 positive Gebote. Die Zahl 613 hat Symbolwert, da das Judentum von 365 Tagen des Jahres und 248 Körperteilen des Menschen ausgeht. Alle diese Verbote und Gebote zusammen bilden den Urgrund des Bekenntnisses zu Gott; auch sollen die 613 Verbote und Gebote den 613 Buchstaben des Dekalogs (10 Gebote) entsprechen.

Die Tora gilt rabbinisch als „Schöpfungsordnung" und ist die Ganzheit einer geheiligten Tradition. Daher wird die „schriftliche Tora" immer auch durch die „mündliche Tora" (der Tradition) ergänzt. Immer wieder findet sich in den Schriften der Aufruf, die Gesetze zu wahren – auch und gerade unter den Bedingungen der Diaspora oder Verfolgung. Es geht dabei um eine lebendige Umsetzung, nicht um eine sklavische Befolgung der Buchstaben. Fast alles, heißt es, wird von Gott eher verziehen als die Vernachlässigung des Torastudiums.

Das Judentum als Religion des Lernens

Das Lernen ist religiöse Pflicht und allgemeines Ideal, welches nicht allein für die Gelehrten gilt. Judentum und (religiöse) Bildung gehören eng zusammen. Vornehmlich Aufgabe der Eltern, besonders des Vaters, ist es, den Kindern (besonders den Söhnen) Kenntnisse zu vermitteln und die Tradition weiterzugeben. Der Lehrer spielt im Judentum eine wichtige Rolle, so auch der Rabbi als religiöser Lehrer in der Talmudschule. Das Lernen von klein auf ist Pflicht und vor allem dem Studium der Tora gewidmet, doch erhält von daher auch das Lernen im profanen Bereich einen hohen Stellenwert. Wichtig hierfür ist die hebräische Sprache. Der Auszug aus Ägypten stellte auch eine sprachliche Befreiung dar, weil Hebräisch als die Sprache Gottes und der Schöpfung gilt, quasi als die Ursprache bis zur babylonischen Sprachverwirrung. Die Verheißung kündet daher auch von der Wiederherstellung des Hebräischen als der gemeinsamen heiligen Ursprache am Ende der Zeiten. Trotzdem entstanden unter den Bedingungen der Diaspora schon früh Übersetzungen der Schriften, vor allem die griechische Septuaginta, während seit dem Mittelalter auch in der Diaspora eine Rückbesinnung auf das Hebräische stattfindet.

Tora-Schild
Silber, teilweise vergoldet, 1806, Wien, Judaika-Sammlung Max Berger

Die auf eine Pergamentrolle geschriebene Tora wird in der Synagoge in einem besonderen, mit einem Toravorhang geschmückten Schrein aufbewahrt. Auch die Torarolle selbst wird geschmückt, z. B. mit einem Mantel, der die Tora zugleich schützt, mit einer Krone, den Aufsätzen und einem Schild. Das kunstvoll gearbeitete Schild dient zur Markierung der Rollen, die zum Lesen der Wochenabschnitte oder der Texte der Feiertage benötigt werden.

Zwei Toraschüler
Gemälde von Mane-Katz, eigtl. Mane Katz, 1943, Öl/Lw, Privatsammlung

Für das Judentum sind Lernen, Bildung und Erziehung von zentraler Bedeutung. Das Lernen, die Gebote der Heiligen Schrift (Tora) zu kennen und zu verstehen, gilt als heilige Pflicht, die jedem Juden obliegt. Die Kinder werden schon von klein auf in die elementaren Kenntnisse des Lesens und des Schreibens eingeführt, in die Gebete und den wöchentlichen Abschnitt der Heiligen Schrift, der in den Gotteshäusern an jedem Sabbat vorgelesen wird.

Der Terminus „Tora" (hebr.: „torah") selbst bedeutet ursprünglich Lehre, Unterweisung oder Weisung und umfaßt wesentlich mehr als das Gesetz. Die Tora ist die göttliche Schöpfungs- und Weltordnung, so daß das Lernen der Tora und der späteren Tradition („mündliche Tora") auch das Lernen der Gesetze und Zusammenhänge der bestehenden Welt einschließt.

Bar Mizwa
Radierung bez. „Ben Ary", Wien, Judaika-Sammlung Max Berger

Mit der Vollendung seines 13. Lebensjahres gilt der Junge als religiös volljährig und ist zur Erfüllung aller Gebote verpflichtet bzw. berechtigt. Dazu findet in der Regel eine besondere Feier statt. Der Bar Mizwa („Sohn des Gesetzes") darf nun – wie hier auf dem Bild – zum ersten Mal die für einige Gebete vorgeschriebenen Gebetsriemen (Tefillin) anlegen und wird im Gottesdienst aufgerufen, um die Segenssprüche über der Tora zu sprechen. Für Mädchen gibt es heute auch eigene Bat-Mizwa-Feiern.

Die Verpflichtung auf das Gesetz

Mit 13 Jahren wird der jüdische Knabe, mit 12 das jüdische Mädchen im religiösen Sinne erwachsen, was mit der Feier der „Bar Mizwa" (= „Sohn des Gebotes") bzw. der „Bat Mizwa" (= „Tochter des Gebotes") begangen wird. Die Bar Mizwa des Knaben bedeutet, daß er den Ältesten der Gemeinde vorgestellt wird und in der Synagoge die Lesung aus der Tora vornehmen darf; die Feier für Mädchen stammt aus dem Reformjudentum des 19. Jahrhunderts. Der Jude stellt sich für alle sichtbar unter die Weisungen der Tora. Das Fest beim Eintritt in die religiöse Volljährigkeit beweist die Freude an den Geboten Gottes, die mehr als bloßen Gesetzesgehorsam meint und Dankbarkeit gegen Gott, der die Menschen führt, ausdrückt. Die Gebote für das alltägliche Handeln gemäß den Weisungen der Tora heißen „Halachot" (von hebr. „halak" = gehen, also Wegweisung).

Schwierigkeiten bereitet die Frage nach der genauen Reichweite der Gebote der Tora im täglichen Leben und die Frage, wieweit sie mit den politischen oder jeweiligen Landesrechten in Einklang zu bringen sind. Spätestens seit der Französischen Revolution, dem Josephinismus und dem Code Napoleon, als die Juden in den verschiedenen Ländern Europas das volle Bürgerrecht erhielten, spitzte sich diese Frage zu nach dem Grad der Integration der Juden ins bürgerliche Staatsleben. Im 19. Jahrhundert sahen neoorthodoxe und konservative jüdische Kreise die Gefahr einer Aufweichung der jüdischen Rechtsauffassungen bei zu starker Assimilation. Mit der politischen Emanzipation der Juden wurde die Frage von Integration immer dringlicher und provozierte unterschiedliche Versuche zur Definition der jüdischen Identität und Tradition.

Die Synagoge

Die Synagoge ist das religiöse Zentrum der jüdischen Gemeinde, allerdings erst seit der Diaspora. Früher war dies der zentrale Tempel von Jerusalem, der 70 n. Chr. zerstört wurde. Das griechische Wort „synagoge" bedeutet „Versammlung, Gemeinde" und meint erst sekundär den Versammlungsort. Die Synagoge war ursprünglich ein Ort der Zusammenkunft überhaupt. Heute ist sie vor allem der Ort des Gottesdienstes, der sich um die zentrale Lesung aus der Tora dreht. Die Torarollen wurden bald in einem besonderen Schrank, dem Toraschrein, aufbewahrt. Es sind stets handgeschriebene Exemplare, aufgerollt um zwei Holzstäbe und durch Toramantel und Schild geschützt; die oberen Enden der Stäbe sind mit Aufsätzen (Rimmonim), silbernen Granatäpfeln oder Kronen verziert, welche die königliche Würde der Schrift ausdrücken.

Die Synagoge hat ein Podium bzw. Lesepult (Bima) als herausgehobenen Ort für die Lesungen. Zur Lesung wird die Torarolle in feierlichem Umzug zum Pult getragen und dort entrollt. Die Lesung findet in Hebräisch statt und ist traditionell Sache der Männer; sie wird von mehreren Männern hintereinander vorgenommen. Heute spielt der Vorbeter eine besondere Rolle für den Gottesdienst, nicht aber der Rabbiner. Ursprünglich galt jeder als Rabbiner, der die Tora intensiv studiert hatte und als Gesetzeskundiger von der Gemeinde anerkannt wurde. Erst seit dem Mittelalter gibt es die besondere Rolle des Gemeinderabbiners, der vor allem Lehrer und Schiedsrichter ist und Trauungen, Begräbnisse und Beschneidungen vornimmt.

Das Gebet

Der jüdische Glaube sagt: Gott hört das Gebet des Menschen und antwortet immer, wenn auch oft nicht so, wie der Mensch dies erwartet. Das Gebet gilt als Sprechen mit Gott, als Ausdruck der menschlichen Bitten und der Dankbarkeit; es muß mit innerer Überzeugung gesprochen, aber auch zu festen Zeiten und Gelegenheiten nach bestimmten Regeln vollzogen werden (hier liegt eine besondere Nähe zum Islam). Es gibt drei Gebetszeiten: morgens, mittags und abends. Der Kern des täglichen Morgen- und Abendgebetes heißt „Schema" (mit Bezug auf Dtn. 6,4-9 und

11,13-21, sowie auf Num. 15,37-41). In der rabbinischen Epoche kam noch die Tefilah oder Amidah hinzu, die zusammen mit dem Schema morgens und abends gesprochen wird. Der Beginn des „Schema" ist stets das „Höre, Israel ..." Neben dem rituellen gibt es auch das persönliche Gebet; das Gebet wird im Judentum als „Dienst des Herzens" bezeichnet, wobei das Herz nicht so sehr Gefühl meint als vielmehr den Sitz des Verstandes und der Erkenntnis bezeichnet. Im Gebet als Zwiesprache mit Gott übersteigt der Mensch den Monolog hin zum Dialog als Pendant zum Sprechen Gottes mit dem Menschen.

DAS JÜDISCHE LEBEN

Das jüdische Jahr, die Feste und der Sabbat

Der jüdische Kalender ist ein Mondkalender von 354 Tagen, der durch Einfügung eines Schaltmonats dem Sonnenjahr angepaßt wird. Der feste Kalender sieht in 19 Jahren 7 Schaltjahre vor. In biblischen Zeiten konnte der Jahresbeginn sowohl im Frühjahr (Pesach) als auch im Herbst (Fest der Lese) sein; später hat sich der Herbst (1. Tischri) als Neujahrstermin durchgesetzt. Die jüdische Zeitrechnung beginnt seit dem Mittelalter mit der Erschaffung der Welt, wobei das christliche Jahr 1240 dem jüdischen Jahr 5000 entsprach. Das Jahr beginnt mit den 10 „ehrfurchtgebietenden" Tagen, den Tagen der Besinnung von Neujahr (1. Tischri) bis zum Versöhnungstag Jom Kippur (10. Tischri).

Das jüdische Neujahr (Rosch-ha-Schana) ist erst in der Mischna belegt. Neujahr gilt als Tag des göttlichen Gerichts: Die Bücher im Himmel werden geöffnet (Talmud), und jedes Geschöpf wird bemessen, worauf der Text des Neujahrsgottesdienstes Bezug nimmt. Dazu gehört das Blasen auf dem Widderhorn (Schofarblasen) als Erinnerung an Gericht und Buße, an das Erklingen der Gerichtsposaune.

Der Versöhnungstag (Jom Kippur) am 10. Tischri ist bereits ausführlich in der Bibel beschrieben als strenger Fasten- und Ruhetag, an dem der Mensch Gott wie ein Engel dienen soll. Es ist der Tag der Umkehr, der Sühne und der Versöhnung. Zum Zeichen der inneren Umkehr tragen viele Beter an diesem Tag ein weißes Gewand; auch die Synagoge ist in der Regel weiß geschmückt. Die Liturgie besteht aus wiederholten Sündenbekenntnissen und Gebeten um das Verzeihen Gottes (Selichot). Der Tag endet mit dem Schlußgebet Ne'ila („Verschließen") und dem Schofarblasen.

Wenige Tage nach Jom Kippur beginnt das 7 Tage dauernde Laubhüttenfest (Sukkot), ursprünglich ein Erntefest, dem sich das Fest der „Freude am Gesetz" (Simchat Tora) anschließt. Man errichtet im Garten oder auf dem Balkon eine Hütte, deren Dach mit Laub oder Zweigen bedeckt ist, und zieht für die Zeit der Festtage in diese Hütte ein. Es gilt als besonderes Freudenfest. Ähnlich ist das 7 Wochen nach Pesach gefeierte Wochenfest (Schawuot), das ursprüngliche Fest der Weinernte. Schawuot gilt als Tag des Gedenkens an das Geschehen am Berge Sinai, als Gott Moses die Gebote gab.

Das Pesach-Fest, aus dem das christliche Osterfest entstand, ist ein sehr familiäres Fest mit ausführlicher Hausliturgie. Es ist ursprünglich ein Frühlingsfest (von hebr. „passach" = springen, herumspringende Lämmer), an dem man 7 Tage lang ungesäuertes Brot (Mazzot, ungesäuerte flache Kuchen) ißt und ein Opferlamm schlachtet. Im Gedenken an den Auszug Israels aus Ägypten ist es ein besonderes Wallfahrtsfest, weshalb in biblischer Zeit an Pesach eine große Wallfahrt zum Tempel von Jerusalem erfolgte. Da alles Gesäuerte aus dem Haus entfernt werden muß, weiteten sich diese Riten allmählich zu einer umfassenden Hausreinigung als Vorbereitung auf das Fest aus. Das Fest kennt umfangreiche Tisch- und Eßgebräuche wie das Essen von Bitterkräutern und Mazzot und das Sprechen der Hallel-Psalmen (Psalmen 113 bis 118).

Das Chanukka, ein 8 Tage währendes Lichterfest zur Zeit der Wintersonnenwende, geht auf die Makkabäerzeit zurück, als der syrische König Antiochos IV. 167 v. Chr. den Tempel von Jerusalem entweihte, der nach dem Makkabäeraufstand mit einem feierlichen Opferfeuer 164 v. Chr. wieder eingeweiht wurde. Das Fest steht im Zusammenhang mit einem Lichtwunder, wonach ein einziges kleines Ölkrüglein, das rituell rein geblieben war, damals 8 Tage lang während des ganzen Festes der Tempelweihe brannte. Während der Festtage werden Lichter angezündet und in die Fenster gestellt, woraus sich im Gedenken der Brauch des verzierten Chanukka-Leuchters mit 8 Kerzen entwickelt hat.

Im Gedenken an die göttliche Errettung wird das Purim-Fest gefeiert. Das Buch Ester berichtet, wie mit Gottes Hilfe der Plan des persischen Wesirs Hamann zur Vernichtung aller Juden an einem durch Los (pur) bestimmten Tage durch Ester, die jüdische Gemahlin des Perserkönigs, und ihren Pflegevater Mardochai vereitelt wurde. Die Festtage werden mit reichlich Essen und Trinken,

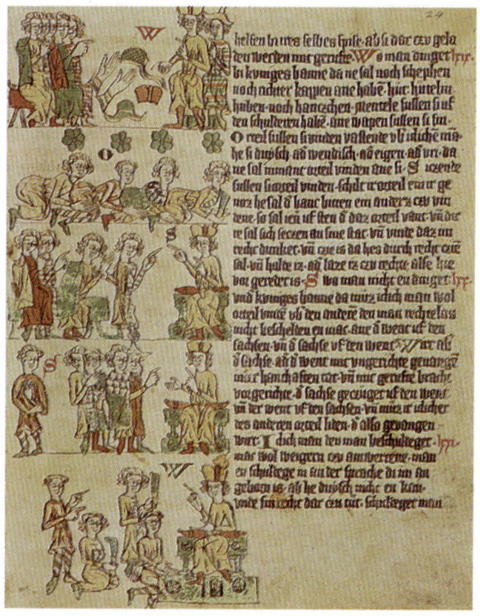

Juden im europäischen Mittelalter
aus: Sachsenspiegel, Heidelberger Hs., Buchmalerei, um1300/1315, Pergament

Der Brauch, Andersgläubige durch bestimmte Kennzeichen an der Kleidung zu äußerlicher Unterscheidbarkeit zu zwingen, ist erstmals im 7. Jh. bei islamischen Herrschern festzustellen. Im Abendland forderte Papst Innozenz III. eine solche Kenntlichmachung im Jahre 1215. Hierfür gab es zahlreiche lokale Sonderbestimmungen. Weit verbreitet war der spitze Hut, der ursprünglich ein jüdisches Kleidungsstück war, jedoch mehr und mehr zum Stigma wurde. Seit dem 15. Jh. mußten Männer zusätzlich gelbe Flecken an der Brust und Frauen blaue Fäden an der Kopfbedeckung tragen. Der aufgeklärte Absolutismus des 18. Jh. schaffte die Kennzeichen an der Kleidung ab. Der Nationalsozialismus ordnete im Rahmen seiner Entrechtungs- und Verfolgungsmaßnahmen im Jahre 1940 für die Juden das Tragen des Gelben Davidsterns an.

Chanukka-Leuchter
Georg Wilhelm Marggraff, um 1776, Silber, massiv, getrieben, gegossen, graviert, Berlin, Stadtmuseum Berlin, Jüdisches Museum

In Erinnerung an das überlieferte Lichtwunder bei der Wiedereinweihung des geschändeten Tempels in Jerusalem 164 v. Chr. werden zu Chanukka achtarmige Leuchter verwendet. Nach der Überlieferung hätte die geringe Ölmenge, die noch da war, nur einen Tag als Brennstoff für den Tempelleuchter genügt. Doch das Öl soll 8 Tage gereicht haben, bis neues Öl hergestellt war. So wird an jedem Abend des 8tägigen fröhlichen Festes ein weiteres Licht entzündet, bis alle 8 Lichter brennen.

Traditionelle jüdische Hochzeit
zeitgenössisches Foto aus Israel

Maskenumzügen und Purim-Spielen begangen. Es werden Purim-Geschenke verteilt und traditionelle Mohntaschen, die sogenannten „Hamann-Ohren", gebacken.
Besonders charakteristisch für das Judentum ist die Einhaltung der Sabbatruhe. Der Sabbat ist als 7. Tag der Woche ein geheiligter Ruhetag. Er ist – genau wie der christliche Sonntag und der islamische Freitag – mit dem Ruhen Gottes nach der Schöpfung und darüber hinaus für das Judentum mit dem Gedenken an die Befreiung Israels aus der Knechtschaft der Ägypter verbunden. Bis heute ist es teilweise umstritten, welche Tätigkeiten die Sabbatruhe untersagt bzw. welche davon ausgenommen sind. Wesentlich am Sabbat ist aber nicht das äußerliche Nichtstun, sondern die innerliche Einkehr, das Innehalten und die Besinnung auf die eigene Tradition. Der Sabbat ist ein kraftgebendes Symbol des Judentums. Das Sabbatmahl, dessen Speisen am Vortage zubereitet werden, soll besonders würdig gestaltet werden. Am Ende des Tages wird der Sabbat mit bestimmten Segensbräuchen (Habdala = „Trennung" von Sabbat und Wochentagen) feierlich verabschiedet.

Haus, Kleidung und Speisegesetze

Das jüdische Haus hat am rechten Türpfosten des Eingangs einen kleinen Behälter mit Pergamentröllchen, die Mesusa (wörtl.: „Türpfosten"), auf denen der Text Dtn. 6,4-9 („Höre, Israel ...") und Dtn. 11,13-21 steht. Die Mesusa ist schon sehr früh bezeugt. Die Kleidung vor allem der osteuropäischen Juden, die heute vorwiegend noch von streng orthodoxen chassidischen Juden getragen wird, besteht aus einem schwarzen Kaftan und einer Pelzmütze (Streimel). Fromme Juden tragen außerdem einen kleinen Gebetsmantel (Tallit) über dem Gewand. Bei bestimmten Gebeten in der Synagoge oder zu Hause trägt der Mann Gebetsriemen (Tefillin, von hebr. „tefilla" = Gebet), Lederriemen, an denen kleine Behälter mit Bibeltexten befestigt sind. Die Kopfbedeckung beim Gebet wird in Form eines kleinen, meist schwarzen Käppchens, der Kippa, getragen. Die religiöse Haartracht, langer Bart und Schläfenlocken, wird in orthodoxen Kreisen (gemäß Lev. 19,27) nicht gekürzt und betont die Ewigkeit der göttlichen Gebote.
Die jüdischen Speisegesetze sind der wesentliche Bereich der Kaschrut, was „Tauglichkeit, rituelle Eignung" bedeutet (daraus jiddisch „koscher"). Sie sehen eine strenge Trennung von reinen und unreinen Tieren vor und ein besonderes Verbot von Schweinefleisch. Dies wird ursprünglich hygienische Gründe gehabt haben (Trichinen), diente aber auch der Abgrenzung gegen andere Religionen. Die Reinheit bezieht sich jedoch nicht auf die Tiere selber, sondern bedeutet Reinheit vor Gott; nur von reinen Tieren darf gegessen werden, und nur reine Tiere durften Gott geopfert werden. Außerdem besteht ein strenges Verbot, Blut zu genießen, da Blut Leben bedeutet und früher sogar als Sitz der Seele galt; daher müssen die Speisetiere „geschächtet", also durch speziellen Halsschnitt getötet und vollständig ausgeblutet sein. Hierin drückt sich eine Scheu vor dem Verletzen oder Töten lebender Tiere aus, da der Schrift zufolge (Gen. 1,29) der Mensch ursprünglich nur pflanzliche Speisen zu sich nahm. Der Islam hat diese Gesetze in ihrer ganzen Strenge übernommen.
Weiterhin ist die Nutznießung oder der Genuß von Fleisch in Verbindung mit Milch verboten. Die Speisegesetze waren lange Zeit ausgedehnt auf die Ablehnung bestimmter nicht-jüdisch zubereiteter Speisen („nicht koscher") und das Für-sich-Bleiben der Juden bei den Mahlzeiten. Wichtig sind das Händewaschen vor dem Essen und die Segnung der Speisen durch den Hausvater, während das eigentliche Tischgebet ein Dankgebet ist und erst nach dem Essen erfolgt.

Die Sorge um die „letzten Dinge" – Tod und Begräbnis

Das Judentum hat eine große Ehrfurcht vor der Totenruhe und der Unversehrtheit der Toten und verbietet eigentlich jede Autopsie; doch ist diese Regel heute weitgehend gelockert. Wegen der „Rückkehr zur Erde", aus welcher der Mensch stammt (Gen. 3,19), kennt das Judentum auch keine andere als die Erdbestattung. Traditionell findet das Begräbnis (gemäß Dtn. 21,23) noch am Todestage oder dem Tag danach statt; auch dies verschiebt sich heute teilweise. Beim Begräbnis reißen die Hinterbliebenen zum Zeichen der Trauer ein Kleidungsstück – heute meist ein symbolisches Band – ein und beten das „Kaddisch", ein aramäisches Gebet, das vor allem als Bitte für das Heil des Verstorbenen gesprochen wird. Die zahlreichen Riten des Totengedenkens und der sichtbaren Trauer sind zeitlich gestuft.

Lohn und Strafe

Das Judentum entwickelte den Gedanken von der göttlichen Gerechtigkeit als System von Belohnung und Bestrafung, was Christentum und Islam später übernahmen. Dahinter steht der

Glaube an eine ausgleichende und vergeltende Gerechtigkeit, welcher von der Idee des gerechten Gottes, aber auch Gottes als eines Richters, herrührt. Dies führte notwendig zu Jenseitsvorstellungen, die in den älteren Teilen der Bibel noch nicht entwickelt sind. Doch gehen sie zurück auf Gottes Spruch zu Moses, er werde diejenigen, die gegen ihn sündigen, „aus seinem Buche tilgen" (Ex. 32,33). Das Judentum ist sich der Schwierigkeiten um die Vielfältigkeit der Heilsvorstellungen für die Gerechten – als Paradies, als Kommen des Messias bzw. Leben in seinem Reich, als Auferstehung der Toten, als Lohn im irdischen Leben – bewußt.
Beim Judentum kommt als wesentlich noch das Leben im Lande der Verheißung hinzu. Das Idealbild von der gerechten Vergeltung der im irdischen Leben begangenen Taten wird von einer Hoffnung getragen, die vielen irdischen Erfahrungen – etwa daß der Gerechte leidet und es dem Sünder wohlergeht – zuwiderläuft. Es speist sich aus der Gewißheit, daß Gott die Herzen prüft, wobei das Judentum auch den „leidenden Gerechten" in der Welt bejaht.

Jenseits und Auferstehung

Der Glaube an ein Leben nach dem Tode als andauernde Verbindung des Gerechten mit Gott hat sich mit der Zeit deutlich ausgebildet. Die frühe jüdische Literatur kennt keine Systematisierung oder Dogmatisierung der Jenseitserwartungen, auch nicht, wieweit die Auferstehung leiblich zu verstehen ist. Der Auferstehungsgedanke ist verbunden mit der Teilhabe am messianischen Reich; wo dieses „materiell" verstanden wurde, etwa als Wohnen im Lande der Verheißung, glaubte man an eine leibliche Auferstehung. Nüchternere Tendenzen konzentrieren sich auf die geistigen Freuden der Auferstandenen.
Umstritten ist auch, ob alle Menschen an der Auferstehung teilhaben oder ob Sünder und Verdammte nicht mit auferstehen werden. Die Textstellen der Bibel hierzu sind uneinheitlich, das Judentum kennt ursprünglich keine Zwei-Naturen-Lehre oder doppelte Prädestination. Die Pharisäer glauben nur an die Auferstehung der Gerechten, der Talmud nennt Gruppen, die der Auferstehung nicht teilhaftig werden: Überhebliche und Unwissende, das Geschlecht der Sintflut, die Rotte Korah und bestimmte Einzelpersonen. In der rabbinischen Literatur findet sich der Gedanke, daß derjenige, welcher die Auferstehung leugnet, nicht mit auferstehen wird.

ESCHATOLOGIE UND MESSIASERWARTUNG

Hoffen auf Erlösung

Eschatologie und Messianismus sind im Judentum eng verbunden, wenn sie auch nicht notwendig zusammenfallen. Die Eschatologie ist durch den Gedanken bedingt, daß Gott der Erste und der Letzte ist, Geschichte sich also zwischen Schöpfung und Vollendung vollzieht. Gott hat das Volk Israel aus der Knechtschaft heraus durch seine Geschichte geführt, er wird es auch zur Erlösung führen. Das Judentum ist eine Geschichtsreligion par excellence, die Geschichte wird unter Gottes Führung zur Heilsgeschichte. Daher kennt das Judentum (im Gegensatz zum Christentum) keine Trennung von profaner und Heilsgeschichte. Aus der Erkenntnis Gottes als des Ersten kommt die Hoffnung auf Gott als den Letzten.
Die Lehre vom Messias steht im Zentrum der jüdischen Religion der Hoffnung. Der Glaube gibt die Kraft zur Hoffnung, und der gläubige Jude kann geradezu als der „hoffende Mensch" definiert werden. Schwierigkeiten bereitet die Frage nach dem historischen Zeitpunkt des „Eintretens" des messianischen Zeitalters in der Geschichte. Das Verhältnis von Kommen des Messias und Bereitschaft des Menschen für sein Kommen hat die jüdischen Denker aller Zeiten bewegt, in diesem Jahrhundert besonders Ernst Bloch, Walter Benjamin und Gerschom Scholem.
Mit Schmarjahu Talmon kann man im jüdischen Denken einen „restaurativen Messianismus", der sich an einem „Goldenen Zeitalter" am Beginn der Geschichte Israels orientiert, etwa am Reich König Davids, von einem „utopischen Messianismus" unterscheiden, der ein universelles Reich des Friedens, der Liebe und der Gerechtigkeit erwartet, mit historisch noch nicht dagewesenen Zügen. Doch gibt es auch die Verschmelzung beider Positionen, etwa in der Lehre vom „kommenden Friedensfürst". Der restaurative Messianismus artikulierte sich seit dem 19. Jahrhundert besonders im Zionismus und der Staat-Israel-Bewegung, der utopische Messianismus vor allem in verschiedenen Varianten des Sozialismus und Kommunismus mit starker Heilskomponente (teilweise schon bei Karl Marx, besonders aber bei Leo Trotzkij, Rosa Luxemburg, Gustav Landauer, Kurt Eisner, Ernst Bloch u. a.).
Der Messianismus ist tragendes Element des nach-biblischen Judentums, bezieht sich aber auf Aussagen der Bibel. Die talmudische Tradi-

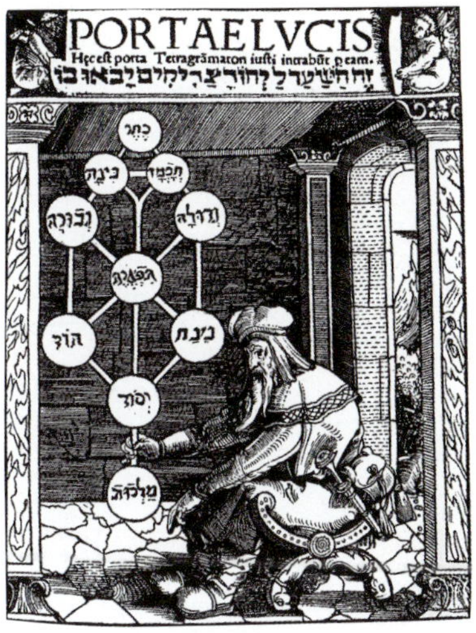

Sephirotischer Baum (Kabbala)
aus: Paulus Ricius, Porta Lucis, Holzschnitt, Augsburg, 1516

Kabbala ist seit dem 13. Jh. die Bezeichnung für die jüdische Mystik, deren Ziel das mystische Einssein mit Gott, die geistige Erkenntnis der letzten Verborgenheiten ist. Mit Hilfe von Buchstaben und Zahlen wird in jedem Satz und Zeichen der Bibel ein verborgener Sinn aufgespürt. Zentral ist die Lehre von den 10 Sphären der Welt (Sephirot), die häufig in Form eines Baumes oder Menschen dargestellt sind.
Die 10 Sphären des Sephirotischen Baumes stehen in der Kabbala für die 10 Urzahlen oder Schöpfungspotenzen bzw. (im kabbalistischen „Buch Bahir") für die 10 emanierten Wirkkräfte Gottes, deren Wechselwirkungen in einer bestimmten Anordnung alle weltlichen Geschehnisse bestimmen, aber durch den Glauben und den Tora-Gehorsam des Volkes Israel positiv beeinflußt werden können.

Grabstein des Rabbi Löw auf dem Alten Judenfriedhof in Prag

Masada, Luftaufnahme der Festung
Fotografie 1980

Die einstige Bergfestung Masada liegt am Westufer des Toten Meeres und ist heute ein nationales Symbol Israels. Hier werden auch die Rekruten vereidigt und gemeinschaftliche Bar-Mizwa-Feiern veranstaltet.
Nachdem im Jahre 70 n. Chr. die Heilige Stadt Jerusalem und der Tempel durch römische Truppen zerstört und die Bevölkerung vertrieben worden war, zogen sich den Berichten von Flavius Josephus zufolge über 900 Männer, Frauen und Kinder auf die Festung Masada zurück. Drei Jahre lang leisteten sie hier zähen Widerstand. Bevor es den Römern gelang, in die Festung einzudringen, töteten sich die Widerstandskämpfer selbst, um nicht in Gefangenschaft zu kommen.

tion unterscheidet zwei Messias-Figuren (Typen): den Messias Ben-Joseph, der ein leidender und unterliegender Messias ist, und den Messias Ben-David, den Sohn Davids, der ein triumphierender und sieghafter Messias ist; wobei der Messias Ben-Joseph als Vorläufer des Messias Ben-David gilt. Das Judentum erwartet vom Messias die Erlösung von allem Leiden und allem Bösen. Die Erlösung muß ein öffentlich sichtbarer und spürbarer Vorgang sein – die Geschichte kann nach dem Auftreten des Messias mit ihren Kriegen, Ungerechtigkeiten und Leiden nicht einfach so weiterlaufen wie bisher. Nach Schalom Ben-Chorin erwartet das Judentum den Kommenden, nicht den Wieder-Kommenden (wie etwa das Christentum Jesus Christus).
Besonders seit dem 19. Jahrhundert erfuhr der jüdische Messianismus in Gestalt des Zionismus und des Sozialismus bzw. Marxismus eine starke Säkularisierung ohne völlige Aufgabe seiner „Inhalte". Der jüdische Messianismus muß sich an dem Reich erweisen, das er bringt oder heraufführt; so spricht etwa Moses Hess (1812-1875) von der Heraufkunft des Messianischen Tages als des „Geschichtssabbats". Auch für Denker wie Hermann Cohen (1842-1918) und Walter Benjamin (1892-1940) ist der Messianismus eine geschichtsphilosophische Kategorie.
Eschatologie und Messianismus gehören zusammen, weil für das Judentum auch Geschichte und Heilsgeschichte zusammengehören: Das „Königtum Gottes" (Martin Buber) muß ein sichtbares Reich sein. Das Reich des Messias wird als ein Königreich des „gesalbten Königs" (Ha-Melech Ha-Maschiach) gedacht, unabhängig davon, daß die geschichtlichen Könige Israels – außer David vielleicht – keine Idealgestalten waren. Insgesamt gesehen ist der Messianismus zwar ein Herzstück des jüdischen Glaubens, jedoch nicht so vordergründig und deutlich auf eine bestimmte historische Gestalt hin angelegt (wie etwa das Christentum auf Jesus Christus). Dies ist schon daran zu erkennen, daß auch der Messias in den jüdischen Schriften verschiedene Namen hat.

DIE GESCHICHTE DES VOLKES ISRAEL

Die biblische Zeit

Die Geschichte Israels ist unlösbar mit dem Raum und der Zeit des Vorderen Orients, besonders Palästinas, verknüpft. Prägend ist die Kultur des Zweistromlandes Mesopotamien und des „Fruchtbaren Halbmondes" mit seinen entwickelten Hochkulturen (Hethiter, Sumerer, Babylonier, Assyrer u. a.), wobei eine besondere Verbindung zu Ägypten und der Landschaft des Nils besteht. Doch wurde die nomadische Stammeskultur des frühen Israel mit ihren Landnahmen, Weiterzügen und Vertreibungen auch durch die Wüste geprägt. Die Nachbarschaft der beherrschenden Reiche Ägyptens, Assyriens und Babyloniens führte mehrfach zu einem direkten Eingreifen dieser Reiche in die Geschichte Israels.
Das Werden Israels ist im AT mit der Sintflutsage verknüpft, wonach der Überlebende Noah zum Stammvater einer neuen Menschheit wird. Sein ältester Sohn Sem gilt als Vater der nach ihm benannten semitischen Völker, zu denen auch die Araber gehören, und gilt als Vorfahre Abrahams. Seine Enkel Jakob und Esau sind die Stammväter verschiedener Stämme, wobei „Israel" als Stammesverband sich von Jakob herleitet. Das sogenannte „Zeitalter der Patriarchen" ist historisch nur schwer faßbar. Wichtig ist, daß sich in dieser Periode die Seßhaftwerdung und die Abkehr von den bisherigen Lokalgöttern zugunsten des Einen Bundesgottes Jahwe vollzog.
Die Verbindung mit Ägypten wird dadurch dokumentiert, daß von den 12 Söhnen Jakobs, welche für die späteren 12 Stämme Israels stehen, der Sohn Joseph nach Ägypten verkauft wurde. Der Aufenthalt in Ägypten wurde beendet durch den Auszug des Volkes Israel unter Moses; dieses Geschehen ist stark an die „Identität" des Volkes Israel über Dekalog und Landverheißung (Buch Exodus) gekoppelt. Gott bekräftigte den Bundesschluß und wurde selber „seßhaft" im Gottesberg Sinai. Der Stamm Levi wurde als Stamm der Priester (Leviten) herausragend. Das Territorium wurde abgesteckt, indem die Stäm-

me Israels in das West- und Ostjordanland (Palästina) vordrangen, was mit der Vertreibung bzw. dem Sieg über andere Stämme einherging (Buch Josua). Die Autorität des Josua als Nachfolger des Moses sicherte die Landverteilung. Der Kampf gegen die Kanaaniter wurde immer als Sieg des Gottes Jahwe über die feindlichen Götter dargestellt. Es blieb bei der Gliederung des Volkes Israel in die 12 Stämme mit verschiedenen Territorien. Das Zusammenleben der Stämme in der vorstaatlichen Zeit ist die „Zeit der Richter". In einzelnen Stämmen tauchten überragende Persönlichkeiten auf, deren bedeutendster charismatischer Führer Gideon war (Buch der Richter).

Aus den organisatorischen Schwierigkeiten der Stammeskultur kommt es zu einer Einheitsbildung als Königreich unter den großen Königen Saul, David und Salomon. Das Königtum Sauls, der eigentlich ein Heerkönig war, erfolgte sowohl durch die Designation Jahwes (des göttlichen Willens) als auch durch Akklamation des Volkes bzw. der Stämme. David gilt als die königliche Idealgestalt, der das Reich durch überlegene Organisation festigte und Jerusalem als Reichszentrum auch religiös eine besondere Bedeutung gab, obwohl er eigentlich in Personalunion zwei Reiche regierte: das Nordreich Israel und das Südreich Juda. David soll 40 Jahre lang regiert haben, die Zeit wird mit etwa 1004–964 v. Chr. angegeben. Sein Sohn Salomo ist der König des Friedens und der Gerechtigkeit („Salomonisches Urteil"), der die Handelsbeziehungen zu den Nachbarreichen ausbaute und den Tempel von Jerusalem – den Tempel Salomos – errichtete. Seine Regierungszeit wird auf etwa 964–926 v. Chr. angesetzt.

Die folgende Zeit war von Wirren und inneren Machtkämpfen geprägt, die in den Königsbüchern beschrieben werden. Es erfolgte die Teilung des Gesamtreiches in die Reiche Israel (Nord) und Juda (Süd) mit je eigenen Königslinien, wobei das Reich von Israel insgesamt labiler war als das Reich von Juda. In beiden Reichen herrschten zeitweise Könige von zweifelhaften Fähigkeiten (Erbdynastien), weshalb auch in diese Zeit das Auftreten vieler Propheten fiel, welche Unheil ankündigten. Beide Reiche gerieten politisch in den Schatten des aufstrebenden assyrischen (syrischen) Großreiches und wurden in seine expansive Politik hineingezogen. So wurde der Staat Israel im Jahre 733 v. Chr. durch militärische Besetzung faktisch zu einer assyrischen Provinz – Reste seiner Selbständigkeit wurden 722 v. Chr. beseitigt –, während sich Juda in einer schwierigen Lage selbständig halten konnte, doch von den Assyrern stets hart bedrängt blieb. Ende des 7. Jahrhunderts v. Chr. begann der langsame Niedergang Assurs und der Aufstieg Babylons, was zunächst zu einer Befreiung Judas aus der assyrischen Umklammerung führte (Restaurationsperiode unter König Josia, 640–609 v. Chr.). Unter dem babylonischen König Nebukadnezar (605–562 v. Chr.) wurde das Königreich Juda mit der Hauptstadt Jerusalem 587/86 erobert und die Juden in die „Babyloni-

Pogrome: Die Plünderung der Judengasse in Frankfurt 1614
aus: Johann Ludwig Gottfried, Chronica, kolorierter Kupferstich von Matthäus Merian, Frankfurt 1619; neukoloriert

Immer wieder kam es in der Geschichte zu falschen Anschuldigungen gegen die Juden, in deren Folge sie aus deutschen Städten, wo sie oftmals nur in abgegrenzten, schlechten Wohnvierteln leben durften, vertrieben wurden. Wider besseres Wissen wurden sie vielerorts des Ritualmordes, der Hostienschändung, der Brunnenvergiftung oder der Pestverbreitung angeklagt. Jedes Mittel war ihren Gegnern recht, sich blutig zu rächen. So wurde auch immer wieder verbreitet, daß der Talmud Mord an Christen als religiöse Vorschrift fordere. Als „Beweis" für diese Anschuldigungen genügte es, wenn ein christliches Kind vermißt wurde. Auch für ökonomische Notsituationen wurden sie verantwortlich gemacht. So wurde ihnen 1614 durch Vertreter der Frankfurter Zünfte Zinswucher vorgeworfen und die Judengasse geplündert.

Theodor Herzl (1860-1904)
Porträtaufnahme um 1900

Der Journalist und Schriftsteller Theodor Herzl ist der Begründer des Zionismus. Unter dem Eindruck der Dreyfus-Affäre in Frankreich gelangte er zu der Auffassung, daß sich die Juden als Nation konstituieren und einen eigenen Staat gründen müßten. Sein 1896 erschienenes Werk „Der Judenstaat" gab den Anstoß zur Gründung der zionistischen Bewegung. Als Präsident der Zionistischen Weltorganisation führte er zahlreiche Verhandlungen mit Politikern und schuf so bereits wesentliche Voraussetzungen für die Gründung des Staates Israel 1948.

sche Gefangenschaft" geführt. Die Zeit des babylonischen Exils bis 538 v. Chr. bedeutete eine schwere Identitätskrise für das Judentum. Die Propheten mahnten zur Beibehaltung des Jahwe-Glaubens. Mit der Vorherrschaft der Perser (nach 539 v. Chr.) durften die Juden in ihre Heimat zurückkehren. Zwar blieb der gesamte Kulturraum unter persischer Oberhoheit, doch erhielten die Juden religiöse Autonomie; in Jerusalem wurde der von Nebukadnezar zerstörte Tempel Salomons neu aufgebaut und 515 geweiht. Im Innern wirkten die Volksführer Esra und Nehemia für eine Rückkehr zum orthodoxen Glauben und eine Neuordnung der Verhältnisse.
Die Zeit der beginnenden Vorherrschaft der Griechen und Alexanders des Großen wird im AT kaum dokumentiert, doch behaupteten sich die Juden zwischen Persern und Ägyptern, während das Land in die beiden Verwaltungsprovinzen (Jerusalem-)Juda und Samaria aufgeteilt wurde. Da es keine Königsdynastie mehr gab, nahm die Bedeutung der Hohenpriester zu, welche eigene Dynastien bildeten und für eine gewisse Erstarrung der gesetzlichen Vorschriften verantwortlich waren. Bei der Teilung des Alexanderreiches nach 323 v. Chr. geriet das Land Israel zwischen die rivalisierenden und sich bekämpfenden Dynastien der ägyptischen Ptolemäer und der syrischen Seleukiden. Von den Wirren dieser Zeit berichtet das Buch Daniel.
Schließlich besetzten die Seleukiden das Land und die Stadt Jerusalem. Die Juden erhielten zunächst weitgehende religiöse und kulturelle Autonomie, bis Antiochos IV. Epiphanes (175-164 v. Chr.) Versuche zur gewaltsamen Hellenisierung der jüdischen Kultur und Religion unternahm. Diese provozierten den Aufstand der Juden, welcher nach dem führenden Hohepriester-Geschlecht als „Makkabäer-Aufstand" bezeichnet wird. Er entzündete sich am Verbot der Opfer im Tempel von Jerusalem. In den kriegerischen Auseinandersetzungen (168–164 v. Chr.), besonders unter Judas Makkabäus, blieben die Juden siegreich und stellten den Kult wieder her.
142 v. Chr. etablierte sich die Herrschaft der Hohenpriester und Volksführer (zuletzt Könige) aus der Dynastie der Hasmonäer (bis 40 v. Chr.), während der gesamte Kulturraum nach und nach als Provinzen unter römische Herrschaft geriet. Die Juden waren in anhaltende kriegerische Auseinandersetzungen und Aufstände verwickelt; literarisch entstanden in dieser Zeit verschiedene apokalyptische Visionen, die bis in die Johannes-Apokalypse des NT hineinwirken. Es bildeten sich zahlreiche Sekten wie die Essener von Qumran. Höhepunkt dieser Kulturepoche war die Herrschaft von Herodes dem Großen (37-4 v. Chr.) und seiner Nachfolger mit Billigung Roms. Erhebungen gegen die Steuerabgaben und religiösen Forderungen Roms, wie die Opferung vor dem Bildnis des Kaisers, führten zu einer Strafexpedition unter Titus, bei der 70 n. Chr. große Teile Jerusalems und der Tempel zerstört wurden und die „Zerstreuung der Juden in alle Länder" (Diaspora) begann. Der letzte große Aufstand Judäas gegen die Römerherrschaft fand 132-135 n. Chr. unter Bar-Kochba statt.

Die nachbiblische Zeit

Das nachbiblische Judentum ist geistig nicht nur von der Auseinandersetzung mit dem Hellenismus, sondern auch mit Christentum und Gnosis und später auch mit dem Islam geprägt, wobei die gegenseitige Beeinflussung vielschichtig ist. Im 1. und 2. Jahrhundert n. Chr. entstanden die jüdischen Apokryphen und apokalyptische Texte, und eine messianische Naherwartung beseelte besonders den Bar-Kochba-Aufstand. Die rabbinische Tradition (Mischna, Babylonischer Talmud) sicherte den geistigen Zusammenhalt der Juden unter den Bedingungen der Diaspora. Schon in der Antike, auch bei den Griechen und Römern, gab es teilweise starke antijüdische Ressentiments; den Juden wurden ihre kultische Eigenständigkeit und die Radikalität und Ausschließlichkeit ihres Monotheismus vorgeworfen. Gegen Ende der Antike lebte ein Großteil der Juden noch im Vorderen Orient, aber viele waren auch in den Mittelmeerraum und nach Südeuropa ausgewandert.
In Europa waren die Juden wellen- und epochenweise der zunehmenden Unduldsamkeit und dem Missionseifer des Christentums ausgesetzt und lebten bereits im späten Mittelalter in den Städten weitgehend ghettoisiert. Im frühen Islam, besonders in Spanien, wurden die Juden dagegen im allgemeinen tolerant behandelt, konnten verschiedene Staatsämter bekleiden (seit dem 10. Jahrhundert gab es in Cordoba die offiziellen „Hofjuden"), waren als Ärzte und Gelehrte hochangesehen und nahmen am philosophischen Diskurs des (islamischen) Mittelalters aktiv teil. Ihr bedeutendster Denker war Moses Maimonides (1135-1204), der auch sehr viel zur Systematisierung und Ausformulierung des jüdischen Glaubens beitrug.
Schweres Leid traf die Juden in Europa und im Vorderen Orient zur Zeit der Kreuzzüge seit Ende

des 11. Jahrhunderts. In vielen mitteleuropäischen Städten kam es zu Pogromen, Brandschatzungen, Zwangstaufen und Verfolgungen. 1205 erfolgte ein deutlich antijüdisches Schreiben des Papstes, welches die Juden als „Sühne" für den Mord an Jesus Christus zu „ewigen Sklaven" erklärte. Daraufhin erfolgten Kleiderverordnungen und andere Diskriminierungsmaßnahmen (Kammerknechtschaft, Zwangstaufenverordnungen), und viele Städte praktizierten eine finanzielle Erpressung ihrer Juden. Im mittelalterlichen Europa waren die Juden aufgrund ihres weitgehenden Ausschlusses von öffentlichen Ämtern und vielen Berufszweigen (Zünften) vor allem als Geld- und Pfandleiher (Zinsgeschäft) und als Händler tätig. Seit dem 14. Jahrhundert und besonders nach der Vertreibung der Mauren 1492 nahm auch die Verfolgung und Bedrängung der großen Judengemeinden in Spanien zu. Viele der dortigen Juden waren zur Auswanderung in den Maghreb oder den Orient gezwungen.

Zwischen dem 16. und 18. Jahrhundert entstand im Judentum, angeregt von den mystischen Traditionen der mittelalterlichen Kabbala, eine Reihe von messianischen Bewegungen mit charismatischen Führern, deren bekanntester der aus Smyrna stammende „Messias" Sabbatai Zwi (1626-1676) war. Der „Sabbatianismus" wurde von Schülern und Gefolgsleuten Zwis auch nach Westen getragen und verbreitete sich besonders in Polen und im Habsburgerreich. In Osteuropa entstand im 18. Jahrhundert als Verinnerlichungs- und Frömmigkeitsbewegung der Chassidismus, der eigene Gemeinden im Judentum bildete und von orthodoxen Rabbinern bekämpft wurde. Trotzdem übte er auf das Judentum Osteuropas eine große Anziehungskraft aus.

Seit Ende des 16. Jahrhunderts (bis zum 18. Jahrhundert) betrauten auch der Wiener und einige deutsche Höfe sogenannte „Hofjuden" mit der Abwicklung ihrer Finanzgeschäfte. Das Zeitalter der Aufklärung brachte in mehreren Ländern die öffentliche und rechtliche Gleichstellung der Juden, vor allem durch die Zivilgesetzgebung des Code Napoléon. Gegen diese rechtliche Gleichstellung und Integration der Juden regte sich in Westeuropa nach dem Wiener Kongreß von 1815 ein zunächst bloß publizistischer Widerstand in üblen antisemitischen Pamphleten und Rassentheorien, dem sich in Deutschland und Frankreich zahlreiche Univer-

Juden vor ihrem Verkaufsstand in Lodz
Foto um 1915/16, aufgenommen während der deutschen Besatzung Polens im 1. Weltkrieg

Die in der Mitte des 19. Jh. nach Lodz eingewanderten Juden trugen das Hauptverdienst an der raschen Entwicklung der Lodzer Textilindustrie. Bald gründeten sie selbst kleine Betriebe oder übten Handel aus. Jüdische Arbeiter waren auch in der Handweberei tätig.
Das osteuropäische Judentum bildete in Städten wie Warschau, Lodz, Lublin, Kaunas, Riga, Wilna u. a. eine eigenständige Kultur und Tradition aus, die größtenteils durch deutsche Truppen im Bunde mit dortigen antisemitischen Kräften während des 2. Weltkrieges zerstört wurde.

Blick auf das Eisenbahntor des Vernichtungslagers Auschwitz-Birkenau
Foto 1945

Auschwitz, das größte deutsche Konzentrations- und Vernichtungslager, ist im allgemeinen Sprachgebrauch zum Synonym für die rassistische Vernichtungspolitik der Nationalsozialisten gegenüber den Juden Europas geworden. Die Todesfabrik, die in der menschlichen Geschichte einzigartig war, wurde allein dafür errichtet, ständig ausgebaut und modernisiert, um menschliches Leben bestialisch auszulöschen. 1942 begann hier der fabrikmäßige Mord. In den als Duschräumen getarnten Gaskammern wurden täglich bis zu 6000 Menschen durch Zyklon B ermordet, insgesamt mehr als eine Million Menschen allein hier in Auschwitz-Birkenau. Sie kamen aus fast allen von den deutschen Truppen während des 2. Weltkriegs besetzten Staaten Europas. Heute ist der Ort eine Mahn- und Gedenkstätte für die Verbrechen, die am jüdischen Volk im 20. Jh. begangen wurden.

Klagemauer in Jerusalem
westliche Stützmauer des Tempelplatzes, errichtet nach 20. v. Chr.

Die Westmauer, auch Klagemauer genannt, ist der einzige noch stehende Rest der Umfassungsmauer des Herodianischen Tempels. Seit dem 16. Jh. ist sie zentraler Ort der Versammlung und des Gebets der Juden, aber auch der Klage über den Untergang des Tempels im Jahre 70 n. Chr. Die Klagemauer, an der heute auch Bar-Mizwa-Feiern stattfinden, ist zu einem nationalen Symbol geworden, nachdem die israelische Regierung nach dem Sechs-Tage-Krieg von 1967 die angrenzenden Häuser abreißen und das Areal vor der Klagemauer zu einer Heiligen Stätte umgestalten ließ.

sitätsangehörige und konservative Intellektuelle anschlossen. In Osteuropa hatte sich die Emanzipation der Juden niemals durchgesetzt, und während des 19. Jahrhunderts war die jüdische Bevölkerung besonders im polnischen und russischen Einflußbereich immer wieder Pogromen ausgesetzt.

In Deutschland, Österreich und Frankreich schrieben sich verschiedene politische Parteien den Antisemitismus auf die Fahne. Besonders in diesen Ländern wurde der Antisemitismus seit der Jahrhundertwende ideologisch unterfüttert durch die Gleichsetzung der Juden mit den Bolschewisten (Kommunisten) oder dem „internationalen Finanzjudentum" und eine „jüdische Weltverschwörung" konstruiert.

Den entsetzlichen Höhepunkt bisher unbekannter Dimensionen von Judenhaß erlebte und praktizierte das nationalsozialistische Deutsche Reich unter Adolf Hitler zwischen 1933 und 1945. Durch antisemitische Hetzkampagnen (besonders durch die Zeitschrift „Der Stürmer"), sollte das deutsche Volk darauf vorbereitet werden, die Ausgrenzung und Verfolgung der Juden mitzutragen. Die Maßnahmen steigerten sich von gezielter Diskriminierung (Geschäftsboykott seit 1933, Nürnberger Rassengesetze 1935) über Pogrome („Reichskristallnacht" 1938) bis hin zur systematischen Vernichtung nach Ausbruch des 2. Weltkrieges. Seit 1939 wurden die Juden im deutschen Machtbereich, besonders in Osteuropa, systematisch erfaßt und waren spätestens seit dem Feldzug gegen die UdSSR 1941 zur Vernichtung vorgesehen. Auf der sogenannten „Wannseekonferenz" im Januar 1942 wurde unter Leitung der SS und verschiedener Polizeiapparate die Organisierung der Vernichtung der Juden (in der NS-Terminologie als „Endlösung der Judenfrage" bezeichnet) beschlossen, und seit März 1942 wurden im Osten Vernichtungslager errichtet (Symbole des Schreckens: Auschwitz, Majdanek, Sobibor, Treblinka).

Zugleich begann die Vernichtung der letzten jüdischen Ghettos im Osten (Warschau, Wilna u. a.). Im selben Jahr wurde auch mit der Deportation der Juden aus den besetzten westeuropäischen Ländern in die Vernichtungslager des Ostens begonnen, die bis zum Zusammenbruch der Schreckensherrschaft (Ende 1944 bis Mai 1945) andauerte.

Das Land der Verheißung

Es gibt kaum einen längeren Abschnitt der Tora, in dem nicht Bezug auf das Versprechen Gottes an Abraham und seine Nachkommen auf das Land Kanaan genommen würde. Die rabbinische Literatur bezeichnet das Heilige Land als „Nabel der Welt"; doch weiß schon die Bibel um das Problem, daß andere Völker im Lande wohnten. Das Judentum kennt dazu zwei Antworten: a) die im Lande lebenden Stämme haben so viele Sünden begangen, daß sie das Land damit entweiht haben; b) kein Volk hat ein Besitzrecht auf das Land, da die Erde dem Herrn allein gehört. Der Gedanke ist also, daß das Land von Gott verliehen und nur „geliehen" wurde. Nicht nur die Erwähltheit des Volkes Israel gilt als Mysterium des Judentums, sondern auch Gottes „Wohnen" im Heiligen Land. Für das Judentum gehören die Erwähltheit und die Verheißung des Gelobten Landes zusammen.

Auch nach der Zerstörung des Tempels von Jerusalem und der Zerstreuung der Juden in die Fremde blieben die Heiligkeit des Landes und die Verheißung auf das Land bestehen. Viele Juden betrachteten es als religiöse Pflicht, den Geboten der Tora vergleichbar, im Heiligen Lande zu leben, und nahmen wechselvolle Fremdherrschaften (Seleukiden, Römer, Araber, Kreuzfahrer) auf sich. Durch die jüdischen Schriften ziehen sich Wehmut und Sehnsucht nach dem Gelobten Land wie ein roter Faden; auch wird der Auszug aus Ägypten mit dem Einzug ins Land der Verheißung als eine „Heimführung" verbunden.

Das Exil (Galuth)

In biblischer Zeit wurde das Volk Israel aus dem Heiligen Land in die Babylonische Gefangenschaft geführt; doch ließ Gott auch in der Fremde sein Volk nicht im Stich. Dies ist die wichtige Glaubensüberzeugung aller Juden, die ihnen ein Leben im Exil überhaupt erst ermöglicht. Auch nach der zweiten großen Verbannung der Juden nach 70 n. Chr. bleibt die Überzeugung, daß Gott die Gläubigen in der Fremde nur leiden lasse, um sie nach diesen Prüfungen letztlich wieder zurückzuführen.

Das Exil galt und gilt als Glaubensprüfung der „leidenden Diener des Herrn“, die nicht nur zur Sühnung der Sünden des eigenen Volkes, sondern aller Menschen, zu diesem schweren Los auserwählt wurden. Aufgabe der Juden in der Fremde ist es, Gott treu zu bleiben und auch das Gelobte Land niemals zu vergessen. Viele Dokumente des Exils künden auch von der Angst der Talmudisten und Gelehrten, die Juden der Diaspora könnten in der Kultur ihrer Exilländer auf- oder untergehen oder an der Hoffnung auf die Rückkehr ins Gelobte Land verzweifeln.

Die Heimkehr: Die Zionisten-Bewegung und der Staat Israel

Der Zionismus war die Antwort auf die mißglückte bürgerliche Emanzipation der Juden. Er war aber vor allem in Osteuropa auch eine revolutionäre Bewegung des 19. Jahrhunderts gegen die Lethargie und den Fatalismus der dortigen Judengemeinden gegenüber antisemitischen Übergriffen und Pogromen. Es erfolgte eine Besinnung auf einen Staat Israel sowie die Idee, die wirtschaftlichen und gesellschaftlichen Leistungen der Juden diesen selber zugute kommen zu lassen. Auch wurde dic jüdische Zusammengehörigkeit unabhängig von jeder nationalen Herkunft betont.

Eine vorbereitende Arbeit leisteten die jüdische Auswanderungs- bzw. Einwanderungsbewegung und die Errichtung jüdischer Kolonien (Siedler) in Palästina. Seit Mitte des 19. Jahrhunderts kauften jüdische Siedler dort Landparzellen. Die Bewegung erhielt nach den Judenpogromen in Rußland 1881/82 verstärkten Zulauf.

Die herausragende Figur des politischen Zionismus war der Schriftsteller Theodor Herzl (1860-1904), der 1897 in Basel den Ersten Zionistischen Kongreß einberief, ein Siedlungsprogramm für Palästina entwarf und mit den britischen Mandatsbehörden verhandelte. Politischen Auftrieb erhielten die zionistischen Bemühungen durch die sogenannte „Balfour-Erklärung“ der britischen Regierung von 1917, worin Großbritannien bestimmte Siedlungsprogramme in Palästina unterstützte.

Akut wurde die jüdische Besiedlung des Landes während und direkt nach dem 2. Weltkrieg, als Briten und arabische Mächte versuchten, die Einwanderung von Juden nach Palästina zu kontingentieren bzw. zu verhindern. Es entstand die kämpferische junge Kibbuzim-Bewegung, die Siedlungskolonien gründete und mit Energie das Land urbar machte. 1947 beschloß die UNO – nach blutigen Auseinandersetzungen – die Teilung Palästinas in einen jüdischen und einen arabischen Staat. Daraufhin erklärte der Jüdische Nationalrat in Palästina im Mai 1948 die Gründung und Unabhängigkeit des Staates Israel, der in seiner dramatischen bisherigen Geschichte bis heute die Balance zu halten versucht zwischen der Selbstbehauptung gegenüber seinen Nachbarn und einer Politik des Dialogs mit den umliegenden arabischen Ländern.

Gedenkstätte Yad Vashem

Im August 1953 beschloß das israelische Parlament die Einrichtung einer zentralen nationalen Gedächtnisstätte für die Helden und die Millionen Opfer der Shoa. In Yad Vashem befinden sich eine Bibliothek, ein Archiv und ein Museum. Der Name Yad Vashem stammt von einem Vers bei Jesaja (56,5): „... denen will ich in meinem Hause und in meinen Mauern ein Denkmal und einen Namen geben.“
Zu der Gedenkstätte hin führt eine Allee mit gepflanzten Bäumen für die „Gerechten unter den Völkern“, die in den Zeiten der Verfolgung und Bedrängnis ihre Menschlichkeit bewahrt und den Verfolgten geholfen haben.

Ierusalem civitas sancta

Stich von Sebastian Münster, um 1550, aus: Kosmographia des Sebastian Münster

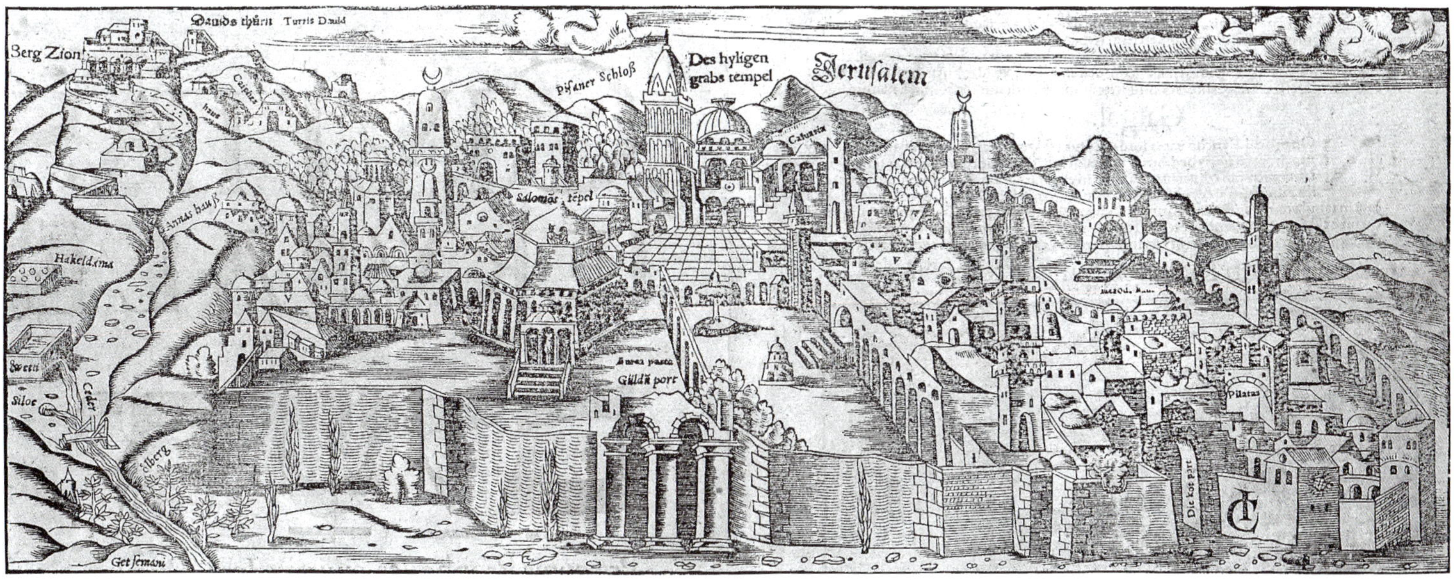

DAS CHRISTENTUM

Als der zahlenmäßig größten Weltreligion gelang dem Christentum durch seine umfassende Missionsarbeit die Ausbreitung auf allen Kontinenten der Erde. In seinem Gottesbild auf dem Judentum fußend, ist sein Mittelpunkt doch der Glaube an den Gottes- und Menschensohn Jesus Christus und seine einmalige geschichtliche Heilstat; der trinitarische Gottesbegriff des Christentums wurde jedoch erst nach langen Debatten ausformuliert. Aus dem Pfingsterlebnis der Apostel formierte sich die christliche Kirche, die während des Mittelalters vor allem durch die Institution des Römischen Papsttums eine beispiellose – geistliche wie weltliche – Macht errang. Die Reformation führte zu einer inneren Erneuerung der Religion, aber auch zu einer Aufsplitterung der christlichen Kirchen, die heute zunehmend durch das stärkere Selbstbewußtsein der außereuropäischen Christenheit geprägt werden.

DER CHRISTLICHE GOTTESBEGRIFF

Gott der Vater

In den Grundlagen des Gottesbegriffs, besonders der Person des Vaters, weist das Christentum starke Gemeinsamkeiten mit dem Judentum (und dem Islam) auf, was auch durch die Übernahme des Alten Testaments (AT) in den Kanon der christlichen Schriften bedingt ist. Gott hat sich selber offenbart und selber bezeichnet („Ich bin der ich bin"), ist der Schöpfer von allem, auch des Menschen, mit dem er einen Bund geschlossen hat; er hat den Menschen seine Gebote verkündet und ist der Herr der Geschichte und des Gerichts.

Anders als im Judentum jedoch bekennt sich Gott der Vater im Neuen Testament (NT) immer wieder zu Jesus Christus als seinem Sohn (etwa Matth. 3,17; Mark. 1,11; Luk. 3,22). Auch übergibt der am Kreuz sterbende Jesus seinen Geist in die Hände des Vaters und erweist in der Auferstehung den Vater als Gott des Lebens. Besonders das Johannes-Evangelium und der Apostel Paulus beschäftigen sich mit den Aspekten der Selbstoffenbarung Gottes und verknüpfen den Vatergott mit dem christologischen Geschehen.

Die christlichen Denker, besonders die Patristik und das Mittelalter bis in die frühe Neuzeit, problematisieren am Vatergott, der im Anfang war, die Frage der Einheit Gottes (Monotheismus trotz Jesus Christus und Heiligem Geist als weiterer Gottpersonen), die Frage des Vorherwissens und der Vorherbestimmung (Prädestination) allen Geschehens durch Gott sowie den Gedanken der alleinigen göttlichen Allmacht und das Theodizee-Problem, also die Frage, wieweit Gott in seiner Allmacht auch für das Übel verantwortlich ist. Das (personifizierte) Böse erscheint als Geschöpf Gottes – es ist der durch eigenen Hochmut gefallene Engel Luzifer –, zugleich aber auch als „Partner" und Widersacher bzw. Rivale Gottes bei der Gestaltung der Heilsordnung: Der Satan vermag Einfluß auf die menschliche Freiheit zu nehmen und den Menschen zu verführen, von Gott abzufallen bzw. Böses zu tun.

Gott der Sohn (Jesus der Christus)

Zunächst müssen wir einen Blick auf die göttlichen Funktionen Christi werfen, bevor wir den historischen Jesus betrachten. Jesus Christus ist die zentrale Leitfigur und, wie schon in der Namensgebung deutlich wird, das „Zentrum" des Christentums. Sein Erscheinen ist unmittelbar mit dem Heil der Schöpfung und der Erlösung der Menschen verbunden. Er gibt seinen Anhängern in der Bergpredigt eine neue Ethik, die Religion der Liebe, welche die alte (jüdische) Religion des Gesetzes zugleich erfüllt und ersetzt.

Lange Zeit bereitete es Schwierigkeiten, wie die Person Jesus Christus als Gott zu fassen ist: als von Anfang an im Vater „eingeboren", als Wort Gottes (Logos), das immer schon bei Gott war – wie im Prolog des Johannes-Evangeliums formuliert –, oder nur als quasi von Gott „adoptierter" hervorragender Mensch. Jedenfalls inkarniert

Anbetung der Könige
Rogier van der Weyden, um 1455, Mitteltafel des Dreikönigsaltars, München, Alte Pinakothek, Ausschnitt

Gemäß der Überzeugung der urchristlichen Gemeinde von der göttlichen Sendung Jesu wurde bereits in den ältesten Schichten der neutestamentlichen Überlieferung die Geburt des Heilands zu einem übernatürlich-mystischen Vorgang (Jungfrauengeburt) umgedeutet und zu einem Wunder ausgestaltet.
Dabei wurden zentrale Aussagen der christlichen Botschaft in die Geburtslegende integriert: die Hinwendung an die Armen und Rechtlosen (Umstände der Geburt, Stall, Krippe); Verkündigung und Zeugnis der Gemeinde (Verkündigung an Hirten); der allgemeingültige Anspruch der Botschaft (Anbetung der Könige); Verfolgung (Kindermord von Bethlehem).
Mit dem Aufkommen des Marienkults im ausgehenden Mittelalter wurde das „Geschehen von Bethlehem" zu einem Zentralmotiv der christlichen Kunst.

sich Gott in Jesus Christus in menschlicher Gestalt („Das Wort ist Fleisch geworden", Joh. 1,14) und nimmt freiwillig die Leiden des irdischen Daseins auf sich, wird weitgehend verkannt und schließlich hingerichtet und nimmt mit seinem Tod und seiner Auferstehung die Sünden der Menschheit stellvertretend auf sich: Jesus als „neuer Adam" oder „letzter Adam". Die historische Einmaligkeit dieses Heilsgeschehens bestimmt die gesamte christliche Geschichtsauffassung. In die Christologie gehen neben rationalen und historischen Zügen (Jesus als charismatischer Wanderprediger) auch eine Reihe von hochspekulativen, messianischen und asketischen Gedanken ein.

Der Selbstanspruch Jesu, das Kommen des mehr jenseitigen Gottesreiches der Gerechtigkeit vorzubereiten („Mein Reich ist nicht von dieser Welt"), enttäuschte zunächst den politischeren Messianismus seines geistig unruhigen jüdischen Umfeldes, wo das Kommen eines Königs aus dem Hause David erwartet wurde. Diese Transzendierung der alten Erwartungen wurde im Urchristentum mit der (leiblichen) Auferstehung Jesu von den Toten verknüpft und führte zu einer apokalyptischen Naherwartung des Reiches Gottes bei der Urgemeinde, die erst allmählich aufgegeben wurde.

Der Kreuzestod Jesu wurde verarbeitet in der Vorstellung des Menschensohnes als des „leidenden Gottesknechtes" bzw. des „leidenden Gottessohnes", die auf alttestamentlich-jüdische Vorbilder vom leidenden Gerechten (Hiob) zurückgeht. Bereits die frühen Christen wählten das Kreuz als Erkennungszeichen und verwandelten damit – für ihre Umwelt schwer zu verstehen – das Instrument des schmachvollen Todes in ein „Zeichen des Sieges". Mit der Verehrung des Kreuzes und der Kreuzigungsszene entstand langsam auch der Kult um die Gottesmutter Maria als der „Gottesgebärerin" und später der „schmerzensreichen Mutter". In diesen Kult gingen auch altorientalische Muttergottheits- und die Reinheits-Vorstellungen der Mysterienkulte ein. Man kann dies als eine Emanzipation des weiblichen Elements innerhalb des ansonsten männlich geprägten christlichen Gottesbegriffs ansehen, besonders über ihre Verbindung mit der Himmlischen Weisheit (Sophia).

Der Heilige Geist

Der Heilige Geist ist die am schwersten zu fassende der drei Personen des Einen Gottes, doch ist er an seinem Wirken zu erkennen. Für die katholische Lehre vom Vater und vom Sohn (filioque), für die orthodoxe Lehre allein vom Vater ausgehend, gilt der Heilige Geist als das eigentlich schöpferische Element im Leben der Christen und der Kirche. Er stiftet Ordnung und Tradition, wirkt zugleich aber auch revolutionär. Er ist der lebendige und „lebendigmachende Geist" (Paulus), dessen Wirken erstmals im Pfingstereignis deutlich wird, als die verzagten Jünger nach Jesu Himmelfahrt vom Geist beseelt werden, hinauszugehen und das Evangelium zu verkünden. Dieses Ereignis gilt auch als Geburtsstunde der Kirche. Auf den Heiligen Geist beruft sich die Kirche mit ihrer Binde- und Lösegewalt auf Erden, mit der Kraft der Sakramente und der Kontinuität ihrer Entwicklung.

Das revolutionäre Element des Geistes zeigte sich dagegen vor allem im Wirken aller christlichen Charismatiker, von Joachim von Fiore und den radikalen Franziskaner-Spiritualen über Savonarola und Thomas Müntzer bis hin zu späteren Reformatoren und Heiligen, die sich auf sein Wirken beriefen. Sie verstehen die Offenbarung des Geistes in einer charismatischen Fortsetzung des Prophetentums, die immer wieder mit dem von der Kirche kontrollierten, eher konservativen Wirken des Geistes über Tradition, Kontinuität und Gottesdienst kollidiert.

Die göttliche Trinität: Spekulation und Dogma

Bereits die frühen Glaubensbekenntnisse im NT nennen die Dreiheit von Vater, Sohn und Heili-

Kreuzigung
Mathias Gothart Grünewald, um 1513/15, Außenflügel des Isenheimer Altars, Kolmar, Unterlinden-Museum

Der Kreuzestod Jesu, gedeutet als stellvertretender Leidens- und Opfergang (Passion) für die Sünden der Menschen, steht als befreiende und daher frohe Botschaft im Mittelpunkt der christlichen Lehre. Vom letzten gemeinsamen Mahl mit seinen Jüngern (Abendmahl) und der durchwachten Nacht im Garten Gethsemane über Gefangennahme, Verspottung, Aburteilung als Gotteslästerer und Kreuztragung vollendet sich der Passionsweg in der qualvollen Verlassenheit am Kreuz und zeigt den Gottessohn in der tiefsten Stunde seiner Menschlichkeit. Die Besinnung auf die zentrale Bedeutung des Todes am Kreuz für den christlichen Glauben war einer der Ausgangspunkte der Reformation. Seine durch ihre Expressivität berühmte Darstellung des Gekreuzigten ergänzt Grünewald durch Maria Magdalena, begleitet vom „Jünger, den er lieb hatte" (Joh. 19,26), sowie durch das der alttestamentlichen Symbolik entstammende Opferlamm und den auf den Messias weisenden Täufer Johannes, der möglicherweise die Gesichtszüge des Malers trägt.

Auferstehungsaltar
Hans Memling, um 1485/90, Paris, Musée du Louvre

Der Glaube an die Auferstehung Jesu Christi nach seiner Grablegung begründete die Gewißheit des frühen Christentums, daß Jesus aus Nazareth, der den Tod überwandt, unzweifelhaft der seit alttestamentlicher Prophezeiung erwartete Messias und menschgewordene Gottessohn sei. Das Reich Gottes auf Erden hatte er zwar nicht errichtet, aber mit seinem Sieg über den Tod der Knechtschaft unter Lebensangst und Sterbensfurcht der Menschen, die an ihn glaubten, ein Ende gesetzt. Die Versuche, natürliche Erklärungen für das Verschwinden des Leichnams zu finden, konnten diesen Glauben nicht beeinträchtigen, auch wenn sie zu Ausschmückungen der Auferstehungsgeschichte beitrugen (Bewachung des Grabes). Da der Sieg über den Tod und damit die Durchbrechung der Herrschaft der Naturgesetze über die Menschen Christus mit der Allmacht eines Herrn über Zeit und Raum, Natur und Psyche ausstattete (Pankrator; besonders populär in der Ostkirche), umrahmt Memling das Bild des sieghaft Auferstandenen mit Szenen aus Heiligen-Legenden, weil sich im Martyrium in der Nachfolge der Glaube und die rettende Befreiungstat Christi in besonderer Weise manifestieren.

gem Geist (etwa Matth. 28,19; 2 Kor. 13,13; Röm. 1,3 f.), ohne daß die Einheit Gottes dort deutlich formuliert würde. Es gibt also im NT noch keine Lehre von dem Einen Gott in drei Personen; doch lenken die neutestamentlichen Aussagen zum Offenbarungsgeschehen, vor allem die Aussagen Jesu selbst, in eine solche Richtung, die dann als Offenbarungseinheit formuliert wird: Gott wird durch Christus offenbar im Geist. Das frühe Judenchristentum kannte noch keine explizite Trinitätslehre.

In die späteren Formulierungen des Dogmas von der Trinität gingen, neben dem Denken des Paulus, auch griechisch-hellenistische Spekulationen ein, vor allem aus dem neuplatonischen Denken (Plotin, Proklos). Entsprechende Fragen wurden bei den frühen Kirchenvätern komplex und oft kontrovers erörtert. Dabei ging es vornehmlich und am pointiertesten um die Stellung Jesu Christi: War er nun wahrer Gott oder nur Halbgott, und gefährdete seine Göttlichkeit nicht die Einheit und Transzendenz des Vatergottes?

So nahmen die Adoptianer beispielsweise an, Jesus sei ursprünglich nur ein hervorragender Mensch gewesen, der bei seiner Taufe von Gott an Sohnes statt „angenommen" (adoptiert) worden sei. Eine schwere Richtungskrise innerhalb der jungen Kirche lösten die Arianer aus: Der Presbyter Arius behauptete, Jesus sei nicht wesenseins, sondern nur wesensähnlich (homoiousios) mit dem Vater. Dagegen setzte sich nach hartem Ringen das christliche Dogma von der Wesensgleichheit (homoousios) des Sohnes mit dem Vater durch. Gegen die Monophysiten, die nur eine Natur, nämlich die göttliche, in Jesus Christus gelten lassen wollten, wurde im 6. Jahrhundert das Dogma von den zwei Naturen, der göttlichen und der menschlichen, in der einen Person Jesus Christus durchgesetzt: Christus ist „wahrer Mensch und wahrer Gott".

Das Konzil von Nicea (Nikäa, 325 n. Chr.) unter Vorsitz Kaiser Konstantins wurde wichtig für die Abfassung eines Ökumenischen Glaubensbekenntnisses (Nikäanum), das für alle Regionalkirchen als Konsens verbindlich sein sollte. Zugleich entwickelte die junge Kirche in ihrem Übergang zur Staatskirche (392) eine zunehmende Intoleranz im Umgang mit Abweichlern in den eigenen Reihen und spannte die Staatsmacht in ihre theologischen Auseinandersetzungen ein.

Das Konzil von Konstantinopel (381) formulierte erstmals das christliche Trinitätsdogma und das „nikäano-konstantinopolitanische Glaubensbekenntnis", das im wesentlichen noch heute gilt. Doch kam es in den folgenden Jahrhunderten immer wieder zu heftigen Kontroversen über verschiedene Punkte des Trinitätsdogmas. Der lateinische Kirchenvater Augustinus (354-430) kann als einer der bedeutendsten Ausformulierer der heute gültigen Trinitätslehre angesehen werden, insofern er die göttliche Trinität in das Zentrum der christlichen Dogmen setzte.

DAS CHRISTLICHE MENSCHENBILD

Freiheit, Sünde und Gnade

Ausgangspunkt für das Christentum, ebenso wie für Judentum und Islam, ist die Aussage, daß Gott den Menschen nach seinem Bilde schuf (Gen. 1,27). Gott erkennt sich also selbst im Menschen als seinem Bilde, der Mensch ist Partner der göttlichen Selbstoffenbarung. Aus der Ebenbildlichkeit folgen vor allem zwei Gedanken: a) der Mensch ist reine Kreatur, damit ganz von Gott abhängig; und b) der Mensch ist durch seine Ebenbildlichkeit vor allen Geschöpfen ausgezeichnet und hervorgehoben. Der Mensch hat Geist (Seele) und Leib, welche ursprünglich in jüdischem Erbe als Einheit oder Verbundenheit aufgefaßt wurden. Unter dem Einfluß des griechisch-hellenistischen Denkens auf Paulus und die Kirchenväter entwickelte sich jedoch ein gewisser Leib-Seele-Dualismus und eine damit verbundene Abwertung des Leibes (des „Fleisches"). Trotz der Bejahung des Vorherwissens und der Vorherbestimmung alles Geschehens durch Gott betont das Christentum die Freiheit des Menschen, die auch zur Wahl des Widervernünftigen oder moralisch Schlechten führen kann. Der

Mensch hat also die Freiheit, sich von Gott abzukehren, weshalb der Gedanke der Sündigkeit des Menschen im Christentum eine große Rolle spielt; als einzige der großen monotheistischen Religionen verknüpft das Christentum das Böse in der Welt seit dem Sündenfall von Adam und Eva im Paradies mit dem Gedanken einer „Erbsündigkeit" des Menschen, der dann die universale Erlöserrolle Jesu Christi als „letzter Adam" korrespondiert. Unordnung, Übel und Leiden in der Welt entstehen durch einen Mißbrauch der menschlichen Freiheit. Durch die Erbsünde sind alle Menschen und die gesamte Welt erlösungsbedürftig – daher gilt die Heilstat Jesu Christi in seiner Menschwerdung (Inkarnation) auch für alle Menschen. Doch bildet die Freiheit des Menschen im Christentum zugleich die Voraussetzung für die Liebe der Menschen: Im Sinne der Bergpredigt ist der Mensch aufgerufen, seinen Nächsten zu lieben wie sich selbst und ihm Gutes zu erweisen, zu verzeihen und sich zu versöhnen, da man Christus selbst im Nächsten begegnen kann („Was ihr dem Geringsten meiner Brüder getan habt, das habt ihr mir getan").

Da das Christentum ursprünglich keinen Leib-Seele-Dualismus kennt, hat der Auferstehungs-Gedanke insofern einen materiellen Aspekt, als das Christentum nicht nur an die Unsterblichkeit der Seele, sondern auch an die leibliche Auferstehung des Menschen glaubt. Schon über den Gedanken der Inkarnation Gottes in menschlicher Gestalt und die Personhaftigkeit Jesu Christi erhält auch die Personhaftigkeit des Menschen in seinen leiblichen und geistigen Aspekten eine einzigartige Stellung, die ganz wesentlich das Subjekt- und Individualitäts-Verständnis des abendländischen Denkens geprägt hat.

Das Christentum verpflichtet zu universeller Liebesfähigkeit unter den Menschen als Weg zur Vervollkommnung des einzelnen. Der Erwählungs-Gedanke ist im Christlichen vielfach dem jüdischen nachgebildet und wird auch im Christentum mit der Interpretation der Geschichte als Heilsgeschichte verbunden. Christi Opfertod gilt als Voraussetzung für das Heil des Menschen, wenn er um das Geschehen weiß. Für die Kirche ist Rechtgläubigkeit eine Voraussetzung für die Erlösung, also Übereinstimmung des Gläubigen mit den Lehren der Kirche. Im Protestantismus ist der Glaube sehr stark an die sündenvergebende Gnade Gottes gekoppelt, während für die katholische Lehre die göttliche Gnade zwar wesentliche Voraussetzung des Heils ist, doch der Mensch nach Maßgabe seiner Kräfte am eigenen Heil mitwirken muß. Für den Protestantismus vermag der Mensch ohne die Gnade Gottes von sich aus nichts, er muß sich der göttlichen Gnade vollständig ausliefern. Allerdings werden die praktischen Folgen dieser Haltung in bezug auf die menschlichen Fähigkeiten und Tätigkeiten in der Welt von den einzelnen protestantischen Kirchen sehr unterschiedlich interpretiert. Während Luther dem Menschen seine Selbständigkeit läßt, vermag der Mensch bei Calvin durch seine „doppelte Prädestination" (zum Heil wie zur Verdammnis) an seinem vorherbestimmten Schicksal nur wenig zu ändern.

Christliche Endzeit- und Jenseitsvorstellungen

Gott als gerechter Richter wägt die Taten der Menschen ab, belohnt die Gerechten und bestraft die Sünder. Die endgültige Vergeltung der im Leben begangenen Taten findet erst nach dem irdischen Leben des Menschen statt. Die Gerechten gehen ins ewige Leben ein; doch macht das NT nur wenige Angaben über das Paradies, etwa die Seligkeit in der Anschauung Gottes, das Speisen am Tisch des Herrn oder das Herrschen mit Gott von Ewigkeit zu Ewigkeit (Matth. 19,28). Erst spätere Autoren nahmen Ausschmückungen des Himmels und der Hölle vor. Die im Zustand der Todsünde Gestorbenen kommen nach dem Tode in die Hölle, und zwar für ewig. Sie erleiden dort eine dreifache Strafe: den Verlust des Anblicks Gottes, die Empfindung der (Körper-)Qualen und die ständige Selbstanklage durch das eigene Gewissen. Die Lehre von der Ewigkeit der Höllenstrafen ist nicht unum-

Fensterrose mit der Darstellung des Jüngsten Gerichts
Chartres, Kathedrale, Westfassade, um 1220/30

Da die irdische Erscheinung des Gottessohnes nicht, wie erwartet, das Reich der göttlichen Gerechtigkeit auf Erden begründete, wurde die Vorstellung eines letzten Gerichts über Gesinnungen und Taten der Menschen in eine transzendente Sphäre am Ende der irdischen Zeit verlagert. Dessen stets eingedenk zu sein, mahnt die beeindruckende, lichtdurchflutete Glasmalerei die Gläubigen beim Verlassen des Gotteshauses.

Thomas von Aquin (1225-1274)
Idealporträt von Joos von Wassenhove (van Gent), um 1470, Paris, Musée du Louvre

Thomas von Aquin, Geistlicher des Dominikanerordens, Universitätslehrer in Paris, Rom und Neapel, seit 1259 Hoftheologe des Papstes Urban VI., schuf ein umfassendes theologisches Erkenntnis-, Werte- und Ordnungssystem, indem er antike Überlieferung (Aristoteles) und kirchliche Lehre zu einer Synthese zusammenführte (Thomismus). Seine rationale Begründung der kirchlichen Dogmen, die Unterordnung des Wissens unter den Glauben, die Unterscheidung zwischen Wesen (essentia) und Existenz (existentia), die Gliederung der Welt (Urmaterie, anorganische Welt, lebendige Welt, das bewußt Lebendige, die Geistigkeit Gottes) sowie die Fähigkeit der Vernunft, aus eigener Kraft das Dasein Gottes zu erkennen und zu beweisen, stellen den Höhepunkt der „christlichen Philosophie" des Mittelalters (Scholastik) dar.

Keltische Kreuze
Klosterfriedhof in Cashel, 7./8. Jh., Irland, Cashel, County Tipperary

Im Zuge der Christianisierung der um 600 v. Chr. (Latène-Zeit) in Irland eingewanderten Kelten bildete sich seit dem 5. Jh. das irische Christentum in ebenso intensiver wie kulturell eigenständiger Form aus. Da Irland nie zum römischen Reich gehört und keine Epoche der Latinisierung seiner Kultur durchlaufen hatte, knüpfte die christliche Kunst an die ornamentale Bildwelt der Latène-Zeit an und übernahm vielfältig die Symbolsprache (z. B. Sonnensymbol) der bäuerlichen Clan-Ordnung, die bis ins 9. Jh. für Irland prägend blieb. Auch die frühe irische Kirche, die in erster Linie eine Mönchskirche war, fügte sich in das Clan-System ein. Als besonderer Wesenszug des irischen Mönchtums bildete sich die heimatlose Wanderung (Peregrinatio) aus, in deren Folge sich Bildungseifer, wissenschaftliche Neigungen und das Studium (z. B. der antiken Klassiker) in fast allen Klöstern des iro-schottischen Raumes verbreiteten und eine intensive Missionsarbeit in England, Mittel- und Nordeuropa auslösten (u. a. St. Gallen, Regensburg, Würzburg, Wien). Irische Geistliche galten als die Gebildetsten ihrer Zeit und dienten an den fränkischen Kaiserhöfen als Lehrer.

stritten, da sie von einigen als der Güte Gottes widersprechend angesehen wird. Die Auferstehung von den Toten ist – wie bei Jesus Christus – eine leibliche; der auferstandene Leib gilt als makellos und unverweslich.
Unterschiedliche Auffassungen herrschten lange Zeit über den Zeitpunkt von Endgericht und Auferstehung sowie über deren nähere Umstände. Vor allem verschiedene Gruppen von „Chiliasten" und „Millenaristen", also Anhänger der Lehre vom Tausendjährigen Reich (im biblischen Sinne), stellten oft komplizierte Berechnungen auf, die sich mit ungeduldigen und revolutionären Heilserwartungen mischten. Diese Gruppen waren besonders stark am Ausgang des Mittelalters und in der frühen Neuzeit und standen fast immer in Opposition zur offiziellen Kirche, die sie als Vertreter einer „Naherwartung" meist schwer verfolgte; auch Teile der Reformation gehörten diesen Gruppen an, etwa die Wiedertäufer.
Die Offenbarung bzw. Apokalypse des Johannes, auf die sich alle christlich-messianischen Gruppen als ihren „Grundlagentext" beziehen, ist sehr stark der alttestamentlich-jüdischen Apokalyptik, etwa dem Buch Daniel, nachgebildet. Kern der Botschaft ist, daß kurz vor Anbruch des Göttlichen Reiches Sittenverfall, Ungerechtigkeiten, Kriege, Seuchen und allgemeine Verderbnis in der „Herrschaft des Antichrist" ihren Höhepunkt erreichen. Das Reich der göttlichen Gerechtigkeit wird sich von diesen Zuständen dann nur um so deutlicher abheben. Mit dem erneuten Auftreten Christi als dem Bringer des Gottesreiches „erfüllt sich die Zeit": Die Johannes-Apokalypse geht davon aus, daß erst nach der Zeit des Tausendjährigen Reiches, in welcher nur die privilegierten Glaubenszeugen mit Christus gemeinsam herrschen werden, das allgemeine Gericht und die Auferstehung aller Toten erfolgt.

JESUS UND DIE ANFÄNGE DER KIRCHE

Der historische Jesus

In der Überlieferung des Lebens Jesu mischen sich historische mit legendenhaft-verklärenden Schilderungen. Während die Existenz des historischen Jesus im allgemeinen unbestritten ist, wird seine Göttlichkeit von nicht-christlichen Quellen (Judentum, Autoren der Antike, Islam) bestritten. Die Quellen für das Leben Jesu teilen sich in zwei Gruppen: die 4 Evangelien einerseits und die von der Kirche später ausgesonderten Apokryphen-Schriften andererseits, die sich meist mit der Kindheit Jesu beschäftigen. Die drei ersten Evangelien (Matthäus, Markus und Lukas), wegen ihrer weitgehenden Gemeinsamkeit „Synoptiker" genannt, überliefern stärker biographisch-historische Ereignisse aus dem Leben Jesu und sind griechische Ausgestaltungen vermutlich aramäischer Urtexte, während das zeitlich etwas spätere Johannes-Evangelium das Leben Jesu poetisch verklärt und mit metaphysischen und heilsgeschichtlichen Spekulationen anreichert. Die Quellen stammen wohl aus dem direkten Umfeld Jesu.
Jesus (der Name ist eine Abkürzung des Namens Josua, eigtl. Jehoshua = „Gottes Hilfe") war der älteste Sohn des Zimmermanns Joseph und seiner Frau Maria; er hatte noch mehrere Geschwister (Mark. 6,3). Die Eltern lebten in Nazareth (Galiläa), doch lassen Matthäus und Lukas Jesus aus Bethlehem stammen, damit sich die alttestamentliche Prophezeiung des Micha erfüllt. Sein Geburtsjahr war lange umstritten, doch wird es heute etwas vor der Zeitenwende in den Jahren zwischen 6 und 3 v. Chr. angesetzt. Jesus hat wohl ursprünglich den Zimmermannsberuf seines Vaters ausgeübt, doch werden seine herausragenden Eigenschaften schon in der Geschichte vom 12jährigen Jesus im Tempel (Luk. 2,42 ff.) genannt.
Jesus ließ sich von Johannes dem Täufer, der als direkter Vorläufer Jesu gilt und auf diesen verweist, im Jordan taufen und kehrte nach der Einkerkerung des Täufers (er wurde auf Befehl des Tetrarchen Herodes hingerichtet) nach Galiläa zurück. Lukas zufolge nahm Jesus mit etwa 30 Jahren seine öffentliche Tätigkeit auf (Luk. 2,23), die nur ein bis höchstens drei Jahre dauerte. Von Jüngern begleitet, zog Jesus als Wanderprediger umher, heilte Kranke und wurde von seinen Anhängern gastfrei gehalten, was seine häufige Anwesenheit bei Festmahlen dokumentiert. Jesus war also kein weltfeindlicher Asket.
Sein Lebenswandel und seine religiösen Botschaften erregten bald das Mißtrauen und die Feindschaft der traditionellen Pharisäer und Schriftgelehrten, die seinen wachsenden Anhang fürchteten und Jesu Aufenthalt in Jerusalem nutzten, um ihn gefangenzunehmen, ihm wegen Gotteslästerung den Prozeß zu machen (Mark. 14,64) und ihn mit Genehmigung des römischen Prokurators Pontius Pilatus, der zwischen 26 und 36 n. Chr. amtierte, schließlich ans Kreuz zu schlagen. Während Jesus qualvoll starb, trat eine Finsternis im Lande ein (daher wurde der 3. April des Jahres 33 als wahr-

scheinlicher Todestag errechnet). Jesus war ein Mann des Volkes, der in einer einfachen und klaren, aber bildreichen Sprache predigte und vornehmlich Gleichnisse aus dem bäuerlich-handwerklichen Milieu seiner Zuhörer verwendete. Er setzte die Bedeutung der Schriftgelehrsamkeit herab und lehrte ein praktisch-tätiges Evangelium der Nächstenliebe, verhieß das Kommen des Reiches Gottes und begegnete Ungläubigen und Gegnern mit einer Mischung aus Nachsicht und Androhung eines künftigen Strafgerichts.

Die Bergpredigt

Die Bergpredigt ist das Kernprogramm der christlichen Ethik und damit des gesamten christlichen Ethos, da Jesus von seinen Anhängern nicht primär Erkenntnis fordert, sondern Nachfolge. Die aktivistische Ethik erfordert das Christentum als Lebensform und Lebensweg.

Die von Matthäus und Lukas überlieferte Bergpredigt, die in Form kurzer, prägnanter Aussprüche und Gegenüberstellungen gehalten ist, fordert keine Verschärfung des altjüdischen Gesetzesgehorsams, sondern den Gehorsam gegen den Gott der Liebe. Sie ist weniger ein Appell an den Verstand als vielmehr an die Großzügigkeit und das Herz des Menschen. Jesus appelliert in radikalen Forderungen an einen Verzicht auf Macht- und Gewaltausübung, auch auf Gegengewalt. Die Bergpredigt ist die vielleicht größte Herausforderung an die Christenheit selbst. Unzählig sind die Versuche, auch von kirchlichen Institutionen, das dort Gesagte abzuschwächen oder auch politisch zu entschärfen. Die Liebe erscheint der Bergpredigt als Erfüllung des Gesetzes und wird als hehres Ideal kompromißlos dem bisher geltenden Gesetz gegenübergestellt, das sie zugleich erfüllt und aufhebt.

Die „Heilige Schrift"

Der von der Kirche zusammengestellte Kanon des christlichen Glaubens, die Heilige Schrift, umfaßt die Bücher des AT, die auch Grundlage des jüdischen Glaubens sind, sowie als neu hinzukommend den Kanon des NT, der die 4 Evangelien des Matthäus, Markus, Lukas (mit der Apostelgeschichte) und Johannes umfaßt, sowie 21 Briefe der Apostel (13 des Paulus, 2 des Petrus, 3 des Johannes, 1 an die Hebräer, 1 des Jakobus und 1 des Judas) und schließlich die Offenbarung (Apokalypse) des Johannes.

Während die Protestanten die Heilige Schrift als einzige wirkliche Glaubensquelle ansehen, lehrt die katholische Kirche die (kirchliche) Überlieferung als sich fortsetzende Tradition der göttlich geoffenbarten Lehren mit bindender Autorität. Daher gelten ihr Dogmen, Lehren der Kirchenväter, Beschlüsse der Konzilien usw. als ebenfalls für die Gläubigen verbindliche „Glaubensregeln". Als Symbole dieses Glaubens gelten ihr vor allem die Glaubensbekenntnisse der frühen Konzilien, die auch von den anderen christlichen Kirchen weitgehend anerkannt werden.

Das Urchristentum und die Apostel Petrus und Paulus

Jesu Auftreten selbst fiel in eine Zeit großer religiöser Unruhe und chiliastischer Erwartungshaltungen. Der Kreuzestod sowie die Auferstehung und Himmelfahrt Jesu ließen die 12 Jünger und die kleine, aus verschiedenen jüdischen Gruppierungen der unteren sozialen Schichten bestehende Urgemeinde in großer Verwirrung zurück. Sie erwartete zunächst den unmittelbaren Anbruch des Zeitenendes (apokalyptische Naherwartung). Nach dem Pfingstbericht der Apostelgeschichte kam der Heilige Geist über sie und konstituierte die messianische Gemeinde um die Botschaft Jesu als zentrales Element.

Lukas überliefert das Idealbild der Urgemeinde in bezug auf Gütergemeinschaft, Teilen und gegenseitige Hilfe. Diese Judenchristen waren in vielem im altjüdischen Messiasglauben verwurzelt, doch unterschieden sie sich durch die Christologie und den Initiationsritus der Taufe. Die Gemeinde wurde zusammengehalten durch die Feier des gemeinsamen Mahles, in Erinnerung an das letzte Abendmahl Jesu vor seiner Festnahme, mit dem symbolischen Reichen von Brot und Wein. Das „Herrenmahl" wurde neben der Taufe zum zweiten Grundsymbol des jungen Christentums. Das Pfingsterlebnis, das die Jünger schließlich veranlaßte, als Apostel in alle Länder zu ziehen und dort das Evangelium zu verbreiten, wird heute als Datum der „Gründung" der christlichen Kirche als der Gemeinschaft der im Glauben Versammelten angesehen. Doch waren ihre Strukturen zunächst noch sehr provisorisch und lokal geprägt, es gab noch keine Hierarchie einer Gesamtkirche. Es wird unterschiedlich interpretiert, wieweit man von den späteren kirchlichen Ämtern bereits bei der Urkirche ausgehen kann.

Herausragende Gestalten der Urgemeinde waren die Apostel Petrus und Paulus. Simon Petrus erscheint bereits zu Lebzeiten Jesu als Sprecher der Jünger, war neben den Frauen der Erstzeuge

Der Apostel Petrus
Mosaik, 6. Jh., Ravenna, Baptisterium der Arianer

Die neutestamentliche Überlieferung legt nahe, daß Petrus unter den Jüngern Jesu eine führende Rolle spielte und als erster Leiter der urchristlichen Gemeinde in Jerusalem anzusprechen ist. Deshalb wird er traditionell als Ältester unter den Jüngern dargestellt und als der „Fels" bezeichnet, auf den Jesu die Kirche bauen will (Matth. 16,18). Da Petrus um 65 in Rom als Märtyrer starb, beanspruchten die Bischöfe von Rom als Nachfolger auf dem „Stuhl Petri" die alleinige Führungsrolle in der Kirche und stützten die Forderung des päpstlichen Primats über die Gesamtkirche auf das Jesu-Wort: „Ich will dir des Himmelreichs Schlüssel geben" (Matth. 16,19). Der theologisch wie politisch ausgetragene Konflikt um das römische Primat führte 1054 zur endgültigen Spaltung der Kirche in die römisch-katholische und die griechisch-orthodoxe.

Pietà von S. Pietro in Vaticano
Michelangelo Buonarrotti, Marmor, 1498/99, Rom, Peterskirche

Die spätmittelalterliche Mystik führte seit dem 14. Jh. nicht nur zu einer Intensivierung der individuellen Frömmigkeit, sondern auch zur vielgestaltigen Ausformung des Marienkults. Die Aufforderung zum Mitleiden fand ihren besonderen Ausdruck in der „Pietà" (ital.: „inniges Gefühl, Mitleid"), der Darstellung der trauernden Maria mit dem Leichnam Christi auf dem Schoß nach der Kreuzabnahme. Folgerichtig führte die Verlagerung der Erfahrung absoluten Schmerzes vom Gekreuzigten auf dessen Mutter zur Himmelfahrt, Krönung und Vergöttlichung der Gottesmutter, die als wunderwirkende, gnadenreiche Himmelskönigin im Volksglauben tiefe Wurzeln faßte.

der Auferweckung Jesu und wird von Matthäus (wohl nicht von Jesus selbst) als „Fels" bezeichnet, auf den Jesus seine Kirche bauen will (Matth. 16,17-19). Doch war er nicht alleiniger Leiter der Jerusalemer Urgemeinde. Er unterstützte schließlich die Bestrebungen des Paulus zur Heidenmission, missionierte selbst unter den Juden und ging schließlich nach Rom, wo er unter Kaiser Nero im Jahre 64 oder 67 den Märtyrertod erlitt. Auf die „Fels"-Überlieferung gründet sich später der Anspruch des Papstes als Bischof von Rom und damit Nachfolger des Petrus auf das Primat in der Kirche. Doch blieb zunächst Jerusalem die christliche Muttergemeinde, in der der Apostel Jakobus, der Bruder Jesu, die führende Rolle spielte; er starb ebenfalls als Märtyrer.

Die theologisch interessanteste und folgenreichste Figur der Urkirche ist der Apostel Paulus. Der ursprüngliche Christenverfolger Saulus, der durch das „Damaskuserlebnis" zu Paulus wurde und sich zum eifrigen Verkünder des Christentums bekehrte, brachte den Glauben an Jesus Christus erstmals zu theologischer Klarheit und formulierte die Hauptgrundsätze des Christentums aus, wobei ihm seine große Kenntnis der jüdischen und hellenistischen Philosophie zustatten kam. Er entwarf die Lehre von der Rechtfertigung des Christenmenschen allein durch den Glauben. Bei ihm finden sich auch erste Hinweise auf den (sichtbaren) „Christusleib" der Kirche. Seine den Evangelien im Kanon des NT angehängten Briefe an verschiedene christliche Gemeinden weisen ihn als den bedeutendsten Organisator und Missionar der Urkirche aus. Er legte auch die theologischen Grundlagen für die spätere Ausformulierung des Trinitätsdogmas.

Martyrium des heiligen Sebastian
Hans Holbein d. Ä., um 1516, Mitteltafel des Sebastianaltars, Augsburg

Unter den christlichen Märtyrern, deren Leiden und Sterben um des Glaubens willen in zahlreichen, immer weiter ausgeschmückten Legenden überliefert, über deren Grabstätten Pilgerkirchen errichtet und die bei bestimmten Anlässen um Hilfe und Beistand angerufen wurden, erlangte der mit Pfeilen gemarterte römische Offizier Sebastian zu wiederholten Zeiten besondere Popularität. So galt er als Patron der Kreuzfahrer im Hochmittelalter und seitdem auch der Schützengilden und fungierte seit dem 14. Jh. als Schutzheiliger gegen die in Mitteleuropa verheerend wütende Pest. Durch seine Anrufung soll im 7. Jh. in Rom eine Pest erloschen sein. Sein Attribut, der Pfeil, wurde zum Pestsymbol. In der Renaissance widmeten sich viele Künstler dem Sebastian-Thema, da der an die Säule gefesselte Märtyrer die in der christlichen Ikonographie seltene Möglichkeit zur Aktdarstellung bot.

Die christliche Kirche: Idee und Organisation

Da das Hereinbrechen der Apokalypse ausblieb, wurde es für das Christentum notwendig, sein Verhältnis zur bestehenden Welt dauerhaft zu formulieren – angeleitet vom Missionsauftrag Jesu, das Evangelium „allen Völkern" (Matth. 28,19) zu bringen. Die feste Organisation ging von der Apostelkirche aus und sieht sich als irdische Repräsentantin der im Himmel prä-existenten „himmlischen Kirche". Sie betrachtet Christus als ihr ewiges Oberhaupt und beansprucht, in seinem Namen zu sprechen. Die unterschiedlichen Regionalkirchen sowie die zunehmende Verrechtlichung des Glaubens und des Gemeindelebens unter dem Einfluß der römischen Denkweise und Lebensart ließen zentrale Rechts- und Organisationsformen notwendig erscheinen.

Die frühe Kirche definierte zunächst einmal den Kanon des NT und berief sich auf die Auswahlkriterien der „Apostolizität", also der authentischen Apostelzuordnung des im Kanon Anerkannten. Eine eigene Sukzessionslehre berief sich auf die Nachfolge der von Jesus Christus selbst eingesetzten Apostel; die „apostolische Glaubensregel" und das Taufbekenntnis sicherten die Gemeinsamkeit. Gegen freies Charisma und die gnostisch-esoterischen Strömungen der Spätantike wurde das Amt des Bischofs (Episkopus) als des Vorstehers der Gemeinde eingesetzt. Die Gemeinschaft der Bischöfe war das Ökumenische Konzil, das seit dem 4. Jahrhundert unter der Protektion des Kaisers tagte. Die für die frühe Kirche wichtigen Regeln der Gemeindewahl wurden nach Ausbildung der Zentralinstanzen, insbesondere des Papsttums, nach und nach zurückgedrängt. Nach Vereinheitlichung des Glaubensbekenntnisses und Durchsetzung der Beschlüsse der frühen Konzilien über die Sicherung ihrer alleinigen Lehrautorität sowie ihrer „Binde- und Lösegewalt" zeigte die Kirche eine zunehmende Intoleranz gegen Abweichler aller Art, die sich schnell auch auf die gesamte Heidenmission ausdehnte, wogegen der Toleranzgedanke erst sehr viel später seinen Einzug in die christlichen Kirchen hielt.

Die Kirche sieht als von Christus selbst eingesetzte Institution ihre wesentliche Aufgabe in der Überlieferung der schriftlichen und mündlichen Tradition, was ihr eine Beweglichkeit innerhalb des Spannungsfeldes von lebendigem Geist und fixiertem Buchstaben ermöglicht. Ihre wichtigste

Schöpfung ist der Kanon der „Heiligen Schrift", den sie bewahrt und gegen Anfeindungen verteidigt. Ihre Lehrautorität festigte sich mit dem Bedürfnis nach verbindlicher Schriftauslegung (Exegese). Daher steht sie zur seit der Aufklärung verstärkt einsetzenden Bibelkritik und historischen Umfeldforschung in einem äußerst gespannten Verhältnis.

Gottesdienst, Liturgie und Feste

Ziel und Inhalt der kirchlichen Liturgie ist die Begegnung der Gemeinde mit dem auferstandenen Christus und die Stärkung des Glaubens. Das Bild kreist seit den Zeiten der Urkirche um das gemeinsame Mahl, die Versammlung um den Tisch des Herrn. Die Evangelien enthalten bereits zahlreiche Bilder vom Mahl, etwa die Beschreibung der Fest- und Hochzeitsmahle; selbst paradiesische Vorstellungen werden mit dem „Sitzen am Tisch des Herrn" beschrieben. Daher sieht die Kirche die Fortsetzung der Mahlgemeinschaft als wesentliches Vermächtnis Jesu Christi an. Gottesdienst und Mahlformen waren ursprünglich regional sehr unterschiedlich ausgeprägt. Erst seit etwa dem 6. Jahrhundert gibt es sowohl in der Ost- als auch in der Westkirche starke Vereinheitlichungsbestrebungen. Die Handlungen des Gottesdienstes sind stark symbolisch besetzt. Ein schwieriger Punkt ist das eucharistische Mysterium des Mahles selbst: Nach römisch-katholischer Lehre, der sich auch die orthodoxe Kirche und später weitgehend auch Luther anschlossen, geschieht im gemeinsamen Mahl von Brot und Wein nicht nur symbolisch, sondern tatsächlich die Herabkunft Christi selbst (Transsubstantiationslehre), was von einigen reformatorischen Richtungen, besonders von Zwingli und den Täuferbewegungen, später vehement zurückgewiesen wurde; für sie stellt das Abendmahl ein reines Gedächtnismahl dar.

Die offizielle Liturgie der Kirchen hält sich oft zwischen ritueller Verfestigung bzw. Starre und vorsichtigen Innovationen. Daher haben alle charismatischen und freikirchlichen Gruppen und Sekten, z. B. auch die Reformation Zwinglis in der Schweiz, starke antiliturgische Tendenzen, da das Rituelle ihrer Meinung nach zur Erstarrung des Glaubens in äußerlichen Handlungen führt.

Das Kirchenjahr kennt eine Reihe von besonderen Festtagen und folgt damit im wesentlichen dem Verlauf des Lebens und der Auferstehung Jesu Christi. So wurde das Osterfest, das die Urkirche jeden Sonntag feierte, als Fest der Auferstehung des Herrn und seines Sieges über den Tod (Karfreitag) zum Mittelpunkt des traditionellen Kirchenjahres. Durch Orientierung am Mondkalender sind die Feste Ostern, Christi Himmelfahrt und Pfingsten beweglich, während das Weihnachtsfest (Geburt des Herrn) fest am 25. Dezember gefeiert wird. Dieses ursprünglich römische Sonnenwendfest (Sol invictus) wurde vom Christentum in ein Siegesfest Christi über das Heidentum verwandelt.

Neben den heiligen Zeiten bzw. Tagen gibt es auch heilige Orte, die ursprünglich der zentralen Bedeutung Jerusalems für das Judentum nachgebildet wurden. Ursprünglich nur mit dem Leben Jesu oder der Apostel in Verbindung stehend, wurden später auch die Orte des Lebens und Wirkens bestimmter Heiliger und lokaler Patrone zum Ziel religiöser Wallfahrten und Pilgerreisen. Die Heiligenverehrung, als deren Höhepunkt der Marienkult angesehen werden kann, diente vor allem im Mittelalter der sinnlich-bildlichen Verdeutlichung abstrakter Glaubenslehren und sah in den Heiligen als hervorragenden Menschen Fürsprecher bei Gott und Helfer in der Not, deren Glaubensstärke sich auch den ihren Beistand Anrufenden mitteilen sollte.

Die Sakramente

In den Sakramenten bekundet sich für die Kirche das Mysterium Christi. Die katholische und die orthodoxe Kirche kennen 7 Sakramente: Taufe, Firmung, Eucharistie, Buße, Priesterweihe, Ehe(schließung) und Letzte Ölung (heute: Krankensalbung), der Protestantismus dagegen nur 2: die Taufe und das Abendmahl. Ihre Herleitung aus den heiligen Handlungen, wie sie in den

Das Abendmahl
Goldenes Evangelienbuch Heinrichs III., um 1050, Madrid, Escorial

Das letzte gemeinsame Mahl Jesu mit seinen Jüngern am Abend der Gefangennahme, das „Abendmahl", an dem auch der Verräter Judas teilnahm, erhielt für das Christentum zentrale Bedeutung als Ausdruck der Gemeinschaft der Gläubigen mit dem menschgewordenen Gott sowie seines Heilshandelns an ihr. Ursprünglich als Erinnerungsmahl begangen, entzündete sich an der magischen Interpretation der Verwandlung von Brot und Wein in den Leib und das Blut Christi (Transsubstantiation) durch den zelebrierenden Priester (Konsekration) zu allen Zeiten der theologische Streit, gipfelnd in den reformatorischen Auseinandersetzungen des 16. Jh. Während alle protestantischen Kirchengemeinschaften die reale und vollkommene Gegenwart Christi sowohl im Brot als auch im Wein als schriftwidrig verwarfen, erklärte die römisch-katholische Kirche ihre Interpretation des Abendmahls (Eucharistie) wiederholt, zuletzt 1547, zum Dogma.

Die Taufe Christi
Guido Reni, um 1621/23, Wien, Kunsthistorisches Museum

Die Taufe als symbolischer Akt der Reinigung durch Wasser war in der Antike weit verbreitet. Daher gründet sich die christliche Taufe nicht auf die Taufe Jesu durch Johannes, sondern auf Jesu Taufbefehl auf den „Namen des Vaters und des Sohnes und des Heiligen Geistes". Damit wird der (ursprünglich erwachsene) Täufling nicht nur subjektiv in die christliche Gemeinde aufgenommen, sondern objektiv in die Heilsgemeinschaft des Erlösers und der Erlösten hineinversetzt und somit von der Last der Erbsünde befreit, wozu jedoch die Lehre und der Glaube unerläßlich sind.

Das Kloster Montecassino

Das 529 von Benedikt von Nursia gegründete Stammkloster des Benediktiner-Ordens war über viele Jahrhunderte ein Zentrum von Wissenschaft und Kunst. In seiner hervorgehobenen Lage auf einem steilen Berg in Kampanien verbanden sich eindrücklich die Ideale des Eremitentums mit denen der mönchischen Gemeinschaft.

Evangelien beschrieben werden, ist nicht unumstritten. Wichtigstes Sakrament ist die Taufe, symbolisch vollzogen durch Benetzen mit Wasser, welche nach katholischer Anschauung die Erbsünde des Menschen tilgt, nach protestantischer Meinung jedoch lediglich die zur Verdammnis führende Schuld der Erbsünde, während die Lust zu sündigen im Menschen bestehenbleibt. Die Taufe gilt als „Wiedergeburt in Christo" und wurde ursprünglich nur an frei wählenden Erwachsenen vollzogen, weshalb radikale Gruppen wie die Wiedertäufer die Kindstaufe ablehnen, während für die offizielle Kirche zur Rettung der Seele auch die Kindstaufe erforderlich ist, damit ein Kind nicht ungetauft stirbt.

Die Firmung meint die „Festigung des Glaubens" und soll das Bekenntnis des Heranwachsenden bekräftigen. Sie ist für die katholische und die orthodoxe Kirche ein Sakrament, während die vergleichbare Konfirmation bei den Protestanten kein Sakrament darstellt. Die Eucharistie ist für die Katholiken ein ebenso wichtiges Sakrament wie die Taufe, und zwar durch die tatsächliche Präsenz Christi in Brot und Wein, während einige protestantische Kirchen das Abendmahl lediglich symbolisch verstehen.

Das Bußsakrament, das auch Luther ursprünglich beibehalten wollte, verbindet Christi Macht der Sündenvergebung (Matth. 9,2; Mark. 2,5; Luk. 5,20 f.) mit der Verleihung dieser Vollmacht an die Apostel (Matth. 16,19 und 18,18; Joh. 20,23) und die Stellung der Kirche als Rechtsnachfolgerin der Apostel. Die Kirche bzw. der Priester kann stellvertretend von Sünden lossprechen (Ablaß) und Buße einfordern. Der Mißbrauch des Ablaßwesens führte wesentlich zur Reformation, welche den Priestern diese Macht absprach. Die Letzte Ölung, die ursprünglich nur an Sterbenden vollzogen wurde, ist heute im katholischen Bereich zu einem Krankenapostolat erweitert worden, wie es in der orthodoxen Kirche schon lange besteht. Der Katholizismus erkennt außerdem Priesterweihe und Ehe als eigene Sakramente an. Andere kirchliche Weihehandlungen gelten nicht als Sakramente im vollen Sinne.

Das christliche Mönchtum (Ordenswesen)

Das Mönchtum als Institution ist aus dem frühen christlichen Vollkommenheitsideal hervorgegangen, wonach das vollkommene Christsein in weltentsagender Gottes- und Nächstenliebe bestehe. Schon die frühe Kirche erkannte männliche und weibliche Asketen als besonderen Stand an und bezog sich damit auf Paulus, der bereits in seinen Briefen die christliche Ehelosigkeit gelobt hatte. Seit dem 2. und 3. Jahrhundert entstand besonders im syrisch-palästinensischen Raum eine enge Verbindung von Mystik und Askese.

Das frühe Mönchtum (Zönobiten, von griech. „koinos" = gemeinsam) wandte sich gegen die Dekadenz des Stadtlebens und suchte die Einsamkeit und Stille der Wüste (Wüstenklöster), wo Mönche in Zellen oder Höhlen ein weitgehendes Einzelgängerdasein führten (bis hin zu den berühmten „Säulenheiligen"), selbst wenn sie in Gemeinschaftsformen lebten. Diese frühen Mönche waren ursprünglich Laien. Das abendländische Mönchtum war dagegen anders geprägt, vor allem durch seine weitgehende Klerikalisierung und straffe Organisation. Die Patres („Väter") sind ordinierte Priester, während die Fratres („Brüder") für die handwerklichen und „weltlichen" Aufgaben zuständig sind. Der geniale Organisator des abendländischen Mönchtums ist Benedikt von Nursia (480-547), der 529 den Orden der Benediktiner (Kloster Montecassino) gründete, welcher sich in organisierten Klostergemeinschaften über ganz (West-)Europa ausbreitete und mit seiner berühmten Ordensregel „Ora et labora" (Bete und arbeite!) bedeutende Leistungen auf den Gebieten der Kultivierung, der Landwirtschaft, des Schulwesens und der Wissenschaft erbrachte. Die Reformbewegung der Klöster Cluny und Gorze wurde im 10. und 11. Jahrhundert zum Motor der gesamten innerkirchlichen Erneuerung. Gegen die zunehmende Verweltlichung der alten Orden – die Klöster wurden im Mittelalter zum Hauptversorgungsort für jüngere Kinder aus kinderreichen oder Adelsfamilien – entstanden verschiedene Reformorden, so im 11./12. Jahrhundert der Zisterzienserorden des Bernhard von Clairvaux (1091-1153), der bald ebenso mächtig wie der Benediktinerorden wurde, und Anfang des 13. Jahrhunderts die „Minderen Brüder" (Franziskaner) des Franz von Assisi (1181-1226), die dem christlichen Armutsideal und der Krankenpflege verpflichtet sind, sowie der Predigerorden (Dominikaner) des Dominikus (Guzman) (1170-1221), dem bald der kirchliche Kampf gegen die Häretiker und Ketzer sowie die Inquisition übertragen wurde („Canes Domini" = Wachhunde des Herrn). Während des Mittelalters und teilweise bis ins Zeitalter der Aufklärung hinein waren die Klöster in Europa reiche und mächtige, weitgehend autarke Grundbesitzer sowie ein Hort der geistlichen Erziehung und Gelehrsamkeit, die oft eine

Art „Kirche in der Kirche" bildeten. Im Zeitalter der Gegenreformation erlangte der von Ignatius von Loyola (1491-1556) gegründete Jesuiten-Orden eine herausragende Bedeutung, aus dem vor allem die Fernost-Missionare und politischen Berater der katholischen Herrscher hervorgingen.

Die christliche Mission

Mission und Ausbreitung des Christentums sind die deutlichsten Zeichen für die große Vitalität dieser Religion. Keine andere Religion vermochte ihre Mission so umfassend durchzuorganisieren und auf alle Kontinente der Erde auszudehnen. Ein in vieler Hinsicht neues Kapitel der christlichen Ausbreitung begann mit der Missionierung des gerade (wieder)entdeckten amerikanischen Kontinents nach 1492. Doch schon vorher wurde die Mission durch die militärisch geprägte „Reconquista" (Rückeroberung) gegen die Reste des Islam auf der Iberischen Halbinsel bestimmt, sowohl was ihren Eifer als auch ihre Methoden anbelangte. Bereits der Apostel Paulus hatte seine immense Reise- und Bekehrungstätigkeit in Europa und Asien unter dem Eindruck der unmittelbar bevorstehenden Wiederkunft Christi und des damit verbundenen „Zeitdrucks" entfaltet. Diese Überaktivität ließ viele Missionare zu allen Zeiten auch vor körperlichen Strapazen und Gefahren bis hin zur Inkaufnahme des Märtyrertodes nicht zurückschrecken. Während die orthodoxe Kirche sich bei ihren Missionsbemühungen meist sehr stark auf die vorgefundenen regionalen Strukturen und Sprachen einließ (die Vielfältigkeit ihrer Organisationsformen vor allem im Vorderen Orient zeugt davon), gingen die westlichen Kirchen bei ihren Bekehrungen straffer und zentralisierter vor. Besonders die seit dem 15. Jahrhundert einsetzende Missionierungstätigkeit der beiden führenden katholischen Seemächte Portugal und Spanien zeigte auch gewaltsame und eurozentristische Züge, während die protestantischen Seemächte England und Holland den Missionseifer mit dem Abwägen ihrer Handelsinteressen verbanden. Eine starke Missionstätigkeit ging zu allen Zeiten von den katholischen Orden aus.

Von diesen Formen der Missionierung verschieden sind die Bestrebungen zur „inneren Mission", die in allen Kirchen – besonders in den protestantischen – in Form von Erweckungs- und Erneuerungsbewegungen zu finden sind. Im Bereich der protestantischen Kirchen gingen solche Bestrebungen vor allem von pietistischen Gruppen aus (August Hermann Francke, Graf Zinzendorf), die den Menschen zu einer „inneren Umkehr" aufriefen. Ein Teil der Jungen Kirchen und viele kirchliche Jugend- und Erneuerungsbewegungen (etwa der YMCA oder die „Katholische Aktion") haben diese Konzepte aufgenommen.

Der Traum des Papstes Innozenz III. (1198- 1216)

Fresko des Franziskusmeisters, um1260, Assisi, S. Francesco, teilw. zerstört

Im 13. Jh. entstand unter zahlreichen Gläubigen eine Gegenbewegung der Besinnung auf die Überlieferungen der Urchristenheit, auf die Ideale der Armut und des Wanderpredigertums. An Bedeutung unter den mönchischen Reformorden gewannen u. a. die Franziskaner. Daß die Hochkirche ihren Widerstand aufgab, erklären die Legenden um den Spanier Dominikus (1170-1221) und den Italiener Franziskus von Assisi (1182-1226), u. a. mit Traumgesichten, die den Papst überzeugten, die neuen Orden seien Stützpfeiler für das wankende Gebäude der Kirche.

DAS CHRISTENTUM BIS ZUR REFORMATION

Die frühe Kirche und das Römische Reich

Während es in der Urkirche zunächst Bestrebungen gab, das Christentum auf eine Gesetzesreligion im jüdischen Raum und die Judenmission zu beschränken (besonders bei Jakobus und zunächst auch bei Petrus), also zu einer judenchristlichen Sekte zu werden, erkannte besonders Paulus die Zukunft des Christentums in der Heidenmission.

Ausgehend von der umfassenden Erneuerungsbotschaft des NT, kam es zu einer Abwendung vom Judentum, die für das Verhältnis der beiden Religionen zueinander, vor allem für das Judentum, fatale Folgen zeitigte. Den Juden wurde wegen ihrer Weigerung, Christus als den Messias anzuerkennen, bald schon heidnischer Starrsinn vorgeworfen, und die bereits bei den Evangelisten angelegte Tendenz, die Juden als die eigentlichen „Christusmörder" darzustellen, verstärkte sich. Schon durch Paulus und mehr noch durch die frühen Kirchenväter, die Apologeten („Verteidiger"), fand das junge Christentum geistigen Anschluß an die griechisch-hellenistische Welt und ihren Anspruch von Universalität, der sich dem Christentum einprägte. Wie schon im Prolog des Johannes-Evangeliums vorgebildet, wurde Christus mit dem griechischen Logos gleichgesetzt und als Weltvernunft gedeutet; besonders die Kirchenlehrer des Ostens entwickelten christianisierte neo-platonische Gedankengebäude. Ganz allgemein wurde das antike Bil-

Messe auf der Piazza di S. Pietro vor der Peterskirche in Rom (während des 2. Vatikanischen Konzils)

Im Anschluß an den lateinischen Sprachgebrauch werden die Generalversammlungen der katholischen Kirche, an der nur Bischöfe teilnahmeberechtigt sind, Konzile genannt (griech. „Synode"). Während die acht ökumenischen Konzile der alten Kirche sämtlich von den römischen Kaisern einberufen wurden und in erster Linie der Feststellung bzw. Ausgestaltung der Lehre dienten, fanden die von der Kurie einberufenen Konzile des Mittelalters und der Neuzeit zumeist im Spannungsfeld zwischen geistlichem und weltlichem Machtanspruch sowie zur Abwehr reformatorischer Bestrebungen statt und dienten oftmals der Festschreibung traditionsgebundener Rechts- und Glaubenspositionen; gipfelnd im 1. Vatikanum (1869/70) mit der Bestätigung des päpstlichen Universalepiskopats und der Formulierung der Unfehlbarkeit des Papstes. Der Grundgedanke der Konzile war die Überzeugung der zuverlässigeren Wirkung des Heiligen Geistes in der Versammlung der Bischöfe.

dungswesen vom Christentum aufgenommen und „christianisiert".

Das Verhältnis zum heidnischen römischen Staat unterliegt den stärksten Wandlungen. Das Christentum kam noch in Judäa, wo die Christen von der römischen Verwaltung als eine jüdische Sekte behandelt wurden, erstmals mit staatstragenden Kultformen in Berührung. Hauptsächliches Ärgernis für die Christen wie für die Juden war der römische Kaiserkult, der nach Festigung der Erb- bzw. Adoptiv-Dynastien zu einer göttlichen Verehrung des Kaisers führte. Von den Christen wurde dies als eine Form des Götzendienstes abgelehnt, obwohl Jesu Worte in bezug auf die weltliche Autorität nicht eindeutig sind. So wechselten Zeiten argwöhnischer Duldung mit schweren Christenverfolgungen, am härtesten unter den Kaisern Nero (54-68), Septimius Severus (193-211), Maximinus Thrax (235-238), Decius (249-251) und Diocletian (285-305). In diesen Zeiten wuchs die Zahl der Märtyrer, deren Furchtlosigkeit den Glauben und das Bekenntnis stärkte. Zugleich fand römisches Denken Eingang ins Christentum, was zu einer starken Verrechtlichung des Glaubens führte: Vieles im Erscheinungsbild, im Kultus und im Aufbau der Kirche ist heidnisch-römischen Ursprungs.

Kaiser Konstantin (306-337, ab 324 Alleinherrscher) erkannte als erster Kaiser die mögliche staatstragende Funktion des Christentums und erließ 311 das Mailänder Toleranzedikt, das den Christen freie Religionsausübung und staatliche Anerkennung gewährte. Der angeblich im Zeichen des Kreuzes erfochtene Sieg Konstantins über seinen Mitkaiser Maxentius an der Milvischen Brücke 312 wurde später zur christlichen Legende ausgestaltet, während die sogenannte „Konstantinische Schenkung", auf die der Papst später seinen Anspruch auf die weltliche Beherrschung Mittelitaliens (Kirchenstaat) gründete, eine spätere Fälschung ist. Unter Kaiser Theodosius (379-395) wurde das Christentum 392 Staatsreligion und setzte das staatliche Verbot aller heidnischen Kulte durch. Die darauffolgenden christlichen Kaiser Westroms erwiesen sich als politisch meist schwach, griffen jedoch stark in die Belange der jungen Staatskirche ein.

Die orthodoxe Kirche und Byzanz

Seit der Teilung des römischen Weltreiches im 4. Jahrhundert und endgültig nach dem Untergang Westroms (476) gewann das oströmische Kaiserreich von Byzanz zunehmend an Bedeutung und Macht. Konstantinopel erlebte als „Zweites Rom" einen kulturellen Aufschwung, und der unter kaiserlicher Protektion stehende Patriarch von Konstantinopel wurde als geistliches Oberhaupt der griechisch-orthodoxen Kirche um das Jahr 500 dem Papst in Rom gleichgestellt.

Auch Rom und die Westkirche gerieten in zunehmende Abhängigkeit von Byzanz. Durch den pomphaften Cäsaropapismus des byzantinischen Kaisers, dessen Kultformen auch in die orthodoxe Kirche Eingang fanden, besaß die Ostkirche eine stärkere Geschlossenheit gegenüber Rom, das von arianischen Germanenvölkern umgeben war. Die orthodoxe Kirche breitete sich im gesamten slawischen Raum bis einschließlich Rußland aus. Theologisch unterscheidet sich die Ostkirche von der römischen Kirche vor allem dadurch, daß sie die Herrschaftlichkeit der Gottpersonen stärker betont und den Heiligen Geist allein vom Vater und nicht auch vom Sohn (filioque) ausgehen läßt.

Unter dem bedeutenden Kaiser Justinian (527-565) stand das Byzantinische Reich auf dem Höhepunkt seiner Macht, doch bereits seit dem 7. Jahrhundert verlor es durch den rasch vordringenden Islam zunächst seine Gebiete im Vorderen Orient und war bald selbst bedroht; diese Bedrohung hielt in verschiedenen Phasen bis zum Untergang Ostroms (1453) an. Durch die unübersehbare Zahl der Heiligen und ihre reichhaltige Darstellung in Bildern, Ikonen und Reliquien kam es im Einflußbereich der Ostkirche zwischen 726 und 843 zu dem oft blutig ausgetragenen Bilderstreit (Ikonoklasmus) über die Rechtmäßigkeit und Angemessenheit dieser Verehrungsformen (Vorwurf des Götzendienstes), in den Kirche und Kaiser gleichermaßen verwickelt waren und der das Reich im Innern schwächte.

Über dogmatische Streitigkeiten und die Frage des Römischen Primats kam es zu einer zunehmenden Entfremdung zwischen Ost- und Westkirche, die in dem seit 1054 bestehenden Schisma, der Trennung beider Kirchen nach gegenseitiger Bannung und Verurteilung, kulminierte. Nach der Eroberung Konstantinopels durch die Türken 1453 fristete die griechisch-orthodoxe Kirche ein geduldetes Dasein unter der Herrschaft der Osmanen, während die russisch-orthodoxe Kirche mit Moskau als dem „Dritten Rom" sich als Erbe und Hort der alten Orthodoxie begriff und eine bedeutende Rolle im Geistesleben Osteuropas und Eurasiens spielte. Das russische Zarentum übernahm wesentliche Aspekte des byzantinischen Cäsaropapismus und Staatskirchentums.

Die westliche Kirche des Mittelalters und das Papsttum

Die Kirche des Westens nahm ihren Aufschwung durch die Zurückdrängung des Arianismus und die Bekehrung der westeuropäischen Germanenvölker zum römisch-katholischen Glauben im 5. und 6. Jahrhundert. Durch die frühe Christianisierung Irlands und (teilweise) Schottlands entstanden dort bedeutende Mönchsgemeinschaften, von denen die systematische Christianisierung West-, Mittel- und Nordeuropas ausging. Am bekanntesten wurde der angelsächsische Mönch Winfried (ca. 673-754), der unter dem Namen Bonifatius Anfang des 8. Jahrhunderts im Gebiet des Frankenreiches missionierte und bei den Friesen den Märtyrertod erlitt.

Gegenüber dem wachsenden Einfluß Ostroms und Konstantinopels behauptete der Papst als Bischof von Rom mit Berufung auf das Jesuswort von Petrus als dem „Fels", auf dem die Kirche gebaut werden soll (Matth. 16,18), seinen Primat für die Gesamtkirche. Mit der politischen Schwächung des Kaiserreiches von Byzanz gewann Rom zunehmende Selbständigkeit. Papst Gelasius I. (492-496) entwickelte die Lehre von der Unabhängigkeit von geistiger und weltlicher Macht bei Vorrang der geistigen Macht („Zwei-Schwerter[Gewalten]-Lehre"), welche Papst Gregor der Große (590-604) zu einer Lehre vom Primat der römischen Päpste ausbaute.

Seit dem 8. Jahrhundert drängte Rom auf eine politische Loslösung von Byzanz und richtete sein Augenmerk auf das erstarkende Frankenreich der Karolinger. Die Kaiserkrönung Karls des Großen durch den Papst in Rom zu Weihnachten des Jahres 800 machte die Frankenherrscher und später die deutschen Kaiser zu Schutzherren der Kirche. Seit das römische Papsttum ab Mitte des 9. Jahrhunderts – dem sog. „Dunklen Jahrhundert" – im Chaos rivalisierender römischer Adelscliquen versank, unternahmen die deutschen Kaiser der Ottonen und Salier seit Mitte des 10. Jahrhunderts durch ihre Romzüge ernsthafte Reformversuche, brachten die Kirche damit zugleich aber in völlige Abhängigkeit von der weltlichen Macht. Doch konnte das westliche Christentum durch diese Neuordnung seiner Verhältnisse in jener Zeit gewaltige Erfolge bei der Missionierung Osteuropas und Skandinaviens aufweisen.

Gegen die Abhängigkeit von der weltlichen Macht opponierte erfolgreich die von den Klöstern Cluny und Gorze ausgehende innerkirchliche Reformbewegung, deren Symbol der Mönch Hildebrand war, der als Papst Gregor VII. (1073-1085) innerkirchlich gegen Laieninvestitur (Einsetzung von Laien als kirchliche Würdenträger) und Simonie (Ämterkauf) vorging und Kaiser Heinrich IV. im Jahre 1077 zu dem berühmten Bußgang nach Canossa zwang. Durch die Kreuzzugs-Bewegung (Ende 11. bis 13. Jahrhundert) gewann das Papsttum nochmals an Einfluß und Reichtum. Das Verhältnis von Papst und Kaiser trübte sich besonders seit dem 11. Jahrhundert im sog. „Investiturstreit", bei dem es um das Recht der Einsetzung (Investitur) der Bischöfe ging, bis hin zu Phasen des offenen Kampfes. Unter den Staufern (12./13. Jahrhundert), die auch Sizilien und Unteritalien für sich erlangen konnten, erreichten die Streitigkeiten ihren Höhepunkt. Zugleich erlebte das Hochmittelalter die Blütezeit des abendländischen Mönchtums und der scholastischen Gelehrsamkeit, eine Reihe von europäischen Universitäten und Klöstern entstanden als geistige Zentren, und die Kirchenkunst der Romanik und Gotik schuf ihre Meisterwerke.

Unter Innozenz III. (1198-1216) und seinen direkten Nachfolgern stand das Papsttum als Institution im Zenit seiner Macht: Der Papst war das geistliche, politische und gesetzgebende Oberhaupt eines ganzen Kulturkreises und bezeichnete sich stolz als „Haupt der gesamten Christenheit" (Caput christianitatis). Bonifaz VIII. (1294-1303) jedoch überzog schließlich in seiner Bulle „Unam Sanctam", welche den Gehorsam gegen den Papst in allen Fragen für heilsnotwendig erklärte, die weltlichen Herrschaftsansprüche des Papsttums. Es war der letzte und gescheiterte Versuch, eine geistliche und kulturelle Zentralin-

Gottesmutter
Ikonenmalerei, Moskauer Schule, 16. Jh.

Die im Gegensatz zu Götzenbildern als „Ikonen" (griech. „Abbild, Ebenbild") bezeichneten Heiligenbilder der griechisch-orthodoxen Kirche, die schon früh als Andachtsbilder im kirchlichen (Ikonostase, Ikonenwand) und privaten Raum (Ikonenecke) verehrt wurden, erfuhren im Zusammenhang mit dem Bilderstreit (Ikonoklasmus, 8./9. Jh.) eine nachhaltige Typisierung. Dies traf in Abwehr der Kritik am Marienkult in besonderer Weise für die Darstellung der Gottesmutter zu. Der als „Gnadenbild" bezeichnete Typus (Hodigitria) zeigt Maria als Gottesmutter, das Kind auf dem Arm mit dem Segensgestus des Christus.

Griechisch-orthodoxe Eucharistiefeier
zeigenössisches Foto

Heinrich IV. in Canossa 1077
Eduard Schwoiser, Buchillustration, Ende 19. Jh.

Die Auseinandersetzungen zwischen der Kurie und den territorialen Fürsten, insbesondere dem Kaiser des Hl. Römischen Reiches Deutscher Nation, eskalierten im sog. „Investiturstreit", dem von Papst Gregor VII. (1073-1085) bestrittenen Recht eines Laien (des Kaisers), Geistliche mit Ring und Stab als Zeichen der Amtswürde und somit auch mit Ländereien zu belehnen. Aus politischen Gründen sah sich Kaiser Heinrich IV. (1056-1106) gezwungen, sich 1077 einer dreitägigen Kirchenbuße vor dem Burgtor von Canossa zu unterwerfen. Der Vorgang gilt als symbolischer Ausdruck höchster Entfaltung der päpstlichen Macht, während spätere Päpste wie Bonifaz VIII. (1294-1303) durch Ämtermißbrauch, Familienpolitik und Machtbesessenheit dazu beitrugen, daß sich letztlich das Prinzip der „Gewaltenteilung" durchsetzte.

Papst Bonifaz VIII. (1294-1303)
Arnolfo di Cambio, Porträtbüste, um 1300, Rom, Museo Petriano

stanz in einer auseinanderstrebenden Welt durchzusetzen.

Der Niedergang erfolgte rapide: Die Päpste gerieten zunächst zwischen1305 und 1377, nach Avignon verbracht, unter die Botmäßigkeit des französischen Königs. Sodann erfolgte das „Große Abendländische Schisma" (1378-1415/17). Während dieser Zeit residierten zeitweise drei Päpste gleichzeitig in Rom, Avignon und Pisa. Das Konzil von Konstanz (1414-1417) beendete diese chaotischen Zustände. Während des Zeitalters der Renaissance gewann das Papsttum zwar seine Machtstellung zurück, doch verstrickte es sich in völliger Verweltlichung, politischen Intrigen und Sittenlosigkeit. Durch schrankenlose Simonie und Nepotismus (Verwandtenbegünstigung) trachteten die Päpste nach der Errichtung italienischer Fürstentümer für ihre Familien, wobei die Pontifikate von Alexander VI. Borgia (1492-1503) und Leo X. Medici (1513-1521) als Höhepunkte dieser Verweltlichung betrachtet werden können. Allerdings ging von den Kirchenfürsten der Renaissance gleichzeitig ein bisher nie gekanntes Kunstmäzenatentum aus, von dem fast alle Künstlergenies der Renaissance profitierten.

DIE REFORMATION

Der geistige Umbruch

Der um die Wende zum 16. Jahrhundert in ganz Europa auf allen Gebieten spürbare Umbruch, der sich mit der Epoche der Renaissance, des Humanismus und der beginnenden Neuzeit verband, machte sich besonders auch in der Kirche bemerkbar. Den großen Reformatoren war bei allen Unterschieden das Seelenheil des Menschen und das Wohl der christlichen Lehre ein besonderes Anliegen, das sie scharf gegen Verweltlichungstendenzen und menschliche Unzulänglichkeiten sowie Luxus, Reichtum und Ämtermißbrauch in der Kirche Stellung nehmen ließ. Der Glaube wurde wieder stärker „personalisiert", das Gefühl der menschlichen Sündhaftigkeit sollte nicht länger durch Geld und Abgaben zu kaschieren sein, und die Urbotschaft der Heiligen Schrift sollte wieder von allem späteren, kleinlich-zeitverhafteten Beiwerk befreit werden. Für die Reformatoren verdeckten später hinzugekommene Riten, Kulte, Praktiken und Dogmen den Kern der ursprünglichen Botschaft. Der aus der Lehre der großen Reformatoren hervorgegangene Protestantismus (von lat. pro-testari = öffentlich bezeugen) appelliert an die alleinige Schriftautorität der Bibel, die Gewissensfreiheit des einzelnen, den Ruf des Predigers zu innerer Umkehr und eine Innerlichkeit des Glaubens, welche äußere Symbole wie pomphaften Heiligenkult, Mysterien und Reliquien vernachlässigt.

Das Auftreten der Reformatoren entzündete sich an den krassen Mißständen in der alten Kirche und konnte damit auf Vorbilder zurückgreifen. Der englische Reformator John Wiclif (um 1320-1384) hatte bereits Mitte des 14. Jahrhunderts gegen die Finanzgebaren der römischen Kurie und für eine Rückkehr der Kirche zur „apostolischen Armut" gestritten. Theologisch fundierter war der Prager Prediger Jan Hus (um 1370-1415) mit der Verweltlichung und Habgier der Kirche ins Gericht gegangen und hatte die Glaubensnot der frommen Christen verdeutlicht, wofür er auf dem Konzil von Konstanz – trotz der Zusage freien Geleits – als Ketzer verbrannt wurde. Das gleiche Schicksal erlitt auch der in Florenz gegen den Borgiapapst und die Geldherrschaft der Medici auftretende Dominikanermönch Girolamo Savonarola (1452-1498), der seine unbequemen Mahnungen mit dem Eintreten für eine messianische Politik verband. Doch sollte erst den großen Reformatoren des 16. Jahrhunderts dauerhafter Erfolg beschieden sein.

Martin Luther

Als Martin Luther (1483-1546), ursprünglich Augustinermönch in Erfurt und seit 1512 Professor für Bibelwissenschaften in Wittenberg, im Jahre 1517 seine 95 Thesen gegen den römischen Ablaßhandel veröffentlichte (die er der Legende nach an die Schloßtüre zu Wittenberg anschlug), setzte er eine Bewegung in Gang, die seine Person weit überstieg. Was Papst Leo X. in Rom anfangs als „Mönchsgezänk" abtat, entwickelte sich bald zu einer breiten reformatorischen Bewegung, zumal Luther in den folgenden Jahren seine Thesen in verschiedenen (Streit-)Schriften verteidigte, systematisierte und erweiterte. 1520 verbrannte er die römische Banndrohungsbulle, womit sein Bruch mit Rom besiegelt war.

Er reduzierte die kirchlichen Sakramente auf zwei, nämlich Taufe und Abendmahl, und war von einem tiefen und innerlichen Vertrauen auf die Gnade Gottes und von einem starken Sündenbewußtsein des Menschen erfüllt. Im Verlaufe der Auseinandersetzungen wurde auch Luther immer unduldsamer und aggressiver; das Papsttum erschien ihm schließlich als die Herrschaft des Antichristen. Seine mitreißende und

oft deftige Sprache forderte zu tätiger Reform der Kirche auf. Sehr bald schon stellten sich verschiedene deutsche Fürsten hinter Luther und nahmen ihn unter ihren Schutz, besonders der Kurfürst von Sachsen und der Landgraf von Hessen, so daß Luther 1521 mit sicherem Geleit auf dem Reichstag zu Worms vor dem Kaiser und Abgesandten Roms erscheinen konnte.
Der Versuch einer Einigung schlug fehl, Luther blieb bei seinen Thesen. In den folgenden Jahren spitzte sich die Entwicklung zu; auf dem Augsburger Reichstag von 1530 radikalisierten Luthers Anhänger (er selbst war nicht anwesend) seine Thesen, und die Glaubensspaltung in Deutschland nahm ihren Anfang. Die immer wieder angesetzten Religionsgespräche brachten sowenig eine Einigung wie der „Schmalkaldische Krieg" (1546/47) zwischen dem kaiserlich-katholischen Heer und den protestantischen Reichsfürsten. Im Augsburger Religionsfrieden von 1555 wurde ein labiles Gleichgewicht zwischen Katholiken und Protestanten im Reich ausgehandelt, dessen Brüchigkeit in der Zeit des Dreißigjährigen Krieges (1618-1648) besonders deutlich wurde. Großer Erfolg war dem Luthertum im Norden Europas beschieden. In Schweden führte König Gustav I. Wasa 1527 die Reformation nach lutherischen Regeln ein, 1536 folgte König Christian III. in Dänemark, Norwegen und Schleswig-Holstein.

Huldrych Zwingli

Huldrych Zwingli (1484-1531), seit 1519 Seelsorger am Großmünster in Zürich, hatte in seiner Kritik vieles mit Luther gemein, doch war er stärker dem Humanismus und dem Spiritualismus verhaftet, weshalb seine Lehre eher derjenigen der Täufer nahesteht. Seit 1523/24 predigte Zwingli im reformatorischen Geiste, führte das lutherische Abendmahl ein und sprach sich mit seinen Anhängern schließlich für die Wiedertaufe (der Erwachsenen) aus, wogegen der Stadtrat und die katholischen Instanzen Zürichs einschritten. Die Schweizer Kantone entzweiten sich innerlich über Zwinglis Reformation, der 1529 anläßlich der Religionsgespräche in der Abendmahlsfrage sowohl gegen die katholische Lehre von der „Verwandlung" Jesu in Brot und Wein (Transsubstantiationslehre) als auch gegen Luthers Festhalten an der tatsächlichen Anwesenheit des Herrn beim Abendmahl (Realpräsenz) Stellung nahm. Für Zwingli war das Abendmahl ein reines Gedächtnismahl. Im folgenden versuchte Zwingli – wie später auch Calvin – scharf gegen Abtrünnige in den eigenen Reihen vorzugehen. Im Oktober 1531 fiel er in der Schlacht von Kappel gegen die katholischen Eidgenossen.

Johann (Jean) Calvin

Jean Calvin (1509-1564) war der jüngste und in vieler Hinsicht radikalste und in seiner Wirkung weitreichendste der großen Reformatoren. Aus einer Familie von Geistlichen stammend, die in gespanntem Verhältnis zur Kirche lebte, erhielt er seine Ausbildung in Frankreich, mußte dann aber nach Basel fliehen, wo er mit der Reformation in Berührung kam. 1536 wurde er Stadtpfarrer in Genf und entwarf direkt 1537 eine reformatorische Gemeindeordnung, die er rigoros durchzusetzen gedachte. Zur Flucht gezwungen, kehrte er 1541 im Triumph nach Genf zurück und erhob dort seine Kirchenordnung zum Gesetz. Mit unduldsamer Rigorosität, zu der auch Scheiterhaufen und Verbannungen gehörten, errichtete Calvin mit seinen Anhängern in Genf einen straff organisierten „Gottesstaat" und 1559 eine bedeutende theologische Hochschule, von der aus sein Gedankengut in ganz Europa verbreitet wurde.
In seinem prophetischen Sendungsbewußtsein verteidigte Calvin den „Tyrannenmord" gegen eine ungerechte und unchristliche Obrigkeit (Widerstandsrecht) und radikalisierte die Lehre der bisherigen Reformatoren. Calvin vertrat eine Erwählung durch Gott im Glauben an ihn. Das christlich gute und erfolgreiche irdische Leben ist ihm Anzeige für eine Erwählung durch Gott. Er behauptete mit Nachdruck eine „doppelte Prädestination", also die absolute Vorbestimmtheit einiger Menschen zur Seligkeit und anderer zur ewigen Verdammnis. Seine Strenge und sein Ernst ziehen sich durch die gesamte calvinistische Lehre, seine Vorstellungen vom gottgefälligen Leben bestimmten ganz wesentlich das protestantische Arbeitsethos des neuzeitlichen Europa, die Haltung der „innerweltlichen Askese" (Max Weber). Erfolge hatte die neue Lehre – trotz blutiger Verfolgungen – vor allem in Frankreich, wo die calvinistischen Hugenotten („Eidgenossen") bald zu einer bedeutenden Macht wurden, der sich auch Teile des Adels anschlossen und die in Admiral Coligny einen geschickten Führer besaß, bis es zum Massaker der Bartholomäusnacht 1572 kam. Frankreich blieb katholisch, doch sicherte der vorher selber hugenottische König Heinrich IV. den Protestanten im Edikt von Nantes (1598) freie Religionsausübung zu; allerdings wurde das Toleranzedikt 1685 von Lud-

Martin Luther als Prediger
Lucas Cranach d. Ä, Predella des Reformationsaltars, Ausschnitt, 1548, Wittenberg, Stadtkirche

Das zwei Jahre nach Luthers Tod geschaffene Bildensemble des Luther-Freundes Cranach zeigt den Reformator bei der Auslegung der Botschaft von der schenkenden, begnadigenden Gerechtigkeit Gottes, die allein durch das biblische Wort verkündet und im Glauben erfahren werden kann. Im Gegensatz zur lateinischen Messe mit dem Meßopfer als dem sakralen Höhepunkt trat bei den Protestanten die Wortverkündigung des Evangeliums (frohe Botschaft) „aus rechter Muttersprach" in den Mittelpunkt des Gottesdienstes. Luthers ausgestreckter Arm weist auf den Gekreuzigten im Zentrum der Predella, denn nur in ihm symbolisiert sich der von Sünden- und Todesfurcht befreiende Gnadenakt Gottes.

Der Papst als Antichrist
Satirisches Flugblatt, Holzschnitt, 16. Jh.

Die Bartholomäusnacht
Francois Dubois, Ende 16. Jh., Lausanne, Musée des Beaux-Arts

Die Ausbreitung reformatorischer Ideen forderte den Widerstand der katholischen Kirche heraus und führte, vor allem auf den Territorien katholischer Herrscher, zur oft blutig geführten „Gegenreformation". Einen ersten Höhepunkt stellte die Verfolgung der calvinistischen Hugenotten (Eidgenossen) durch das von Katharina de Medici geführte französische Königshaus dar. Bereits 1559 und 1560 erfolgten die ersten öffentlichen Hinrichtungen (Blutgericht von Ambois). Sie setzten sich trotz eines Duldungsedikts fort (Blutbad von Vassy, 1562). Zwar konnte Admiral Coligny 1570 die Regentin mit Waffengewalt zum Einlenken bewegen (Frieden von St. Germain, 1570), aber sie rächte sich zwei Jahre später, als sich die Führer der Hugenotten anläßlich einer königlichen Hochzeit in Paris aufhielten (Bluthochzeit). In der Nacht vom 23. zum 24. 8. 1572 ließ sie rund 2000 Hugenotten, darunter auch Coligny, umbringen (Bartholomäusnacht). Von Paris aus setzte sich die Mordwelle in Städten und Dörfern fort. Die Quellen sprechen von etwa 100 000 Opfern. Erst 1598 gestattete das Toleranzedikt von Nantes freie Religionsausübung.

wig XIV. wieder aufgehoben und die Hugenotten aus Frankreich vertrieben.

Große Erfolge hatte der Calvinismus auch in den Niederlanden, wo er zum geistlichen Motor des niederländischen Freiheitskampfes gegen die spanische Oberhoheit wurde. 1571 wurde der Calvinismus in den nördlichen Niederlanden Staatsreligion und drang von dort auch in die niederrheinischen deutschen Gebiete vor. Auch einige deutsche Fürstentümer wie die Kurpfalz und Brandenburg-Preußen wurden – wenigstens zeitweise – calvinistisch. In Schottland wurde von John Knox (1513-1572) eine Reformation nach calvinistischen Grundsätzen durchgeführt, die auch nach England ausstrahlte. Durch die Seemächte Großbritannien und Holland wurde calvinistisches Gedankengut auch in die Kolonien und die Neue Welt getragen.

Weitere Strömungen der Reformation

Zur Zeit der Reformation sagte sich auch der englische König Heinrich VIII. (1509-1547) nach Streitigkeiten, die sich ursprünglich an dem vom Papst verweigerten Ehescheidungsdispens für den König entzündet hatten, von Rom los und gründete 1534 nach Auflösung der Klöster die anglikanische Staatskirche unter königlicher Oberhoheit, die in vielen Dingen einen Zwischenstatus zwischen der katholischen und der protestantischen Kirche einnahm (Anglikanismus). 1539 ließ der König 6 Glaubensartikel auf reformatorischer Grundlage verkünden, die u .a. die Leugnung der katholischen Transsubstantiationslehre beinhalten. Mit den 42 Glaubensartikeln des Jahres 1553 und der „Supremats- und Uniformitätsakte" von 1559 wurde unter Edward VI. (1547-1553) und später, nach einem vorübergehenden Rekatholisierungsversuch, unter Elisabeth I. (1558-1603) die endgültige Protestantisierung Englands durchgesetzt.

Zum Zeitalter der Reformation gehören auch mehrere radikale Strömungen, die allesamt sowohl von katholischer als auch von gemäßigt protestantischer Seite bekämpft und niedergeschlagen wurden. Seit etwa 1520 gärten vor allem im Südwesten Deutschlands verschiedene Bauernaufstände, denen sich auch ein Teil der Reichsritterschaft anschloß. Den Führer ihres stark religiös und messianisch ausgerichteten Protestes besaßen sie, neben einigen sog. „Schwärmern" oder „Schwarmgeistern", seit 1521 in dem revolutionären Zwickauer Prediger Thomas Müntzer (1489/90-1525), der 1524 in Mühlhausen einen chiliastischen „Gottesstaat" zu errichten versuchte und für eine gewaltsame Beseitigung der unchristlichen Obrigkeit und Fürsten eintrat. Nach einigen Anfangserfolgen wurden die Bauernheere 1525 in der Schlacht von Frankenhausen geschlagen und vernichtet. Müntzer wurde grausam hingerichtet und die religiös motivierten Freiheitsbestrebungen der Bauern blutig unterdrückt, wozu vor allem auch Martin Luther die Obrigkeit aufgerufen hatte.

Unter dem Einfluß des in Amsterdam und Straßburg wirkenden Täuferpropheten Melchior Hofmann (vor 1500-1543, in der Haft gestorben) und des Münsterischen Kaplans Bernhard Rothmann (um 1495-1535) errichteten Täufer nach Vertreibung des Bischofs 1534/35 in Münster ein neues „Königreich Zion", dem sich auch Teile des reformatorisch gesinnten Bürgertums anschlossen. Der niederländische Täuferführer Jan Matthys (gefallen 1534) und nach ihm der Prophet Johann Bockelson gen. von Leyden wurden die geistigen Führer des Täuferreiches und errichteten mit rigorosen und gewaltsamen Mitteln ein „Gottesreich" auf Erden. Der Versuch wurde 1535 blutig niedergeschlagen und seine Führer auf der Folter hingerichtet; ihre Körper wurden zur Abschreckung in Eisenkäfigen an der Lambertikirche hochgezogen. Resten dieser Täuferbewegung gelang als Mennoniten die Flucht in die Niederlande.

Die katholische Gegenreformation

Auf katholischer Seite setzten die Erfolge der Reformation seit Mitte des 16. Jahrhunderts eine eigene innerkirchliche Reformbewegung in Gang, die unter dem Namen „Gegenreformation" bekannt ist. Ausgangspunkt dieser Bewegung wurde das mit Unterbrechungen zwischen 1545 und 1563 tagende Konzil von Trient, das eine Reihe kirchlicher Mißstände abschaffte und der katholischen Kirche eine erneuerte Basis gab. Die Gestalt der Sakramente, der Zölibat der Priester, das Ordenswesen und die Mission sowie der „Römische Katechismus" (1566) wurden dort neu definiert und die kirchliche Seelsorge auf ihre bis heute gültigen Grundlagen gestellt. Motor der Gegenreformation wurde der von Ignatius von Loyola 1540 gegründete Jesuiten-Orden, dem die Pflege der katholischen Universitäten und Bildungsstätten und das Missionswesen übertragen wurde. Im Gefolge der straff und streng organisierten Gegenreformation kam es aber auch durch Ketzerverfolgung, geistige Bevormundung der Gläubigen sowie das Inquisitions- und Hexenverfolgungswesen, dessen wahnhafter Aberglaube als Zeichen der geistigen Verunsicherung in der ersten Hälfte des 17. Jahrhunderts in Mitteleuropa und etwas später sogar in der protestantisch geprägten Neuen Welt Nordamerikas seinen traurigen Höhepunkt erlebte, zu Entwicklungen, die ebenso wie der prunkvolle Triumph der Kirche im Barockzeitalter die Religionskritik der beginnenden Aufklärung heraufbeschworen.

DAS CHRISTENTUM VON DER AUFKLÄRUNG BIS HEUTE

Aufklärung und Religionskritik

So wie keine Religion einen dem Christentum vergleichbaren Triumph erlebt hat, so erlebte auch keine Religion eine ähnlich umfassende Infragestellung wie das Christentum durch die abendländische Aufklärung und Religionskritik. Auf protestantischer Seite war das Christentum an das landesherrliche Prinzip geknüpft („cuius regio, eius religio" = „Wes des Land, des die Religion") und damit in höchstem Maße von der politischen Macht abhängig; so wechselte beispielsweise die Kurpfalz innerhalb von 75 Jahren (zwischen 1508 und 1583) mit jedem neuen Kurfürsten das Bekenntnis, insgesamt sechsmal. Auch im Bereich der katholischen Kirche führten der staatliche Absolutismus und das Prinzip der nationalen Souveränität zu Versuchen, die Religion zu „nationalisieren" und der jeweiligen Staatsmacht zu unterstellen, so im 18. Jahrhundert die Bewegungen des Gallikanismus, des Jansenismus und des Episkopalismus in Frankreich und Deutschland.

Der neue Geist der Aufklärung lehrte zunächst vor allem eine „natürliche Religion" bzw. ein „natürliches Christentum" als inneres, vernunftdiktiertes sittliches Prinzip im Menschen, das einer übernatürlichen Offenbarung, eines Jenseitsglaubens oder kirchlicher Institutionalisierungen nicht bedürfe. Bedeutende Philosophen wie John Locke in England oder Leibniz, Thomasius und Wolff bis hin zu Immanuel Kant in Deutschland stehen für dieses Gedankengut. Über Jean-Jacques Rousseau wirkte es besonders stark in der Französischen Revolution.

Der „Aufgeklärte Absolutismus" Friedrichs des Großen in Preußen oder Josephs II. in Österreich-Ungarn zeichnete sich durch weitgehende konfessionelle Indifferenz aus und griff radikal in kirchliche Belange ein, indem er das Zeremoniell zurechtstutzte und die Religion den Prinzipien der staatlichen Vernunft und Volkswohlfahrt unterstellte. Besonders die Macht der katholischen Kirche wurde durch den österreichischen „Josephinismus" stark eingeschränkt: Kaiser Joseph II. (1765-1790) setzte rigoros aufgeklärte Bischöfe ein und löste die Ordensinstitute zugunsten weltlicher Erziehungsanstalten auf.

Die Revolution in Frankreich (1789-1794) wandte sich radikal gegen jegliche Privilegien des geistlichen Standes, der ab 1790 einen Eid auf die bürgerliche Verfassung leisten oder emigrieren mußte. Kirchengüter wurden eingezogen und die Religion auf die Entfaltung der „edlen Triebe im Menschen" beschränkt. Besonders Maximilien de Robespierre setzte den „Kult der Vernunft" und den Glauben an ein vernunftgeleitetes „höchstes Wesen" (nach dem Vorbilde Rousseaus) durch. Nach der Revolution war es vor allem Napoleon Bonaparte, der die Kirche – unter anderem durch Internierung des Papstes und seiner Kardinäle – in Mitteleuropa unter die Botmäßigkeit einer zivilen Rechtsprechung zwang und eine Trennung von Staat und Kirche erwirkte.

Die weitgehende Säkularisierung (in Deutschland 1803 Abschaffung der weltlichen Macht der Kirche per Beschluß der Reichsstände) veränderte die religiösen und kirchlichen Verhältnisse in Europa zu Anfang des 19. Jahrhunderts von Grund auf. Die Kirche und letztlich auch die christliche Religion hatte ihr geistiges und bildungsmäßiges Monopol endgültig eingebüßt; die (auch geistige) Souveränität der Nationalstaaten hatte sich gegenüber einem kirchlichen Universalitätsanspruch durchgesetzt.

Neben dieser äußerlich-politischen Machtbeschneidung erfuhr das Christentum in der Folge der Aufklärung besonders im 19. Jahrhundert eine radikale Religionskritik, welche nicht nur die

Wallfahrtskirche zum gegeißelten Heiland
Dominicus Zimmermann, Wieskirche, 1754-1757, Wies bei Steingaden, Oberbayern

Das Jahrhundert der Religionskriege (Hugenotten, Freiheitskampf der Niederlande, Dreißigjähriger Krieg 1618-1648) führte zu einer Teilung Mittel- und Westeuropas, womit sich folgenreiche Verschiebungen in den ökonomischen und auch gesellschaftlichen Entwicklungen verbanden. Das Papsttum feierte die Ergebnisse der Gegenreformation als Sieg der Kirche (Ecclesia triumphans), der nicht zuletzt in einer beeindruckenden Bautätigkeit sowie in der Figuren-, Farb- und Lichtfülle (Horror vacui) barocker Kirchenräume, vor deren überirdischer Pracht sich der Gläubige staunend beugt, zum Ausdruck kam.

Sturm auf die Bastille
nach einer Zeichnung von Jean Louis Prieur, Ende 18. Jh., Versailles, Musée Historique

Die Erstürmung der Bastille, Symbol absolutistischer Herrschaft, durch das Volk von Paris am 14. 7. 1789 wurde zum Ausdruck der durch die Aufklärung entwickelten Überzeugung vom Selbstbestimmungsrecht des Menschen. Die Vernunft wurde als alleinige Quelle der Erkenntnis und Richtschnur des Handelns postuliert. Die Rolle der Religion wurde auf die „Entfaltung der edlen Triebe" reduziert. Das bedeutete Abschaffung der Privilegien des geistlichen Standes, Unterordnung der Amtsträger unter die bürgerliche Verfassung und die zivile Rechtsprechung. Der Versuch einiger Führer der Revolution, das Religionsbedürfnis der Massen durch einen Glauben an ein vernunftgeleitetes „höchstes Wesen" und durch einen „Kult der Vernunft" zu ersetzen, blieb eine kurze Episode. Napoleon, der aus den Wirren der Ereignisse als Sieger hervorging, setzte die Trennung von Staat und Kirche durch und beendete den Universalitätsanspruch der Geistlichkeit durch die Annektion des Kirchenstaates und die Gefangennahme von Papst Pius VII.

Kirche, sondern auch die Grundsätze des christlichen Glaubens bis ins Mark erschütterte. Die „geistige Säkularisierung" und die zunehmende „Entzauberung der Welt" durch den gewaltigen Aufschwung der Naturwissenschaften, der Technik und der Ökonomie erlebten das traditionelle Christentum zunehmend als Hemmschuh für intellektuelle Freiheit und wissenschaftlich-experimentellen Fortschritt.

Vor allem die verschiedenen Richtungen des wissenschaftlichen Materialismus, welche den Menschen aus seinen traditionellen und religiösen Befangenheiten heraus zu technisch-wissenschaftlichen Höchstleistungen befreien wollten, wandten sich gegen die Grundfesten des christlich-religiösen Weltbildes. So nahm der Soziologe Auguste Comte (1798-1857), der Begründer des wissenschaftlichen Positivismus, ein „Dreistadiengesetz" des menschlichen Denkens an, wonach sich der geistige Fortschritt von der theologisch-religiösen über die philosophische bis hin zur positivistischen (empirischen) Weltdeutung vollziehe, die schließlich sogar auf alle religiösen Fragestellungen verzichte. Der Biologismus und die Abstammungslehre von Charles Darwin (1809-1882) und seinen Nachfolgern erschütterten vor allem den Glauben an die biblische Schöpfungsgeschichte und die Gottebenbildlichkeit des Menschen nachhaltig.

Ludwig Feuerbach (1804-1872) unternahm in seinem Streben nach einem radikalen Anthropozentrismus eine umfassende Religions- und besonders Christentumskritik, in welcher er die Religion als Selbstentfremdung des Menschen (Projektionsthese) begriff, welche das menschliche Streben nach Selbstvervollkommnung behindere. Karl Marx (1818-1883) und Friedrich Engels (1820-1895) stellten die Kritik Feuerbachs auf ökonomische und gesellschaftspolitische Grundlagen. Die Religion mit ihrer Jenseitsbezogenheit verhindere den politischen Kampf des Menschen um eine Verbesserung seiner gesellschaftlichen und materiellen Lebensbedingungen („Religion als Opium des Volkes").

Von besonderer Aggressivität und Nachhaltigkeit war die Kritik des Christentums von Friedrich Nietzsche (1844-1900), der Schopenhauers Skepsis gegen das Christentum aufnahm und dem Christentum die Errichtung der Herrschaft einer ressentimentgeladenen „Sklavenmoral" der Schwäche und Mittelmäßigkeit (Vermassung) gegen die freie Entfaltung des starken und künstlerischen Einzelmenschen (Herrenmenschen) vorwarf. Von ähnlichem Gedankengut war auch Richard Wagners (1813-1883) Versuch der Wiederbelebung eines starken germanischen Neuheidentums in der Kunst beeinflußt. Sören Kierkegaard (1813-1855), eigentlich ein innerer Erneuerer des protestantischen Christentums, hat mit seiner Betonung der Vereinzelung des Individuums und seiner Entscheidungen sowie mit seiner Kritik der bloß äußerlichen Formen eines bequemen Kirchenchristentums die später stark religionskritische Denkrichtung der „Existenzphilosophie" (Existenzialismus) eingeleitet. Von besonderer Wirkung, die sich allerdings erst allmählich entfaltete, war auch die Behandlung des Religiösen durch Sigmund Freud (1856-1939): in ihrem Bestreben, den Menschen über bestimmte innere Zwänge aufzuklären, untersuchte die Psychoanalyse religiöse Bilder des „Über-Ich" (Gewissensinstanz) als teilweise krankmachende Moralvorstellungen, die z. B. auf übermächtige und ängstigende Vaterbilder zurückgeführt werden können.

Die Kirchen im 19. und 20. Jahrhundert

Die christlichen Kirchen, die nach dem Wiener Kongreß von 1815 versuchten, ihre alten Strukturen unter veränderten Bedingungen wiederzuerrichten, standen den wesentlichen Herausforderungen des 19. Jahrhunderts – revolutionäre Errungenschaften in Technik und Naturwissenschaft, säkularer Fortschrittsglaube, Demokratisierungsbewegungen, Liberalismus und später Sozialismus – (zunächst) weitgehend ratlos bis ablehnend und verurteilend gegenüber. Die protestantischen Kirchen führten im 19. Jahrhundert Diskussionen um ein konservatives oder liberales Christentum, wobei die liberale Theologie Anschluß an den wissenschaftlichen Rationalismus suchte und sich nach 1848 teilweise dem Liberalismus öffnete. Die geistig beherrschende Figur war Friedrich Schleiermacher (1768-1834), ein bedeutender Neuerer der protestantischen Theologie. Nach außen hin war der (konservative) Protestantismus besonders in Preußen und damit nach 1871 im gesamten Deutschen Reich die Stütze des spätabsolutistischen Staatskirchentums. Durch staatlichen Druck erzwang Preußen 1817 den Zusammenschluß der protestantischen Kirchen zu einer Union („Evangelisch-Christliche Kirche"); diesem Beispiel folgten die meisten anderen deutschen Länder. Zeitgleich mit der katholischen Kirche begann sich der Protestantismus in der zweiten Hälfte des 19. Jahrhunderts der sozialen Frage anzunehmen.

Wesentlich komplizierter gestalteten sich die Verhältnisse für die katholische Kirche. Nach 1815 war der päpstliche Stuhl zum Hort aller reaktionären Tendenzen geworden; Höhepunkte der reaktionären Bewegung bildeten die Pontifikate von Leo XII. (1823-1829), Gregor XVI. (1831-1846) und Pius IX. (1846-1878). Rom erging sich seit den 30er Jahren des 19. Jahrhunderts in der Maßregelung und Relegation aufgeschlossener Theologen und Universitätsprofessoren in allen europäischen Ländern. Durch Unnachgiebigkeit in Fragen der staatlich praktizierten Mischehenregelung provozierte Rom den „Kölner Mischehenstreit" (1837-1841), der die kirchlichen Verhältnisse in Deutschland und allen anderen gemischtkonfessionellen Ländern schwer belastete.

Das Erstarken und der kompromißlos durchgesetzte Zentralismus Roms, der in dem „Syllabus" von 1864 (Verurteilung der 80 „Irrtümer der Moderne", zu denen vor allem auch Liberalismus und Demokratisierung zählten), der Errichtung des gefürchteten päpstlichen Bücher-Index (Liste der für Katholiken verbotenen Bücher) und vor allem dem umstrittenen Dogma von der „Päpstlichen Unfehlbarkeit" (Infallibilität) von 1870 gipfelte, brachten die nationalen katholischen Kirchen in schwere Konflikte.

Ein harter Schul- und Kulturkampf entspann sich in Belgien und Frankreich, außerdem wurde das Verhältnis zu Frankreich dadurch schwer belastet, daß die katholische Kirche sich nach 1871 (zunächst) nicht zu einer Anerkennung der Republik durchringen konnte. Als sog. „Amerikanismus" wurden undifferenziert eine Menge vermeintlich moderner Strömungen verurteilt, was die ohnehin skeptisch beargwöhnte Lage der katholischen Kirche in den USA nicht eben förderte. In Italien selbst artete das Verhältnis zwischen Papst und weltlicher Macht durch Garibaldis Einigungswerk, das 1870 zum Verlust des Kirchenstaates geführt hatte, in offene Feindschaft aus; der Papst bezeichnete sich als „Gefangener im Vatikan". Überhaupt trugen in allen Ländern der bisherigen katholischen Vorherrschaft (Italien, Spanien, Portugal) alle demokratischen und liberalen Bewegungen deutlich antikirchliche Züge.

Im Deutschen Reich eröffnete Bismarck, der eine weitgehende „Entpolitisierung" der katholischen Kirche erreichen wollte, mit der Unterstellung aller Schulen unter staatliche Aufsicht 1871 den sog. „Kulturkampf", in dessen Verlauf mehrere katholische Bischöfe in Haft kamen oder zur Emigration gezwungen waren und viele Bistümer jahrelang verwaist blieben. Erst mit dem Pontifikat des klugen und geschmeidigen Leo XIII. (1878-1903) konnten sich in den 80er und 90er Jahren die Verhältnisse in Deutschland, Frankreich und Italien langsam entspannen.

Unter Leo XIII. (Enzyklika „Rerum Novarum" 1891) begann die katholische Kirche mit dem

Karl Marx (1818-1883)
Kolorierte Porträtaufnahme, um 1880

Die Religionskritik der Aufklärung gewann mit den wissenschaftlich-technischen Entwicklungen des 19. Jh. an Grundsätzlichkeit und Radikalität. Der Atheismus emanzipierte sich vom Ketzertum und bildete sich zur eigenständigen Weltanschauung aus. Die nachhaltigsten Wirkungen gingen im naturwissenschaftlichen Bereich von Charles Darwin (1809-1882, Abstammungslehre) und im gesellschaftspolitischen von Karl Marx aus, dessen Analyse der ökonomischen Triebkräfte das Christentum mit seiner Jenseitsorientierung in den Bereich des ideologischen „Überbaus" verwies, der darauf zielt, die Teilhabe der den Mehrwert schaffenden ausgebeuteten Klassen am ökonomischen Ertrag zu minimieren („Religion als Opium fürs Volk"). Der von Marx begründete historische Materialismus beeinflußte theologische Erneuerungsbewegungen des 20. Jh., insbesondere der 3. Welt. Die vom Geist des Skeptizismus geprägte philosophische Christentumskritik des 19. Jh. erwies sich auf der Suche nach ethischen Wertsetzungen als recht diffus und daher als mißbrauchbar für nationalistische oder rassistische Ideologien (Arthur Schopenhauer, Friedrich Nietzsche).

Friedrich Nietzsche (1844-1900)
Hans Olde, 1899

Entwurf einer eigenen Soziallehre und einer vorsichtigen Öffnung hin zur Arbeiterschaft, während unter seinem Nachfolger Pius X. (1903-1914) der antimodernistische Kampf eine neue Dimension bekam durch den „Anti-Modernisten-Eid" von 1910, nach dem alle katholischen Geistlichen eine Absage an alle modernen Tendenzen beschwören mußten. Der Geist dieses verdächtigenden Anti-Modernismus war (mit Abwandlungen) im wesentlichen bis zum Ende des Pontifikats von Pius XII. (1939-1958) vorherrschend.

Die russisch-orthodoxe Kirche erlebte nach der Bolschewistischen Revolution von 1917 eine Phase schwerer und blutiger Kirchenverfolgung. Durch Anknüpfung an das traditionelle Staatskirchendenken gelang es der Sowjetführung aber nach und nach, die Kirche weitgehend gefügig zu machen und im staatlichen Sinne zur Mitarbeit heranzuziehen. Trotzdem blieb der Sozialismus bolschewistischer bzw. stalinistischer Prägung eine scharf antireligiöse und antikirchliche Bewegung, unter der nach 1945 auch die westlichen Kirchen Osteuropas (in Polen, der CSSR, Ungarn, Rumänien, Bulgarien, Jugoslawien) zu leiden hatten. Auch hier wechselten Phasen der Verfolgung (besonders Ende der 40er und Anfang der 50er Jahre) mit einer Politik der gesellschaftlichen Kaltstellung oder Einbindung im Sinne des Staatssozialismus.

In Mitteleuropa entwickelten sowohl die katholische als auch die protestantische Kirche nur ein reserviertes und uneindeutiges Verhältnis zu den nach 1918 entstandenen Demokratien. In Frankreich war die katholische Kirche sogar führend in der antidemokratischen und profaschistischen „Action francaise" engagiert; auch in Österreich, Spanien und Portugal unterstützte sie offen antidemokratische Bestrebungen.

Beide Kirchen versagten besonders in der Frühzeit gegenüber dem Faschismus bzw. Nationalsozialismus. Während sich in der protestantischen Kirche unter dem Eindruck der sich verschärfenden Regierungsmethoden nach 1933 die protestantischen NS-Gegner als „Bekennende Kirche" von der bis zum Ende staatstreuen „Deutschen Reichskirche" abspalteten (Barmer Erklärung von 1934), blieb die katholische Kirche lange Zeit ambivalent. Beeindruckt durch die Konkordate mit den faschistischen Regierungen (1929 mit Italien, 1933 mit dem Deutschen Reich), blieben die Proteste Roms bis 1945 diplomatisch-abwägend. Wirklicher Widerstand ging in Deutschland in beiden Kirchen nur von einzelnen Strömungen oder Personen aus, während sich die katholische Kirche in Italien und Spanien sowie in einigen lateinamerikanischen Diktaturen teilweise bis in die 60er und 70er Jahre hinein mit diesen Regimen weitgehend identifizierte.

Nach 1945 begann mit der Neuordnung der Verhältnisse auch in allen christlichen Kreisen eine Besinnung auf das Geschehene und die Ausarbeitung von Richtlinien für die Zukunft. Alle Kirchen, besonders in Mitteleuropa und Nordamerika, legten ein deutlicheres Bekenntnis zur Demokratie und zum Sozialstaat konservativer Prägung ab. Viele christliche Jugend- und Friedensbewegungen sind seither für eine umfassende Völkerverständigung und eine christlich motivierte Friedens- und Abrüstungspolitik tätig geworden. Auch die Ökumene-Bewegung hat in allen Kirchen deutlichen Zulauf erfahren, was vor allen Dingen dem 1948 gegründeten, evangelisch dominierten „Weltkirchenrat" (Sitz: Genf) zuzuschreiben ist.

In der katholischen Kirche brachten die Pontifikate von Johannes XXIII. (1958-1963) und Paul VI. (1963-1978) und ihre Politik des „Aggiornamento" (Modernisierung) sowie vor allem das 2. Vatikanische Konzil (1962-1965) eine rasche Öffnung gegenüber der modernen Welt. Neben vielen Neuerungen wie Liturgiereform, stärkerer Laienbewegung oder dem Aufkommen moderner und kritischer theologischer Entwürfe waren es vor allem die jungen Kirchen Afrikas, Asiens und ganz besonders Lateinamerikas, die sich mit ihren eigenen Konzeptionen, beispielsweise der „Befreiungstheologie", auf dem Konzil Gehör ver-

Deutscher Evangelischer Kirchentag, Leipzig 1954

In allen christlichen Kirchen entwickelten sich nach 1945 die Kirchentage und ähnliche Großveranstaltungen zu einem Forum, auf dem engagierte Christen die Probleme des Christseins in der modernen Welt wie Fragen der Ökumene, der Abrüstung und Friedensbewegung oder der sozialen Gerechtigkeit miteinander diskutieren.

schafften. Dieser Trend hält trotz gewisser Tendenzen eines wieder erstarkenden Konservativismus (unter Johannes Paul II., seit 1978) weiter an.

Sowohl im Bereich der katholischen Kirche (bis hinein in die römische Kurie) als auch im evangelisch dominierten Weltkirchenrat findet eine eindeutige „Internationalisierung" – und damit wieder: Universalisierung – des Christentums statt. Durch die enormen sozialen Probleme der sog. „Drittweltländer" und das erstarkende Selbstbewußtsein auch der christlichen Frauen („feministische Theologie") werden die Kirchen gezwungen sein, ihr Verhältnis zu den „armen Ländern" und zur Rolle der Frau im Christentum neu zu überdenken. Andererseits haben auch fundamentalistische Gruppen im Christentum wieder Zulauf, die – ursprünglich ausgehend von konservativen protestantischen Kreisen in den USA – versuchen, der Komplexität der Moderne gerade in den traditionell vorwiegend christlich geprägten Ländern kämpferisch ein rigoroses Wortverständnis der Bibel entgegenzusetzen.

CHRISTLICHE SPLITTERKIRCHEN UND SEKTEN

Die alten morgenländischen Kirchen

Durch den Zentralismus der kirchlichen Organisationsformen ist das Christentum exklusiv und unduldsam gegen Abweichler und andere Auslegungen derselben Botschaft. Doch ist die Geschichte des Christentums erfüllt von Glaubenskämpfen und einem Ringen um das Verständnis der Lehre, wobei sich meist verschiedene Gruppen im Kampf um dieselbe Lehre gegenüberstanden.

Seit der Ausschaltung der im wesentlichen auf Westeuropa beschränkten Arianer im 4. und 5. Jahrhundert bilden die Monophysiten in Syrien, welche nur eine Natur, nämlich die göttliche, in Jesus Christus annehmen, bis heute eigenständige christliche Kirchen. In Syrien heißen sie nach ihrem Vorkämpfer Jakob Baradai (gest. 578) Jakobiten; ihr Oberhaupt ist der Patriarch von Antiochia. Zu den Monophysiten gehören (mit Abweichungen) auch die Kopten, die ägyptischen Christen, deren Oberhaupt als „Kopten-Papst" in Kairo residiert (ursprünglich mit dem Titel eines Patriarchen von Alexandria), sowie die Staatskirche der Abessinier (Äthiopier), die seit 1949 Patriarchat ist. Die Abessinier erkennen zusätzlich zum Kanon der Bibel noch einen Großteil der NT-Apokryphen-Schriften an. Auch die Armenier unter einem eigenen „Katholikos" (Oberpriester) gehören dem monophysitischen Glauben an. Im Kampf gegen die Monophysiten bildeten sich die Nestorianer heraus, benannt nach dem Patriarchen Nestorius von Konstantinopel (431 als Häretiker abgesetzt), die scharf zwischen der göttlichen und der menschlichen Natur in Christus unterscheiden und behaupten, nur die menschliche Natur sei geboren worden und habe am Kreuze gelitten, nicht aber die göttliche. Die Nestorianer bildeten eine eigene Kirche in Ostsyrien, die sich zeitweise auch der islamischen Protektion erfreute und bereits früh eifrige Mission in China und bei den Mongolen betrieb. Zu den Nestorianern gehören auch die in Südindien beheimateten Thomas-Christen, benannt nach dem Apostel Thomas, der ihnen erstmals das Christentum gebracht haben soll. Heute sind sie als sog. „Assyrische Kirche" auch in Nordamerika vertreten. Sie haben das Altsyrische als Kirchensprache beibehalten und verbieten den Genuß von Schweinefleisch.

Im Bereich der katholischen Kirche

Da die katholische Kirche an der Einheitlichkeit ihrer Lehre festhält, hat sie abweichlerische Gruppen stets besonders hart verfolgt und aus der Kirche ausgeschlossen. Das oberste Ziel ist jedoch die Einheit aller Kirchen; daher gelang es ihr, von fast allen orientalischen Kirchen Teile abzuspalten und als sog. „Unierte Orientalische Kirchen" wieder mit Rom zu vereinen. Sie beließ diesen Kirchen ihre eigene Kultus- und Sprachhoheit, so daß ihre Vertreter auch innerhalb der

Zweites Vatikanisches Konzil

Stellte das 1. Vatikanische Konzil (1869/70) mit der Festschreibung des Universalitätsanspruchs des römischen Episkopats und dem Unfehlbarkeitsdogma einen abschließenden Höhepunkt des anti-liberalen katholischen Konservatismus dar, so stand die Kurie den sich überstürzenden Entwicklungen des 20. Jh. (Weltkriege, nationalistische Diktaturen, Oktoberrevolution, Ost-West-Konfrontation, Ende des Kolonialzeitalters) ziemlich ratlos gegenüber. Erst unter Papst Johannes XXIII. (1958-1963) und Papst Paul VI. (1963-1978) setzte eine Anpassung der Kirche an die Bedingungen einer veränderten Welt ein (Aggiornamento). Gesamtkirchlichen Ausdruck fanden die Modernisierungsbestrebungen im 2. Vatikanum (1962-1965), das neben zahlreichen Reformen (Liturgiereform, Mitspracherecht der Laien u. a.) einen lebendigen Diskurs mit den theologisch-sozialen Entwürfen der „jungen Kirchen" Afrikas, Asiens und besonders Lateinamerikas in Gang setzte, die den Primat der kirchlichen Lehre mit den Erfordernissen „praktizierten Christentums" konfrontierten.

Martin Luther King (1929-1968)

Martin Luther King, methodistischer Geistlicher und Opfer eines rassistischen Attentats, wurde zur weltweiten Symbolfigur der Bürgerrechts- und der auf christlicher Ethik basierenden Befreiungsbewegungen. Die von ihm konsequent praktizierte Gewaltlosigkeit beim Widerstand gegen die Rassentrennung in den USA sowie der damit letztlich erzielte Erfolg gaben ein nachwirkendes Beispiel der Möglichkeit einer Verbindung von christlichem und politischem Handeln. 1964 erhielt Martin Luther King den Friedensnobelpreis.

katholischen Kirche deutlich als Angehörige der Ostkirchen in Kleidung und Ritus zu erkennen sind.

Von den Unierten Kirchen haben die (Unierten) Kopten von Alexandria (Sitz: Kairo), die Syrer von Antiochia, die griechischen Melkiten von Syrien (Sitz: Damaskus), die Maroniten im Libanon (Sitz: Bkerke bei Beirut), die Babylonier von Chaldäa (Sitz: Bagdad) und die Armenier von Kilikien (Sitz: Beirut) eigene Patriarchate, die (Unierten) Ukrainer von Lwow (Lemberg) und die Syro-Malabarer von Ernakulam (Indien) eigens geschaffene Groß-Erzbischofssitze innerhalb der römisch-katholischen Kirche. Gegen die Verkündung des Dogmas von der Päpstlichen Unfehlbarkeit auf dem 1. Vatikanischen Konzil 1870 spalteten sich in Deutschland die „Altkatholiken" unter einem eigenen Bischof ab, welche die Infallibilität und verschiedene neuere Dogmen nicht anerkennen und die Priesterehe wieder zulassen. In vielem erscheinen sie als eine liberalere Variante der katholischen Kirche, etwa was die Rechte der Frau oder das Wahlrecht der Laien in der Kirche anbelangt.

Im Bereich der orthodoxen Kirche

Die wesentlichen Absplitterungen haben sich hier nicht in der griechisch-orthodoxen, sondern im Bereich der russisch-orthodoxen Kirche ergeben. Durch die große Betonung des Mysterienkultes und den reichen Fundus an verschiedenartigen liturgischen Gesten und Verrichtungen entwickelten sich in Rußland Kirchenabspaltungen mit sehr eigentümlichen Zügen.

Im 17. Jahrhundert spalteten sich die Altgläubigen, auch Raskolniken („Abtrünnige") genannt, von der durch die Regierung praktizierten Reform des orthodoxen Ritus ab. Ein Teil von ihnen, die „Popenlosen", verzichten auf eigene Priester.

Es bildeten sich dort eine Reihe von schwarmgeisterischen Bewegungen, die meist harter staatlicher Verfolgung ausgesetzt waren, wie die Philipponen oder die im Geheimen operierenden Chlysten („Geißler"), deren Führer sich selbst als inkarnierter Gottvater ansah und einen eigenen „Gottessohn" und eigene Apostel erwählte. Eine Extremform der Chlysten waren die Skopzen („Verschnittene"), bei denen sich Männer und Frauen (nach ihrer Fortpflanzung) zur Abtötung der Fleischeslust systematisch die Geschlechtsteile verstümmelten. Sekten mit stark innerlichem und geistigem Charakter waren die im 18. Jahrhundert auftauchenden Molokanen („Fastenmilch-Trinker"), die in weitgehender Gütergemeinschaft lebten und sich den staatlichen und militärischen Diensten verweigerten, sowie die Duchoborzen („Geisteskämpfer"), die vor der staatlichen Verfolgung zu großen Teilen nach Zypern und Nordamerika auswanderten.

Im Bereich der evangelischen (protestantischen) Kirchen

Die Zahl der letztlich „protestantischen" Religionsgemeinschaften ist unübersehbar groß; beispielsweise gibt es in den USA über 200 eingetragene Kirchen auf protestantischer Grundlage. Viele Reformbewegungen bestehen heute aber nur noch in Überresten oder sind Mischformen eingegangen. Zu ihnen gehören die Reste der im Ausgang des Mittelalters verfolgten Waldenser, deren Zentrum heute in Piemont liegt und die sich zu straff organisierten Gemeinschaften zusammengeschlossen haben.

Ebenso sind die „Böhmisch-Mährischen Brüder" Überbleibsel der Reformation des Jan Hus Anfang des 15. Jahrhunderts, dessen Anhänger sich in zwei Richtungen spalteten. Im 17. Jahrhundert aus Böhmen vertrieben, ließen sie sich vor allem in Sachsen nieder und sind dort in der 1722 von Graf Nikolaus von Zinzendorf (1700-1760) gegründeten „Herrnhuter Brüdergemeinde" (benannt nach dem Ort Herrnhut in Sachsen) aufgegangen, angereichert durch lutherische und reformierte Anhänger.

Die Überlebenden des Täuferreichs von Münster 1535 bildeten nach 1537 unter dem Priester Menno Simons (1496-1561) in Friesland politisch ruhige (Wieder-)Täufergemeinden, die Mennoniten, die in Holland und Teilen Deutschlands geduldet wurden und sich später auch in Rußland und Nordamerika ausbreiten konnten. Von ihnen spalteten sich Ende des 17. Jahrhunderts die heute in Nordamerika als Farmer abgesondert lebenden, sehr konservativen Amischen (Amish People) ab, die alle modernen Lebensformen und die meisten Errungenschaften der Technik ablehnen. Noch stärker schwarmgeistig veranlagt sind die Reste der Schwenckfelder oder Schwenckfeldianer, benannt nach dem deutschen Spiritualisten und Mystiker Kaspar von Schwenckfeld (1489-1561), deren Zentrum heute in Pennsylvania liegt, und die „Bruderschaft der Remonstranten" in den Niederlanden, die beide im 16. und 17. Jahrhundert aus pantheistischen und schwarmgeistigen christlichen Bewegungen hervorgingen. Die verschiedenen protestantischen Kirchen und Bewegungen gerieten seit dem 16. Jahrhundert vor allem in den deutschen Ländern in unablässige Streitereien miteinander. Während die Calvinisten für sich blieben, kam es in den meisten Ländern auf staatlichen Druck schließlich zu einer Vereinigung der lutherischen und der reformierten Kirche (so in Preußen 1817).

Auch bei den Anglikanern Englands kam es – durch die verschiedenen Phasen der Ausformulierung des anglikanischen Glaubens – zu mehreren Spaltungen. So gibt es innerhalb der „Church of England" zwei Richtungen, die sich an die mittelalterliche Kirche anlehnende „High Church" und die mehr puritanische „Low Church". Unter calvinistischem Einfluß spalteten sich 1581 die strengen „Independenten" oder „Congregationalisten" von der Hauptkirche ab, die wie die „Puritaner" (oder „Presbyterianer") vor allem in Nordamerika und Australien bedeutenden Einfluß gewannen.

Verschiedene baptistische Gemeinschaften machten sich selbständig, von denen die bedeutendste die von John Wesley (1703-1791) gegründete Gemeinschaft der Methodisten ist, die in vielen Ländern eine eifrige Missionstätigkeit entfaltete. Ein Ausläufer der Methodisten ist die von dem Prediger William Booth (1829-1912) 1865 gegründete „Heilsarmee" (Salvation Army), die ein rein praktisches Christentum mit militärischen Organisationsformen verbindet.

Aus anglikanischem Gedankengut stammt auch die Gemeinschaft der Quäker (von engl. „to quake" = zittern), die ein verinnerlichtes religiöses Leben der Nächstenliebe ohne große kirchliche Organisationsformen pflegt und vor allem in den USA (Pennsylvania) heimisch wurde. Auch andere radikalchristliche und freikirchliche Organisationsformen wie die „Shakers" und die Darbisten („Gemeinschaft der Brüder") bildeten dort ihre Gemeinden. Davon zu unterscheiden sind noch eine Reihe von chiliastischen und apostolischen Gemeinschaften, die sich alle sehr stark auf die apokalyptischen Texte der Bibel berufen und Weltuntergangs-Spekulationen aufstellen. Zu ihnen gehören eine Reihe von Adventisten-Gemeinden sowie die 1874 gegründete Sekte der „Zeugen Jehovas", für die 1914 das „Tausendjährige Reich" begann. Auch die 1860 in Deutschland gegründete „Neuapostolische Kirche" gehört zu diesen Gruppen.

Noch weiter entfernt von jeglicher Orthodoxie stehen Gruppen, die sich auf zusätzliche Verkündigungen und Offenbarungen berufen wie die „Inspirationsgemeinden" in Europa und den USA oder die „Neu-Salem-Gesellschaft" des „Propheten" Jakob Lorber (1800-1864). Auch die auf dem anthroposophischen Gedankengut Rudolf Steiners fußende „Christengemeinschaft" und die 1879 gegründete „Christliche Wissenschaft" (Christian Science) von Mary Baker Eddy (1821-1910) werden hierzu gerechnet.

Eine der eigentümlichsten und selbständigsten Einrichtungen bildet die Kirche der Mormonen, die sich selbst „Kirche der Heiligen der Letzten Tage" nennen. Ihr Begründer Joseph Smith (1805-1844, ermordet) schrieb seit 1827 ein ihm angeblich vom Erzengel Moroni diktiertes „reformiertes Evangelium" nieder, das Buch Mormon, und gründete 1830 die Mormonenkirche. Nach seiner Ermordung durch einen Lynchmob wanderte sein Nachfolger Brigham Young (1801-1877) nach der Entdeckung des Großen Salzsees 1847 mit seinen Anhängern dorthin aus, den Auszug Moses aus Ägypten nachahmend. Die Mormonen kultivierten von ihrem Zentrum Salt Lake City aus im folgenden den Staat Utah, der 1896 ein Bundesstaat der USA wurde. Unzählige christlich inspirierte, chiliastische Sekten und Gruppen gibt es auch in Afrika, Lateinamerika, Japan und auf den Südsee-Inseln, wobei die Kulte oft mit Eingeborenen-Riten eine Mischform eingegangen sind, etwa der Voodoo-Kult auf Haiti oder der Peyote-(Meskalin-)Kult der nordamerikanischen Indianer. Von den christlich inspirierten oder ausgerichteten Religionsgemeinschaften in Japan müssen einige bereits als Neureligionen angesehen werden.

Messe in einem Dorf in Nord-Kamerun

Im Gegensatz zu anderen Weltreligionen wie Hinduismus und Buddhismus sind der Gemeindebezug, das „für viele" (Matth. 26,28; Mark. 14,24) und „für Euch" (Luk. 22,20) sowie das Gebot der Nächstenliebe ein konstitutiver Wesenszug des Christentums. Die historische Entwicklung hat daher immer wieder die Reformwilligkeit und Reformfähigkeit der theologischen Lehrmeinungen und der kirchlichen Strukturen herausgefordert und zu einer Fülle von Auslegungen und Organisationsformen auf neutestamentlicher Basis geführt. Im 20. Jh. erleben die christlichen Kirchen durch den Marxismus und die Herausbildung der jungen Nationalstaaten der 3. Welt mit ihrem Anspruch eigenständiger Ausgestaltung (dem „Sitz im Leben") die nachhaltigste Dynamisierung seit der Reformationszeit.

DER ISLAM

Islam bedeutet: „Hingabe an Gott“. Die jüngste der Weltreligionen betont als kompromißloser Monotheismus die Einzigkeit Allahs und das Hineinwirken Gottes in das tägliche Leben der Menschen. Der Koran gilt als ewige und umweglose Offenbarung Gottes, die dem Propheten Mohammed, dem Vorbild des gottgefälligen Lebens, vom Erzengel überbracht wurde. Die „5 Säulen des Islam“ regeln das religiöse Leben der Gläubigen. Der Islam legt im Alltag besonderen Wert auf ein praxisnahes Rechtswesen (Scharia) und verbindet das Religiöse stark mit sozialen und gesellschaftspolitischen Komponenten. Schon früh spalteten sich die stärker charismatischen Schiiten vom mehr legalistischen Mehrheitsislam (Sunniten) ab. Durch die Geschichte des Islam, dessen erste kulturelle Hochblüte im Mittelalter liegt, zieht sich eine enge Verbindung von Religion und Politik, und die Suche nach dem rechten Verhältnis der beiden Komponenten zueinander bestimmt auch die modernen Auseinandersetzungen in den islamischen Ländern.

MOHAMMED UND DIE PROPHETEN

Leben und Bedeutung Mohammeds

Mohammed (arab.: Muhammad) ist der Stifter des Islam, Prophet (an-nabi) und Sendbote Gottes (rasul allah). Er betrachtete sich selbst jedoch nicht als Gründer einer neuen Religion, sondern als Vollender der einzig wahren und seit Anfang der Zeiten verkündeten monotheistischen Urreligion.

Mohammed wurde um das Jahr 570 in Mekka geboren. Nach dem frühen Tod seiner Eltern kam er in das Haus seines Onkels Abu Talib (dem Vater des Prophetenvetters und 4. Kalifen Ali). Als junger Mann hütete er Viehherden in der Wüste und trat mit 25 Jahren als Karawanenführer in den Dienst der reichen und wesentlich älteren Witwe Chadidja, die er später heiratete. Als Karawanenführer unternahm er Reisen nach Syrien und hatte in diesem Schmelztiegel der Kulturen und Religionen erste engere Kontakte mit dem Glauben der Juden und Christen und mit den sogenannten „Hanifen“, den altarabischen Gottsuchern, die den Polytheismus überwinden wollten und den Eingottglauben lehrten.

Mit etwa 40 Jahren hatte Mohammed die ersten Berufungserlebnisse. Wie in Sure 96, der ältesten koranischen Sure, berichtet, erschien ihm im Traum der Engel Gabriel, der ihm ein Buch hinhielt und zu lesen befahl. Mehrmals sträubte sich Mohammed im Schlaf und wurde von dem Engel hart bedrängt. Bei seinem Erwachen fühlte er jedoch „eine Schrift in sein Herz eingeschrieben“. Gabriel verkündete ihm, daß er – Mohammed – der Prophet Gottes sei. Mohammed reagierte darauf mit Niedergeschlagenheit und Ratlosigkeit. In tiefer Depression suchte er zunächst das Alleinsein und dachte sogar an Selbstmord. Nach ausreichender innerer Prüfung nahm er den Auftrag an.

Erzengel Gabriel überbringt Mohammed die Botschaft
Türkische Miniatur

Mohammed, ein erfolgreicher und angesehener Karwanenführer, war 40 Jahre alt, als ihm in einer Höhle am Lichtberg in der Nähe von Mekka im Traum der Engel Gabriel erschien. Er hielt Mohammed ein Buch hin, befahl ihm zu lesen und den Menschen die Botschaft Gottes zu verkünden. Mohammed sträubte sich gegen diese Erscheinung, denn er hielt sie zunächst für ein Machwerk des Teufels. Doch als sich die Vision wiederholte, nahm er nach langen inneren Kämpfen die Berufung zum Propheten an und begann in seiner Heimatstadt Mekka als Prediger und Mahner aufzutreten. Von den reichen Mekkanern wurde er daraufhin zur Auswanderung nach Medina (hidschra) getrieben.

Etwa 610 begann das erste öffentliche Auftreten Mohammeds in Mekka als Mahner und Prediger gegen Sittenverderbtheit, religiöse Laxheit und soziale Gleichgültigkeit. Im Stil eines Sozialreformers rief er zu einem gottgefälligen Leben auf und predigte einen entschiedenen Monotheismus: Nur ein Gott (Allah) sei Herr der Kaaba, des altarabischen polytheistischen Heiligtums in Mekka. In seinem Auftreten wurde er zunehmend kompromißloser. Mohammed galt den reichen Mekkanern zunächst als Störenfried, der zunehmend als Bedrohung ihres bisherigen Lebensstils empfunden wurde. Er wurde das Opfer zahlreicher Diffamierungs- und Verspottungskampagnen sowohl von seiten der mekkanischen Araber als auch von seiten der Juden und Christen. Schließlich wurde er mit seinen Anhängern vor die Tore Mekkas verbannt. Seine Konflikte mit den Mekkanern verschärften sich bis zur offenen Feindseligkeit, zugleich aber gewann er eine Reihe neuer Anhänger.

622 wanderte Mohammed mit seinen Anhängern nach Medina aus (die Stadt hieß damals noch Yathrib; erst später wurde sie Medina = „Stadt des Propheten“, genannt). Dieser Auszug (hidschra) markiert den Beginn der islamischen Zeitrechnung. Mohammed wurde in Medina freundlich aufgenommen, wobei er geschickt die Rivalität Medinas gegen das reiche Mekka zu nutzen verstand, gewann dort an Ansehen und wurde mehrfach als Schiedsrichter in Streitfragen benannt. Geschickt glättete er die Spannungen zwischen seinen alten Anhängern und den neuen Gläubigen aus Medina und wandelte sich immer mehr vom radikalen Propheten zum klug abwägenden Staatsmann. 623 arbeitete Mohammed die erste Gemeindeordnung für seine Anhänger aus und versuchte die Unterstützung der Juden von Medina zu erlangen, wobei er aber scheiterte. Vor allem gegen die Juden formulierte er Nähe und Selbständigkeit des Islam. Er betonte die Bedeutung Abrahams und seines Sohnes Ismail und erklärte die Kaaba zu Mekka als ein von Abraham zur Verehrung des Monotheismus errichtetes Heiligtum.

In der Folgezeit konzentrierte sich Mohammed stark auf den anstehenden Kampf gegen die Mekkaner; 625 kam es zu einer regelrechten Schlacht gegen sie, bei der die Muslime unterlagen und Mohammed selbst verwundet wurde. 627 belagerten die Mekkaner Medina, wobei sich Mohammed als glänzender Verteidiger im sogenannten „Grabenkrieg" erwies und eine Aufgabe der Belagerung erzwang. 628 erfolgte der Waffenstillstand mit Mekka, doch bereits zwei Jahre später zog Mohammed bewaffnet vor seine Vaterstadt, um die Kaaba zu einem rein muslimischen, monotheistischen Heiligtum zu machen. Nachdem Mekka sich ergeben hatte, ließ der Prophet Milde walten und verzichtete auf ein großangelegtes Strafgericht, beseitigte aber alle polytheistischen Götterbilder der Stadt. Mohammed lebte weiterhin in Medina, formulierte den islamischen Glauben aus und schickte Boten an verschiedene Herrscher mit der Aufforderung, den Islam anzunehmen. Im März 632 unternahm er mit seinen Anhängern die erste islamische Wallfahrt zur Kaaba nach Mekka, die das Vorbild der heutigen Wallfahrten (hadsch) bildet. Mitten in der Vorbereitung von Feldzügen gegen Persien und Byzanz erkrankte der Prophet und starb am 8. Juni 632 in Medina.

Mohammed war fromm und aufrichtig von der Wahrheit seiner Offenbarungen überzeugt. Er war ein psychologisch begabter Menschenführer voller Sendungsbewußtsein, der mehr durch Gefühl und starken Willen als durch nüchtern analytischen Verstand geprägt war. Er verkündete eine weltlich ausgerichtete Lehre, die mit den Erfordernissen der Tagespolitik, des Krieges und einer ausdifferenzierten Sozialordnung in Einklang stand, ohne deshalb völlig in dieser Welt aufzugehen. Er vermochte eigene Verfehlungen offen einzugestehen, blieb jedoch zeitlebens sehr empfindlich gegen den Spott seiner Gegner. Er scheint ursprünglich geglaubt zu haben, Juden und Christen leicht zur Annahme seiner Botschaft bewegen zu können; erst Widerstand und Spott von ihrer Seite machten Mohammed zunehmend gereizt gegen sie.

Es lassen sich im Wirken Mohammeds zwei Perioden deutlich unterscheiden: Der Prophet von Mekka, der sich mit eher allgemeinen Gottes- und Glaubensfragen und der Jenseitsausrichtung des Menschen beschäftigt, wird in Medina zum weitblickenden Staatsmann, der sehr detaillierte gesetzliche und soziale Vorschriften für das Zusammenleben der Gläubigen aufstellt. Zeitlebens setzt er auf seine persönliche Autorität, die Unerschütterlichkeit seines Glaubens und den politischen Erfolg. Sein Leben ist in jeder Hinsicht vorbildhaft für die gläubigen Muslime. Zu seinen frühen direkten Erfolgen zählt die angelegte Universalität des Islam, die Überwindung der altarabischen Stammesloyalität zugunsten einer Gemeinschaft aller Gläubigen. Erst die spätere islamische Volksfrömmigkeit hat aus dem praktischen, im Leben stehenden Propheten einen sündenlosen und unfehlbaren Heiligen gemacht.

Die Bedeutung der Propheten im Islam

Neben dem Gottesbegriff zeigt sich in der Bedeutung der Propheten die größte Nähe des Islam zu Judentum und Christentum. Der Koran macht die Aussage, daß Gott allen Völkern ihre Propheten gesandt habe, und zwar jeweils aus ihren eigenen Reihen. Der Koran unterscheidet die einfachen Propheten (nabi), die als Mahner und Warner tätig waren, von den Gesandten Gottes (rasul), die besonders auserwählt sind.

Mohammed gilt als das letzte Glied in einer langen Kette von Propheten und wird in Sure 33,40 das „Siegel der Propheten" genannt. Als bedeutendste Propheten vor Mohammed gelten dem Islam die auch für Judentum und Christentum bedeutenden Propheten: Abraham (arab.: Ibrahim), Moses (arab.: Musa) und Jesus. Der Islam bekennt sich zur Ur-Offenbarung und zum Urbund Gottes mit Adam als dem ersten Menschen, lehnt aber die Erbsünde ab. Der Islam betont die besondere Übereinstimmung von göttlicher Offenbarung und natürlicher Vernunft des Menschen: Gottes Wirken ist für den Menschen direkt vernünftig einsehbar und verstehbar, ohne daß er das Geheimnis Gottes ergründen kann. Sich vom Glauben zu entfernen, bedeutet für den Islam daher immer, sich auch von der Vernunft zu entfernen. Für den Islam verkündeten alle Propheten letztlich ein und dieselbe Botschaft. Abraham gilt für die Gläubigen als Vorbild an Frömmigkeit und Gottgehorsam. Er wird im Koran extra „Vorbild" und „Freund Gottes" genannt und gilt als Urbild des Gottsuchers (Hanif). Mo-

Mohammed betet vor der Kaaba
Türkische Miniatur

Mohammeds ursprüngliche Absicht war es gewesen, die Kaaba als Heiligtum für alle monotheistischen Religionen gelten zu lassen. Nach seiner Auswanderung nach Medina distanzierte er sich jedoch zunehmend von den Juden und Christen. Er proklamierte die Selbständigkeit des Islam und erklärte die Kaaba, deren Bau er auf Abraham zurückführte, zum muslimischen Heiligtum. Fortan mußten sich die Gläubigen bei ihrem Gebet nicht mehr in Richtung Jerusalem, sondern in Richtung Mekka wenden.

Mohammed predigt seinen Jüngern
Türkische Miniatur

Mohammed trat in Mekka als Führer der frühislamischen Gemeinde auf, rief seine Landsleute zur Abkehr von der Götzenverehrung auf und warnte vor dem nahen Gericht Gottes. Er war dort vor allem auch als Glaubenslehrer tätig und versammelte schon bald Anhänger um sich. Die wesentlichen Inhalte seiner frühen Offenbarungen, die er verkündete, betrafen die Güte und Allmacht Gottes und seine Fürsorge für den Menschen sowie die Forderung an den Menschen, zu dem einen Gott, Allah, zurückzufinden. Er ermahnte die Menschen, dankbar und ehrfürchtig gegen Gott und großzügig gegen ihre Nächsten zu sein. Außerdem berichtete er ihnen von seiner Berufung zum Propheten.

Die heilige Kaaba in Mekka

Die Kaaba ist das bedeutendste Heiligtum der islamischen Welt. Während der Wallfahrtszeit bemüht sich jeder Pilger, mindestens eines der Pflichtgebete hier zu verrichten. Nicht-Muslimen ist der Zugang strengstens verwehrt. Der Name des Gebäudes, das sich im Hof der Großen Moschee von Mekka befindet, leitet sich aus seiner Würfelform ab. Der schwarze Überwurf aus Seide, der reich mit Koranversen in Gold bestickt ist, wird in der Wallfahrtszeit durch einen weißen Stoff ersetzt. Eine 2 Meter über dem Boden liegende Tür, die man über eine Holzleiter erreicht, führt in den leeren Innenraum, der von zahlreichen goldenen und silbernen Lampen erhellt wird und dessen Wände mit einer Fülle von Inschriften verziert sind. Zahlreiche Legenden ranken sich um das Entstehen der Kaaba. So soll der heilige schwarze Stein, der in einen der vier Eckpfeiler des Innenraums eingelassen ist, vom Engel Gabriel gebracht worden sein. Ursprünglich weiß, soll er durch die Sünden der Pilger schwarz geworden sein.

ses wird im Koran „Auserlesener" genannt und ist als Verkünder der Gesetze, über die der Koran eine Menge sagt, für den Islam besonders wichtig. Jesus gilt dem Koran in vielem als direkter Vorläufer Mohammeds. Der Koran erwähnt die jungfräuliche Geburt Jesu durch Maria, die von Gott auserwählt wurde. Die Aussagen des Koran über Maria ähneln übrigens in vielem den Aussagen der christlichen Apokryphenschriften. Der Islam sieht in Jesus einen bedeutenden Propheten, der von den Juden verspottet wurde (ähnlich wie Mohammed), aber er leugnet Jesu Kreuzestod, erwähnt sein Erlösungswerk nicht und bestreitet entschieden seine Gottessohnschaft. Gott ist nur Einer (Allah), der keinen Sohn hat und sich auch keine anderen Personen „beigesellt". Die Koran-Kommentatoren glauben aber an Jesu Wiederkunft in der Endzeit: Er werde als vollendeter Muslim wiederkommen und als gerechter König über ein geeintes Weltreich herrschen.

Der Koran beschäftigt sich ausführlich mit der Berufung Mohammeds zum Propheten und verteidigt ihn gegen die zeitgenössische Kritik seiner Gegner, ein Lügner oder von Dämonen Besessener zu sein. Mohammed weiß, daß er als Erwählter von Gott rechtgeleitet wird und daß er bei Allah um Vergebung für die Schwachheit der Menschen bitten soll. Mit Mohammed als dem „Siegel der Propheten" endet die Reihe der Propheten. Der Islam ist daher die religiöse und zeitliche Vollendung der von Gott gewollten Urreligion. Mohammed ist gewöhnlicher Mensch und erwählter Prophet zugleich.

DER KORAN: DIE BOTSCHAFT ALLAHS

Aufbau und Bedeutung des Korans

Für die gläubigen Muslime ist der Koran das heilige Buch, in dem die direkte Offenbarung Gottes niedergeschrieben ist, so wie sie durch Mohammed den Menschen kundgetan wurde. Der Koran ist für sie oberste Richtschnur des Handelns in der Welt, ein Buch der Rechtleitung, Belehrung und Erbauung für alle Gläubigen.

Das Wort Koran heißt arab. eigentlich „Qur'an" und kommt von „qara'a" = lesen, vortragen. Der Koran ist also das zu rezitierende oder zu lesende Buch. So heißt auch das erste Wort der göttlichen Offenbarung an Mohammed, das in der ältesten koranischen Sure, Sure 96, geschrieben steht : „Lies!" (iqra!). Der Koran umfaßt 114 Suren (Kapitel) von unterschiedlichem Umfang, die nach einem charakteristischen, im Text vorkommenden Wort benannt sind. Sie sind nicht chronologisch geordnet und stammen in Vermischung aus den verschiedenen Perioden der Verkündigung Mohammeds, was bisweilen zu sich widersprechenden Aussagen führt (wobei allgemein gilt: Die Aussage einer im Koran späteren Sure genießt den Vorrang vor der einer früheren). Alle Suren (mit Ausnahme der Sure 9) beginnen mit der Anrufung des Namens Gottes (basmala).

Die arabische Sprache des Korans gilt dem Gläubigen als von Gott inspiriert, weshalb es einen Widerwillen und lange Zeit auch Widerstand der Muslime gegen eine Übersetzung des Korans in andere Sprachen gab und gibt.

Der Koran gilt als göttlichen Urprungs, als ewig und unerschaffen und als bereits vor der Schöpfung in Form eines „himmlischen Urbuches" (umm al-kitab; wörtl.: "die Mutter des Buches") und „Wort Gottes" bei Gott seiend. Auch ist seine Botschaft direkt und ohne Veränderungen an Mohammed übergeben worden.

Nach ihren inhaltlichen und stilistischen Unterschieden lassen sich vier Perioden der von Mohammed im Koran niedergelegten Offenbarungen trennen. Drei Perioden liegen vor der hidschra (Auszug) von 622 und gelten als die drei mekkanischen Perioden; eine weitere bilden seine Äußerungen in Medina. Alle mekkanischen Offenbarungen haben die Bekehrung der Ungläubigen zum Ziel und beschreiben anschaulich die Paradiesesfreuden der Gläubigen und die Höllenqualen der Ungläubigen. Die Suren der ersten mekkanischen Periode sind kurz, rhythmisch und dichterisch schwungvoll. Die zweite mekkanische Periode ist im Stil ruhiger und betrachtender und erzählt beispielhafte Geschichten aus der altarabischen Welt und aus dem Themenkreis der Bibel. Die dritte mekkanische Periode ist sprachlich sehr prosaisch und durch zahlreiche Wiederholungen gekennzeichnet. Die medinensische Periode kämpft um die Selbständigkeit des Islam in besonderer Abgrenzung gegen den Glauben der Juden.

Nach dem Tode Mohammeds 632 galt die göttliche Offenbarung als abgeschlossen. Die Aussprüche des Propheten wurden unter den ersten drei Kalifen gesammelt, ausgewertet und systematisiert. Unter dem dritten Kalifen Uthman (644-656) wurde der Koran den Gläubigen in der heute gültigen Fassung vorgelegt.

Koran und hadith

Neben dem von Mohammed Gesagten stellte das für die Gläubigen vorbildliche Leben des Propheten ein Problem der Interpretation dar, genauer gesagt die Zuverlässigkeit der Überlieferung (hadith) seines Tuns und Meinens in verschiedenen konkreten Situationen. Dadurch erfuhr die Sunna (arab. „sunna"= gewohnte Handlungsweise, Brauch), der vorbildliche Lebensweg des Propheten, eine starke Aufwertung.

Im 9. Jahrhundert entstanden daher die bis heute geltenden sechs orthodoxen Kompendien (Sahih; wörtl.: authentisch) der Überlieferung, die sogenannten hadith-Sammlungen. Sie sind nicht nur Koran-Kommentare, sondern vor allem Belegsammlungen für konkrete juristische Probleme des Alltagslebens, die auf das Beispiel des Propheten und seiner Umgebung zurückgeführt werden. Von besonderer Bedeutung ist dabei der Nachweis einer möglichst lückenlosen „Kette der Überlieferer" (isnad) und ihre Vergleichbarkeit mit anderen anerkannten Überlieferungen. Die hadith-Sammlungen bilden neben dem Koran die zweite Hauptquelle für die Aussagen der islamischen Theologie und des islamischen Rechtswesens.

LEHRE UND RELIGIÖSES LEBEN

Der Einzige – Allah:
Schöpfer – Weltenlenker – Richter

Der Glaube an den einen und einzigen Gott Allah ist das Herzstück des Islam. Ausdruck des kompromißlos theozentrischen Weltbildes ist für den Muslim die vorbehaltlose Hingabe und Verehrung Gottes und die bedingungslose Unterwerfung unter seinen Willen und Ratschluß.

Der Kampf gegen jede Art von Polytheismus und die ausschließliche Betonung der Einzigkeit Allahs sind daher immer wiederkehrende Kernpunkte der religiösen Ermahnungen Mohammeds. Gott ist im Koran der freie Schöpfer von allem, wobei der Schöpfungsvorgang geschildert wird als Trennung von Himmel und Erde aus einer zusammenhängenden Masse. Den Menschen schuf Gott, ähnlich wie im Alten Testament beschrieben, aus Erde bzw. Lehm. Zuweilen betont der Koran auch die Erschaffung einfach durch Gottes Aussprache des schöpferischen Wortes: „Sei!" (und es war). Der Koran betont die vernünftige Wohlgeordnetheit und Zusammengehörigkeit alles Geschaffenen. Alle

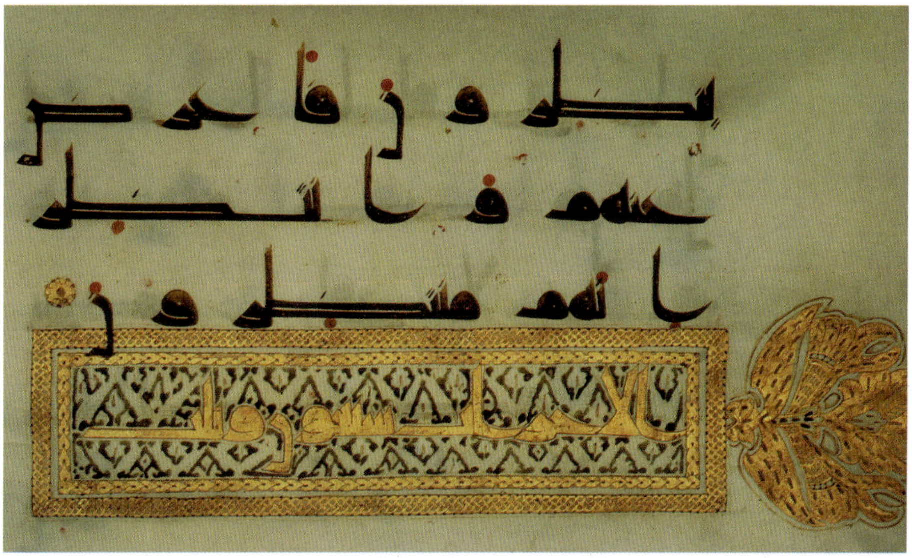

Koranfragment auf Pergament
Irak oder Syrien, 8.-9. Jh.

Solon und Schüler
aus: Die auserlesensten Weisheitssprüche und schönsten Reden (Mukhtar al-hikam wa-mahasin al-kalim von al-Mubashshir), Syrien, 1. H. 13. Jh.

Die Miniaturmalerei entstand aus dem Bedürfnis heraus, die arabischen Übersetzungen naturwissenschaftlicher Werke aus dem Griechischen durch Bebilderung anschaulich zu gestalten. Die Solon-Miniatur vermittelt einen Eindruck von der Schönheit und dem hohen Grad an Realismus, der die Miniaturen der ersten Hälfte des 13. Jh. auszeichnet. Das Bild zeigt den griechischen Weisen Solon als Lehrer vor einer Gruppe von Schülern. Sein roter Bart, Zeichen des Fremden, kontrastiert mit den schwarzen Bärten seiner arabisch gekleideten Zuhörer. Der aufmerksame Ausdruck ihrer Gesichter, ihre gespannte Haltung und ihre lebhaften Gebärden verraten, wie sehr sie von der Macht des Wortes fasziniert sind. Die Szene symbolisiert die Weitergabe des antiken Erbes an den arabischen Raum, die Kette der Tradition, welche die klassische mit der islamischen Zeit verbindet.

Weltgesetze, auch die Kausalität, entstammen direkt dem göttlichen Willen und der göttlichen Weisheit. Die Schöpfung wird verstanden als permanente Weiterschöpfung Gottes (latein.: creatio continua), die Welt besitzt keinen eigengesetzlichen Zusammenhang, sondern wird jeden Augenblick neu von Gott erschaffen – was auch für den Menschen gilt.

Alles dem Menschen Widerfahrende ist von Gott vorherbestimmt (Prädestination). Durch die starke Betonung der Prädestination wurde bei der Untersuchung des Verhältnisses Gott – Mensch das Problem der menschlichen Willensfreiheit zu einem besonderen Streitpunkt der islamischen Lehre; es stellte sich die Frage, warum Gott manche Menschen zum rechten Glauben und damit zum Heil leitet und andere im Unglauben verderben läßt. So stritten im frühen Islam die Leugner der menschlichen Freiheit (Djabriten; von arab. djabr = Zwang) gegen die emphatischen Verteidiger der Freiheit des Menschen im Entscheiden und Handeln (Mutaziliten; im 9. Jahrhundert offizielle Staatsreligion). Durchgesetzt hat sich die Schule der Ashariten (seit dem 10. Jahrhundert), welche die unumschränkte Vorherbestimmung aller Werke durch Gott, aber auch die Verantwortlichkeit des Menschen betont. Die Ashariten nehmen eine Doppelebene aller Handlungen an: Jedes Werk wird von Gott im Menschen erschaffen, aber der Mensch stimmt diesem Werk zu und übernimmt es für sich in einer „Aneignung" (kasb bzw. iktisab), was ihm das Gefühl der Freiheit verleiht. Doch die Fähigkeit zu dieser Übernahme und Aneignung ist wiederum von Gott im Menschen erschaffen worden. Ausgangspunkt dieses Denkens sind die im Koran verkündeten Gebote und Verbote Gottes. Ethische Regeln können nur dann sinnvoll aufgestellt werden, wenn der Mensch die Fähigkeit hat, zwischen gut und böse zu unterscheiden (und auch die Freiheit hat, zwischen beiden Möglichkeiten zu wählen).

Der Hauptfeind des islamischen Gottesbegriffs ist der Polytheismus in jeder Form. Immer wieder wird formelhaft die Einzigkeit Allahs betont, etwa in der kurzen Sure 112: „Sag: Er ist Gott, der einzige, Gott der Souveräne. Er hat weder gezeugt, noch ist er gezeugt worden. Und keiner ist ihm gleichrangig" (Sure 112,1-4).

Die schwerste Sünde, die auch Gott nicht vergibt, ist die „Beigesellung" (shirk) anderer Götter oder Gottpersonen zu Gott (Sure 4,48). Dieses Verdikt richtete sich zunächst vornehmlich gegen den von Mohammed vorgefundenen altarabischen Polytheismus. An vielen Stellen des Korans wird vehement gegen den Gedanken eines Gottes, der zeugt oder Kinder hat, polemisiert: „Gott hat sich kein Kind zugelegt, und es gibt keinen (anderen) Gott neben ihm" (Sure 23,91). Der Gedanke eines anderen Gottes oder einer weiteren Gottperson bedeutet für den Islam die Aufgabe des Glaubens an die ungeteilte Allmacht und Herrschaft Gottes und eine Schwächung der alleinigen göttlichen Souveränität. Er ist daher nicht nur falsch und lügenhaft, sondern stellt eine Blasphemie dar.

Allmählich richtete sich dieser Vorwurf auch gegen das Christentum und seine Betonung der Gottessohnschaft Jesu Christi. Trotz der hohen Wertschätzung und Verehrung, die der Koran Jesus entgegenbringt, leugnet der Islam den Anspruch des historischen Jesus auf Göttlichkeit und Gottessohnschaft und hält derartige Aussagen für eine spätere Übertreibung in den Schriften der Christen. So ist auch das christliche Trinitätsdogma für den Islam letztlich eine Art von „verkapptem Polytheismus", der die Einzigkeit und Einmaligkeit Gottes untergräbt.

Zwischen der absoluten Transzendenz Gottes und der Welt der Menschen siedelt der Koran die Engel als „Diener Gottes" mit fest umrissenen Aufgaben und die Djinne als aus Feuer erschaffene, zwischen Engeln und Menschen stehende Geisterwesen, an. Auch die Existenz des Teufels (Iblis) und seiner Dämonen als Verführer der Menschen wird im Koran ausgesagt.

Islamische Jenseitsvorstellungen

Der Glaube an den Jüngsten Tag und an Allahs strenges Gericht über das irdische Leben und

Handeln der Gläubigen bildet ein wesentliches Moment des Islam. Der Tod bedeutet für die Muslime die Trennung von Leib und Seele, wobei spezielle Todesengel (besonders Izrail) die Seele des Menschen zum Himmel geleiten.
Das Endgericht, als „große Katastrophe" (Sure 79,34) bezeichnet, wird ähnlich martialisch und farbig dargestellt wie in der Johannes-Apokalypse des Christentums. Das Gericht Gottes zitiert die in Büchern festgehaltenen Taten des Menschen und hält sie diesem vor. Danach verkündet Gott allein das Urteil und scheidet die Erlösten von den Verdammten. Sowohl die Qualen der Hölle als auch die Freuden des Paradieses werden sehr sinnlich und drastisch ausgemalt. Bei der Anrechnung der guten Taten zählt nicht der Glaube allein, sondern auch seine praktische Äußerung, also die Verbindung von Glauben und geleisteten guten Werken. An mehreren Stellen erwähnt der Koran die Überfülle an Speisen und sinnlichen Genüssen im Paradies sowie das Glück des geschlechtlichen Verkehrs mit den Paradiesjungfrauen (huri). Die Anschauung Gottes wird allerdings nur für einige von Gott erwählte Gläubige und auch immer nur für einige Augenblicke möglich sein.

Die „5 Säulen des Islam"

Der Islam beruht im kultischen Bereich auf den sogenannten 5 Säulen oder Grundpfeilern (arkan).
Als 1. Säule gilt das öffentlich und sichtbar vollzogene Glaubensbekenntnis (shahada). Es muß in arabisch gesprochen werden und lautet: „Ich bezeuge (bekenne), daß es keinen Gott gibt außer dem Einen (oder auch: daß es keinen Gott gibt außer Gott); und ich bezeuge (bekenne), daß Mohammed der Gesandte Gottes ist." Das Glaubensbekenntnis ist zugleich eine Sache des einzelnen und der Gemeinschaft, es bekräftigt die Einheit Gottes (tawhid) wie auch die Einheit alles Geschaffenen und des Menschen in der direkten Verbundenheit mit dem Schöpfer. Diese Worte begleiten das gesamte Leben eines Muslim, versammeln die Gläubigen zum gemeinsamen Gottesdienst und bilden den Kern aller Gebete und Aussagen über Gott. Die shahada ist als einzige der 5 Säulen Gegenstand der theologischen Dogmatik und nicht von Gesetzesvorschriften der Scharia. Mit der bewußten und ernsthaften Aussprache dieser Formel vor Zeugen wird ein Mensch Muslim, wobei die einmal erfolgte Aufnahme in die Gemeinschaft nicht rückgängig zu machen ist und Glaubensabfall mit dem Tode bestraft wird. Islamische Rechtsgelehrte betonen daher die Folgenschwere dieses Schrittes und raten zu sorgfältiger Prüfung der inneren Bereitschaft. Auch darf die Annahme des Glaubens nur in freiem Willen und ohne Zwang erfolgen.
Eine besondere Form des Glaubensbekenntnisses und des Gottesdienstes, weil am deutlichsten ritualisiert, bildet der salat, das liturgische Pflichtgebet zu bestimmten Tageszeiten. Es gilt als die 2. Säule des Islam und ist ein rituelles Gemeinschaftsgebet. Vor der Verrichtung des salat muß sich der Gläubige im Zustand der Reinheit befinden. Er nimmt daher eine Reihe ritueller Waschungen vor. Die rituelle Reinheit (tahara) ist Voraussetzung aller religiösen und kultischen Handlungen. Die genau festgelegten fünf Gebetszeiten: morgens – mittags – nachmittags – abends – nachts sollen die Muslime Tag und Nacht an ihre Stellung als Anbetende Allahs erinnern. Zu diesem Gemeinschaftsgebet ruft der Gebetsrufer (Muezzin) vom Turm der Moschee aus die Gläubigen zusammen.
Der salat ist von den Gläubigen dort auszuführen, wo sie sich gerade befinden, aber zumindest einige Gläubige müssen ihn in der Moschee verrichten. Die Gemeinsamkeit der Muslime in aller Welt wird betont durch die Ausrichtung der Betenden auf die Kaaba in Mekka. In der Moschee versammeln sich auf ein Zeichen des Imam (Vorbeter, Gebetsleiter) Männer und Frauen in getrennten Reihen oder auch Räumen, rücken zugleich aber zum Zeichen der Verbundenheit nahe zusammen. Die Einheitlichkeit wird auch durch den Imam gewährleistet, der vor der die Richtung nach Mekka markierenden Gebets-

Felsendom (Omar-Moschee, Kubbat al Sakhra) in Jerusalem
688-691 unter Kalif Abdelmalik an der Stelle der Bundeslade des Salomonischen Tempels errichtet

Majestätisch überragt die goldglänzende Kuppel des auf dem Tempelberg errichteten Felsendoms die Altstadt Jerusalems. Persische Fayancen schmücken die Außenfassade der achteckigen Moschee, die neben der Kaaba und der Grabmoschee Mohammeds in Medina zu den bedeutendsten Heiligtümern des Islam zählt. Der Legende zufolge wird auf den Arkaden, die das Bergplateau säumen, die Seele der Menschen gewogen, um ihren Platz im Jenseits zu bestimmen. Im Inneren des Doms befindet sich der Heilige Fels, auf dem Abraham seinen Sohn Isaak opfern sollte. Die gläubigen Muslime wollen auf dem Gestein die Hufspuren des Reittieres Buraq erkennen, mit dem Mohammed seine Himmelsreise antrat.

Freitagsmoschee in Isfahan
Innenhof mit großem Iwan an der Südseite

Soweit bekannt, ist die Freitagsmoschee, mit deren Bau Mitte des 12. Jh. in seldschukischer Zeit begonnen wurde, die älteste Moschee mit einer Vier-Iwan-Anlage. Von den vier offenen Bogenhallen, die sich um den zentral gelgenen Hof gruppieren, besticht vor allem der Süd-Iwan durch die Schönheit seiner farbenprächtigen Fayencen. Den Bogen, der in den Kuppelsaal vor dem Mihrab führt, schmücken 14 durch Rosetten gegliederte Medaillons aus safawidischer Zeit mit Gebeten zu Ehren Mohammeds, seiner Tochter Fatima und der 12 Imame. Charakteristisch für die persische Architektur sind die das Gebäude überragenden, sich nach oben verjüngenden Minarette, die von einem pavillonartigen Rundlauf gekrönt werden.

nische der Moschee (Mihrab) Aufstellung nimmt. Mit Blick auf ihn beten die Gläubigen wie eine einzige Person. Auch die Gebetshaltung ist genau festgelegt und besteht aus einer Reihe von Einzelelementen in fester Abfolge. Jedes der fünf Tagesgebete wird beendet mit einer Wiederholung der Lobpreisung „Allahu akbar" (Gott ist der Größte) und einer Rezitation der 1. Sure des Korans, die selber ein Gebet ist. Sodann spricht jeder Beter das „Salamu alaikum" (Friede sei mit dir!) zu seinem Nachbarn zur Rechten und zur Linken.

Von besonderer Bedeutung ist der Gottesdienst in der Moschee freitags um die Mittagszeit. Mohammed hatte im Unterschied zu Juden und Christen den Freitag als Gottesdienst-Tag gewählt, der aber kein bürgerlicher Ruhetag ist, also kein Feiertag nach christlichem Verständnis. Den Kern dieses Gottesdienstes bildet eine Art Predigt (chutba), die ein Prediger stehend vollzieht.

Das Almosengeben, der zakat, ist die 3. Säule des Islam. Allgemein bedeutet es die Pflicht des Gläubigen, seinen Reichtum mit den weniger begüterten oder in Not befindlichen Glaubensbrüdern zu teilen und bildet die Grundlage des sozialen Handelns aller Muslime. Anders als etwa im Christentum beruht der zakat letztlich nicht auf Freiwilligkeit, sondern ist eine religiöse Pflicht. Allgemein kann man den zakat als Steuerabgabe bezeichnen. Der Koran sagt wenig zu Menge und Häufigkeit der Gaben und beschäftigt sich mehr mit dem inneren Wert des Gebens und der ethischen Haltung des Gebenden. Er schätzt – ähnlich den Aussagen Jesu im Neuen Testament – das stille Geben höher ein als das öffentliche Zurschaustellen der Freigebigkeit, welches sich stets dem Verdacht der Selbstgerechtigkeit aussetzt.

Das Rechtssystem des Islam entstand nach Mohammeds Tod vor allem im Zusammenhang mit den Fragen einer genauen Regelung des Almosenwesens. Die Scharia nimmt genaue Festlegungen der Abgaben je nach der Verschiedenartigkeit des Besitzes und der abzugebenden Güter vor. Der Muslim zahlt seinen zakat auf Ackerfrüchte, Vieh, Gold- und Silbereinnahmen in unterschiedlicher Höhe sowie – allgemein vereinfacht – 2,5 % seines jährlich erwirtschafteten Barvermögens auf Handelswaren. Die Empfänger der Almosen werden nach acht Gruppen unterschieden, bei denen die Armen und Bedürftigen an erster Stelle stehen; ebenso müssen Waisen, Kranke und in Not geratene Reisende bedacht werden sowie öffentliche Werke zum Ruhme Allahs.

Der zakat dient der Stärkung der moralischen und sozialen Verantwortlichkeit der Muslime füreinander, der Sorge um sozial schwächer Gestellte und als Korrektiv gegen allzu großen Egoismus, zu krasses Gewinnstreben oder soziale Gleichgültigkeit. Der Gläubige gibt darüber hinaus besondere Almosen und Gaben an Bedürftige zu den verschiedenen islamischen Jahresfesten, vor allem am Ende des Fastenmonats Ramadan. Am zakat-Wesen fällt besonders die Verbindung von religiöser, kultischer Pflicht und ausgeklügelter, profan anmutender Steuergesetzgebung auf. Politisch denkende Muslime sehen im zakat als Institutionalisierung gegenseitiger sozialer Verantwortung eine Vorwegnahme der modernen sozialstaatlichen Einrichtungen.

Während des heiligen Fastenmonats Ramadan, des 9. Monats nach dem islamischen Jahr, soll der gläubige Muslim während des ganzen Monats zwischen Sonnenaufgang und Sonnenuntergang sich des Essens und Trinkens, des Rauchens und des Geschlechtsverkehrs enthalten. Das rituelle Fasten (saum) bildet die 4. Säule des Islam. Auch das Fasten betont die Gemeinsamkeit der Muslime. Durch körperliche Selbstdisziplin soll eine innere Läuterung stattfinden: Der Mensch bedenkt seine eigenen Pflichten und Taten gegen die Gemeinschaft und erstrebt die Versöhnung mit seinen Glaubensbrüdern. Der Fastenmonat Ramadan ist hierin der inneren Einkehr während der vorösterlichen Fastenzeit im Christentum vergleichbar.

Im Fasten geschieht die Danksagung für die Gaben des täglichen Lebens, indem man sich im

Verzicht ihrer erinnert. Ramadan ist der Monat der Geduld, und der Lohn der Geduld ist das Paradies. Nach einem Ausspruch Mohammeds soll für Gott das Fasten des Menschen die liebste Gebetsform sein, weil nur er sie sehe. Trotzdem kennt die Scharia Einschränkungen und Milderungen des Fastengebots. So sind nur volljährige und gesunde Muslime zum saum verpflichtet; Alte, Kranke, schwangere und stillende Frauen, Schwerarbeit Verrichtende und Reisende sind davon befreit. Sie haben das Fasten nachzuholen oder eine besondere Sühne zu leisten. Dies ist vor allem für die in nichtmuslimischen Ländern lebenden und arbeitenden Gläubigen wichtig. Allgemein gilt der flexible Grundsatz: Fasten ist nur geboten, solange die Gesundheit des Fastenden keinen Schaden nimmt. Besonderen Zulauf erhalten die Moscheen gegen Ende des Monats, wenn am 27. Ramadan in der „Nacht der Macht“ oder „Nacht der Bestimmung“ (laylat al-qadr) der Herabkunft des Korans vom Himmel und des Beginns von Mohammeds Prophetentum gedacht wird.

Die 5. Säule des Islam bildet die hadsch, die Pilgerfahrt nach Mekka und Umgebung. Jeder Muslim soll – wenn Gesundheit, Vermögen und Sicherheit der Reisewege es gestatten – diese Wallfahrt mindestens einmal in seinem Leben unternehmen. Die hadsch ist eine Pilgerreise zu den heiligen Stätten, an denen Mohammed wirkte; in ihrem Zentrum steht die schwarze, würfelförmige Kaaba mit dem eingemauerten heiligen Stein in der Moschee von Mekka, die dem Koran zufolge von Abraham mit Hilfe seines Sohnes Ismail als Zeichen der Verehrung Allahs errichtet wurde.

Der Besuch Mekkas gilt für die Muslime jederzeit als wichtige religiöse Übung, besonders aber im 12. Monat des islamischen Jahres, dem Pilgermonat dhu al-hidscha, wenn die „große Wallfahrt“ beginnt und Pilger aus allen Teilen der muslimischen Welt zu Abertausenden nach Mekka strömen. Dabei nimmt der Pilger in der Nähe von Mekka einen bestimmten Weihe-Zustand (ihram) an und formuliert für sich den Sinn und die Form seiner Pilgerschaft, legt ein einfaches weißes Pilgergewand als Zeichen der vorbereitenden Reinheit an und unterwirft sich bestimmten Regeln. In der großen Moschee von Mekka umwandert er siebenmal die Kaaba (tawaf) und wandert anschließend siebenmal zwischen den Hügeln al-Safa und al-Marwa hin und her. Dies erinnert an die Not der Hagar (Nebenfrau Abrahams) und ihres Sohnes Ismail in der Wüste, als Gott zu ihrer Rettung den Quell Zamzam aus dem Wüstensand sprudeln ließ. Aus diesem Brunnen trinken die Gläubigen das als wundertätig geltende Wasser, bevor es einige Kilometer weiter zum Berge Arafa geht. Dort findet der Höhepunkt der Wallfahrt statt, indem die Pilger stehend meditieren und von Mittag bis Sonnenuntergang beten. Nach Sonnuntergang beginnt der Lauf ins nahegelegene Mina, der im benachbarten Muzdalifa unterbrochen wird, wo die Pilger die Nacht verbringen und sieben Kieselsteine sammeln, die am nächsten Morgen in Mina gegen drei Steinhaufen geworfen werden. Dieser Brauch erinnert wohl an die Glaubensfestigkeit Abrahams und die wunderbare Errettung Isaaks. Zur Erinnerung daran opfern die Gläubigen anschließend Schafe und Kamele als Zeichen ihrer Demut und lassen sich die Haare schneiden. Das Opferfest (id al-adha) dauert vier Tage und wird überall in der islamischen Welt gefeiert; das Fleisch der Opfertiere erhalten die Armen. Mohammed sah dieses Fest als Erfüllung der muslimischen Gemeinschaft an.

Die Wallfahrt bedeutet eine Hochschätzung Mekkas als des Zentrums der Muslime in aller Welt. Während der „großen Pilgerfahrt“ kommt es in Mekka und Umgebung durch die ungeheure Ansammlung der Gläubigen immer wieder zu Massenpaniken und zu Zusammenstößen zwischen verschiedenen Pilgergruppen. Höhepunkt solcher Auseinandersetzungen war die gewaltsame Besetzung der Moschee von Mekka durch radikale Islamisten im Jahre 1979 und die Niederschlagung der Revolte durch saudiarabische Truppen. Seit der Eroberung der heiligen Stätten 1924 betrachten sich die Mitglieder der Herrscherfamilie as-Saud als Protektoren bzw. Wächter (sharifen) der heiligen Stätten und des gesamten Pilgerwesens. Der saudiarabische König Fahd legte 1986 sogar seinen offiziellen Königstitel ab und nennt sich seither „Beschützer der beiden Heiligen Stätten“ (Mekka und Medina).

DAS ISLAMISCHE RECHT

Das islamische Rechtswesen: sharia

Der Islam ist eine „Laienreligion“, d. h. er leugnet die Notwendigkeit einer eigenen Priesterkaste, um die Menschen zu Gott und zum Heil zu führen, und er ist eine Gesetzesreligion. Die religiösen Pflichten und die „5 Säulen des Islam“ gelten für alle Gläubigen gleichermaßen.

Es gibt zwar eine genuine islamische Theologie, aber durch die vielfältigen sozialen Pflichten des

Muslim beim Gebet

Der salat, das streng ritualisierte Pflichtgebet, gehört zu den religiösen Grundpflichten eines jeden Muslims. Es wird zu festgesetzten Zeiten jeweils dort verrichtet, wo sich der Gläubige gerade befindet. Als Zeichen der totalen Hingabe an Gott kniet der Betende nieder und legt seine Stirn auf den Boden. Die Ausrichtung der Betenden auf die heilige Kaaba in Mekka symbolisiert die Gemeinsamkeit der Muslime in aller Welt.

Mihrab, Gebetsnische der Moschee von Cordoba

Der Mihrabtrakt der Moschee, der allein dem Kalifen und seinem Gefolge vorbehalten war, bildet als Symbol der weltlichen Macht des Fürsten den Höhepunkt des Bauwerks. Prächtige Goldmosaiken mit Rankendekor auf verschiedenfarbigem Grund schmücken die von einem byzantinischen Meister gestaltete Mihrabfassade und verleihen dem Raum einen mystischen Klang. Die das Bogenfeld umrahmende goldene Inschrift auf blauem Grund enthält Koranzitate und preist den Namen al-Hakams II (961-976). Die Fassade öffnet sich in einem von vier Marmorsäulen flankierten Hufeisenbogen auf den Mihrab, die Gebetsnische, deren kapellenartige Ausstattung als vollständiger 8eckiger Raum eine einmalige Neuerung in der islamischen Sakralbaukunst darstellte und fast allen späteren Mihrabs in Spanien und Nordafrika als Vorbild diente.

einzelnen vor der Gemeinde standen für die Masse der Gläubigen Rechtsprobleme des täglichen Miteinander immer deutlich im Vordergrund. So erfährt der gläubige Muslim Hilfe und Rat nicht von Priestern, sondern von Rechtsgelehrten (faqih, pl.: fuqaha). Das islamische Rechtswesen (sharia) gilt so als wesentliches Element des Islam, das die Gemeinschaft der Muslime zu tragen und zusammenzuhalten vermag. Die islamischen Gelehrten (Sammelbezeichnung: ulema) sind daher stets Kenner der Religion und des Gesetzes. Schon Mohammed nahm im Koran zu altarabischen Gewohnheitsrechten Stellung und verkündete seine sittlich-moralischen Grundsätze in Formen, die sich am Rechtsdenken orientieren, vor allem in Form von Geboten.

Der Koran betont sowohl günstige als auch ungünstige Eigenschaften des Menschen. Gott hat dem Menschen die Erde überantwortet, aber mit klaren Aufträgen und Geboten. Aber der Mensch neigt laut Koran dem Unglauben oder gar dem Bösen zu und bedarf der Gnade Gottes: Ohne die göttliche Rechtleitung ist der Mensch von sich aus zu schwach, den Weg des Guten zu gehen. So wird der Mensch auf Erden ständig durch das Gesetz Gottes geleitet. Dabei gilt, daß Gott es dem Menschen nicht schwer machen will, sondern leicht. Folgerichtig gibt es auch bei nahezu allen Geboten des Islam Formen der Erleichterung oder Ausnahmen. So heißt es etwa in Sure 64,16: „Fürchtet Gott, soweit ihr (es) vermögt, hört und seid gehorsam."

Das Gesetz gilt im Koran als Licht, das die Menschen einsichtig und verständig macht und es ihnen ermöglicht, sich ein (gerechtes) Urteil zu bilden. Der Koran betont seine parallele Gesetzesbedeutung für die Muslime wie die Tora für die Juden und das Evangelium für die Christen. Das Gesetz soll als Band die Einheit der Muslime stiften und gewährleisten.

Die islamische Pflichtenlehre: Klassifizierung der Taten

Über die Herkunft der Qualifizierungen „gut" und „böse" für die menschlichen Taten ist im frühen Islam ebenfalls heftig gestritten worden. So nahmen die Mutaziliten eine innere Qualität jeder Handlung an, die für die menschliche Vernunft erkennbar ist und nicht direkt von Gottes Setzung abhängt. Die Orthodoxie (Ashariten) geht dagegen bis heute von der absoluten Souveränität des göttlichen Willens aus, der allein durch seine Verfügungen festsetzt, was gut und was böse ist. Der Mensch hat die Gebote Gottes festzustellen, auszulegen und zu befolgen.

Daher werden die menschlichen Taten in direktem Bezug zum göttlichen Gesetz in 5 Kategorien eingeteilt: a) gebotene Handlungen, die Pflicht sind; ihre Verrichtung wird von Gott belohnt, ihre Unterlassung bestraft; b) empfohlene Handlungen, die der Religion und der Gemeinschaft förderlich sind. Ihre Verrichtung wird belohnt, ihre Unterlassung jedoch nicht bestraft; c) erlaubte Handlungen, die moralisch neutral sind. Ihre Verrichtung wird nicht belohnt und ihre Unterlassung nicht bestraft; d) mißbilligte Handlungen, die den religiösen Gehorsam einschränken. Ihre Unterlassung wird belohnt, ihre Verrichtung jedoch nicht bestraft; e) verbotene Handlungen. Ihre Unterlassung ist geboten und wird belohnt, ihre Verrichtung bestraft.

Die menschlichen Sünden werden in große und kleine eingeteilt. Als schwerste Sünden gelten zunächst diejenigen gegen Gott und den Glauben, sodann die gegen den Menschen und seine Unversehrtheit sowie als drittes diejenigen gegen die Mittel des täglichen Lebens, also Eigentumsdelikte, Rufschädigungen und falsches

Zeugnis. Gott vergibt dem Koran zufolge alle Sünden mit Ausnahme des Unglaubens, wenn er will. Der Koran gebietet den Respekt vor dem menschlichen Leben und hat die altarabischen Blutracheregeln stark eingeschränkt, wenn auch das Töten als Vergeltung nicht in jedem Fall als ungerechtfertigt gilt. Die menschliche Sexualität wird als gottgegeben ohne Vorbehalte bejaht, doch klaren Regeln unterworfen. Unzucht und Unkeuschheit ziehen im Koran drastische Strafen nach sich. Immer wieder wird Gerechtigkeit als vornehme Tugend der Muslime und Sinn der göttlichen Weltordnung beschworen.

Die 4 Rechtsschulen der Sunna

Die Gesetzessprache des Islam findet sich in fast allen Bereichen des islamischen Lebens und prägt auch den Bezeugungscharakter des Glaubensbekenntnisses (shahada). Nach dem Tode des Propheten ging es den Kalifen und Islamgelehrten sehr schnell um eine umfassende Verrechtlichung der Lebensverhältnisse in der muslimischen Gemeinde. Im sunnitischen Mehrheits-Islam (von arab. sunna = Brauch, Gewohnheit) bildeten sich 4 bis heute geltende orthodoxe Rechtsschulen (madhhab, pl.: madhahib) heraus:

a) Die Schule der Hanafiten, benannt nach ihrem Gründer Abu Hanifa (699-767), ist die zeitlich erste und bis heute verbreitetste der Rechtsschulen. Sie ist auch die liberalste und räumt dem Verstand und der eigenen Meinung (ra'j) einen großen Spielraum ein (was ihr von den Gegnern zum Vorwurf gemacht wird). Sie hat eine Vorliebe für juristische Spitzfindigkeiten und eine Reihe von heute allgemein geltenden juristischen Verfahrens- und Denkweisen in das islamische Rechtswesen eingeführt. Sie ist vorherrschend in Zentralasien, Indien, Pakistan, der Türkei, Afghanistan und in Teilen Ägyptens und Tunesiens.

b) Die Schule der Malikiten, benannt nach Malik ibn Anas (715-795), ist demgegenüber konservativ und beruft sich stark auf das in Medina zu Zeiten des Propheten herrschende Gewohnheitsrecht. Ihre juristischen Wertungen sind teilweise sehr rigoristisch. Sie ist vorherrschend im Maghreb, in Nord- und Westafrika, in Mauretanien, dem Sudan und in Kuwait.

c) Die Schule der Shafi'iten, benannt nach as-Shafi'i (767-820), einem Schüler der beiden vorhergehenden Schulen, ist die systematischste der Rechtsschulen und nimmt eine Mittelstellung zwischen den eher liberalen Hanafiten und den eher konservativen Malikiten ein. Sie hat sich vor allem um eine Ausdifferenzierung der juristischen Grundsätze verdient gemacht. Sie ist im ganzen Vorderen Orient verbreitet und vorherrschend in Indonesien, Malaysia, Jordanien, Palästina, Syrien, dem Libanon und in Teilen Ägyptens.

d) Die Schule der Hanbaliten, benannt nach Ahmed ibn Hanbal (780-855), vertritt einen strengen, kompromißlosen Traditionalismus von großer Frömmigkeit, der zwar wegen seiner Starrheit keine große Verbreitung fand, aber durch die Reformbewegung der Wahhabiten seit Anfang des 19. Jahrhunderts in der arabischen Welt zunehmende Beachtung fand. Die Schule der Hanbaliten ist vorherrschend in Saudi-Arabien und einigen kleinen Staaten der arabischen Halbinsel, doch finden sich auch Anhänger in Syrien, dem Irak und Algerien.

Während sich in früheren Zeiten die Rechtsschulen untereinander teilweise heftig befehdeten, fand im Laufe der Zeit eine weitgehende, praktisch orientierte Angleichung der Schulen aneinander statt. Die 4 Rechtsschulen bekennen sich gemeinsam zu vier „Wurzeln" (usul) der Rechtswissenschaft, und zwar zu den beiden Rechtsquellen Koran und hadith sowie zu zwei juristischen Verfahren, nämlich dem Analogieschluß (qijas) von einem Rechtsfall auf einen ähnlich gelagerten – ein Verfahren, das in der Wertschätzung der eigenen Überlegungen (ra'j) in der Frühzeit des Islam seinen Ursprung hat –, und dem Konsens (idschma), genauer der „Übereinstimmung der Gelehrten" in einer Sachfrage. Das letztere Verfahren verdankt sich der Ansicht Mohammeds, daß zwar ein einzelner irren könne, wegen der Rechtleitung Gottes hingegen niemals die ganze Gemeinde der Gläubigen im Irrtum vereint sein könne.

Zu Mohammeds Geburtstag in Akbar Nagar, Bihar

Der Maulid, das Geburtstagsfest Mohammeds, bildet den Höhepunkt des „Mohammed-Zyklus", d. h. jener Feste, die sich auf das Leben des Propheten beziehen. Zum Zeichen ihrer Verehrung tragen die Gläubigen bei ihren Festumzügen ein weißes Pilgergewand, grüne Fahnen und Transparente, die Farben Mohammeds, der bei seiner Geburt ein weißes wollenes Kleid getragen und auf einer grünen Seidendecke gelegen haben soll.

Islamisches Opferfest
in einem alevitischen Dorf, Prov. K'maras, Türkei

Anläßlich der Wallfahrt nach Mekka (hadsch), begehen die Gläubigen das Opferfest, das größte Fest im islamischen Kalenderjahr. In Erinnerung an Abrahams Bereitschaft, seinen Sohn zu opfern, finden rituelle Schaf-Schlachtungen statt. Das Fleisch dient nicht dem eigenen Verzehr, sondern wird zum Zeichen der Gemeinschaft der gläubigen Muslime an Freunde verschenkt und unter den Armen und Bedürftigen verteilt.

Mit der Betonung des Konsenses der Gelehrten verfügt der sunnitische Islam (seit etwa dem 11. Jahrhundert) die „Schließung der Pforte" der selbständigen Forschung (idschtihad; wörtl.: das Sich-Abmühen) des einzelnen Gläubigen in Koran und hadith. Der Gläubige, wie auch ganze Gruppen oder Regierungen, wendet sich also in Zweifelsfällen an einen Rechtsgelehrten mit der Bitte um Erstellung eines konkreten Rechtsgutachtens (fatwa), das den danach Handelnden übrigens persönlich weitgehend entlastet, da er sich in gutem Glauben auf die Kenntnisse des Rechtsgelehrten verläßt.

Das Recht im Alltag der Muslime

Im islamischen Rechtswesen gibt es einen eigentümlichen Dualismus von ethisch-religiösen und juristischen Auffassungen, wobei für den gläubigen Muslim beide Seiten weder einfach zusammenfallen noch schlicht zu trennen sind. Die Scharia unterscheidet Rechte Gottes und Rechte der Menschen sowie Pflichten gegen Gott und Pflichten gegen die Menschen.

Das islamische Gesetz ist nicht einheitlich und läßt oftmals verschiedene Auslegungen zu – worin die Fähigkeiten der Rechtsgelehrten zum Tragen kommen. Eine Reihe von Verbotsübertretungen, vor allem bei den Rechten Gottes, wird nicht vom Richter (qadi) bestraft. Dabei gilt allgemein: Nicht die einzelne Nichterfüllung des Gesetzes oder Verbotsübertretung macht einen Menschen zum Ungläubigen, sondern erst die Leugnung der Verbindlichkeit der Gesetzesforderungen. Das Verhältnis von Scharia und Politik bzw. Staatsmacht ist in fast allen islamischen Ländern nicht so unproblematisch, wie es dem muslimischen Idealbild nach sein sollte. Fast nirgendwo sind Staatsrecht und religiöses Recht einfach aufeinander abbildbar. Wenn auch nur die Türkei ein bewußt und explizit säkulares Recht kennt (durch die Reformen Kemal Atatürks nach dem 1. Weltkrieg), gibt es doch auch in anderen islamischen Ländern – etwa Syrien, Ägypten oder Tunesien – deutlich säkulare Tendenzen bzw. eine zunehmende Säkularisierung der staatlichen Gesetzgebung.

Für die volle Rechtsfähigkeit im Sinne des Islam sind Vollbesitz der Geisteskräfte und Volljährigkeit erforderlich, doch beginnt die eingeschränkte Rechtsfähigkeit bereits mit der Geburt. Daher spielt die rechtliche Regelung der Vormundschaft und anderer Abhängigkeitsverhältnisse eine große Rolle. Auch der Familien- und Ehegesetzgebung mit Betonung der ehelichen Pflichten und der möglichen Scheidungsformen wird ein breiter Raum gegeben. Das Erbrecht mit einer exakten Erbenquotenregelung (welchem Verwandten welcher Anteil zusteht), das Vermögensrecht mit einer Betonung des Zins- und Wucherverbots und das Strafrecht mit seiner Einschränkung des altarabischen Blutrachegedankens und einer genauen Staffelung der zu verhängenden Strafen – von Körperstrafen über das Blutgeld bis zur Todesstrafe – waren bereits Kernpunkte der koranischen Rechtsauffassung Mohammeds in Medina, die nach seinem Tode ausgebaut und systematisiert wurden.

ENTWICKLUNGEN DER ISLAMISCHEN RELIGION UND KULTUR

Islamisches Denken im Mittelalter

Der Islam erbrachte hohe Kulturleistungen auf nahezu allen Gebieten, allerdings in unterschiedlicher Gewichtung. Die Metropolen der islamischen Reiche wie Baghdad, Damaskus, Kairo und Cordoba waren zugleich bedeutende Kulturzentren, deren Wirkung weit in alle Länder des Islam ausstrahlte. Die Hochblüte der islamischen Kunst, Kultur und Wissenschaft lag zwischen dem 8. und 13. Jahrhundert und prägte besonders das 9. bis 11. Jahrhundert, auch über den islamischen Kulturraum hinaus.

Die islamische Philosophie entstand vor allem aus kommentierten Übersetzungen der griechischen Philosophie, besonders der Werke des Platon und Aristoteles, die auf dem Umweg über die islamische Rezeption allererst ins Abendland gelangten. Die Hauptgebiete der islamischen Philosophie waren Metaphysik (mit starker Nähe zur Theologie), Logik, Erkenntnistheorie, Ethik und Politische Philosophie. Bei den theologienahen Fragen ging es vor allem um das Wesen und die (möglichen) Attribute Gottes, das Wissen Gottes und den zeitlichen Beginn der Schöpfung sowie die Zeit des Weltendes.

Nähe zur Philosophie wies auch die Astronomie auf, die sich mit den Hierarchien und Kreisläufen des Kosmos beschäftigte und das Wissen des Alten Orients fruchtbar weiterzuentwickeln verstand. Die arabische Mathematik sicherte das Wissen der hellenistischen Antike und ging bald darüber hinaus. So ist der Name „Algebra" (aus arab. al-gabr) arabischen Ursprungs. Die für die ganze damalige Welt vorbildliche arabisch-persische Medizin verband empirische Beobachtungen mit Spekulationen über das Wesen des Menschen, nahm griechisches und indisches Erbe auf und errichtete eigene Schulen. Die Schriften des Hippokrates und des Galen waren in Übersetzungen bekannt. Die bedeutenden Denker des Islam waren wie ihre griechischen Vorbilder universal gebildet. Fast alle waren auch als Mediziner, Astronomen und Mathematiker tätig sowie häufig in höheren staatlichen oder höfischen Positionen zu finden.

Al-Kindi (gest. 870) verknüpfte die aristotelische Philosophie auf originelle Weise mit neuplatonischen Elementen. Er stellte eine eigene philosophische Theorie der Prophetie und der göttlichen Offenbarung auf und soll 300 Schriften hinterlassen haben, von denen etwa 70 erhalten sind. Al-Farabi (870-950) ist der bedeutendste islamische Kommentator der griechischen Philosophie. Mit seinem „Musterstaat" prägte er entscheidend das politische Denken der Muslime und mit seiner Gesetzes-Philosophie wirkte er gleichermaßen stark auf Islam und Judentum. Ibn Sina (lat.: Avicenna) (980-1037) gilt als Vollender der islamischen Philosophie. Als Systematiker erarbeitete er eine Synthese von Philosophie und Theologie. Er beherrschte alle seinerzeit bekannten Wissenschaften und wurde auch im Abendland bekannt. Der aus Cordoba stammende Ibn Rushd (lat.: Averroes) (1126-1198) unternahm eine Reinigung der Philosophie, insbesondere der des Aristoteles, von späteren theologischen und mystischen Ausdeutungen. Er wirkte stärker im Abendland als im arabischen Raum und beeinflußte über den besonders in Frankreich verbreiteten „lateinischen Averroismus" auch direkt den bedeutendsten Denker des abendländischen Mittelalters, Thomas von Aquin. Ein origineller islamischer Denker ist der aus Tunis stammende Ibn Chaldun (1332-1406), der eine eigene Geschichtsphilosophie entwickelte und eine sehr modern anmutende Soziologie und Kulturtheorie entwarf, die erst Jahrhunderte später zur Geltung kam und z. B. das Denken von Karl Marx und Emile Durkheim beeinflußte. Alle Wissenschaften und Künste erfuhren große Förderung durch die islamischen Herrscherhäuser. Besonders die Abbasiden-Kalifen des 9. und 10. Jahrhunderts und die maurischen Herrscher Spaniens machten ihre Residenzstädte zu Zentren der zeitgenössischen Kultur und Wissenschaft.

Die islamische Mystik: Sufis und Derwische

Die reiche und komplexe islamische Mystik stand immer in einem spannungsreichen Verhältnis zum offiziellen Islam der Herrscher, Krieger und Rechtsgelehrten. Sie ist vielfältig mit außerislamischen Einflüssen verknüpft und hielt sich selbst stets in einer eigentümlichen Balance zwischen Weltabgewandtheit und Aufruf zur inneren Erneuerung des Islam. Die geistigen Ursprünge der islamischen Mystik liegen im Lob der bußfertigen Askese, das der Koran deutlich ausspricht, aber auch in der Begegnung des sich ausbreitenden Islam mit den Frömmigkeitsformen der dem islamischen Reich eingegliederten Länder und Kulturen. So ist der Einfluß des christlichen Mönchtums genauso unverkennbar wie die Aufnahme des Gedankengutes indischer und buddhistischer Wandermönche sowie des persisch geprägten Neuplatonismus und der Gnosis.

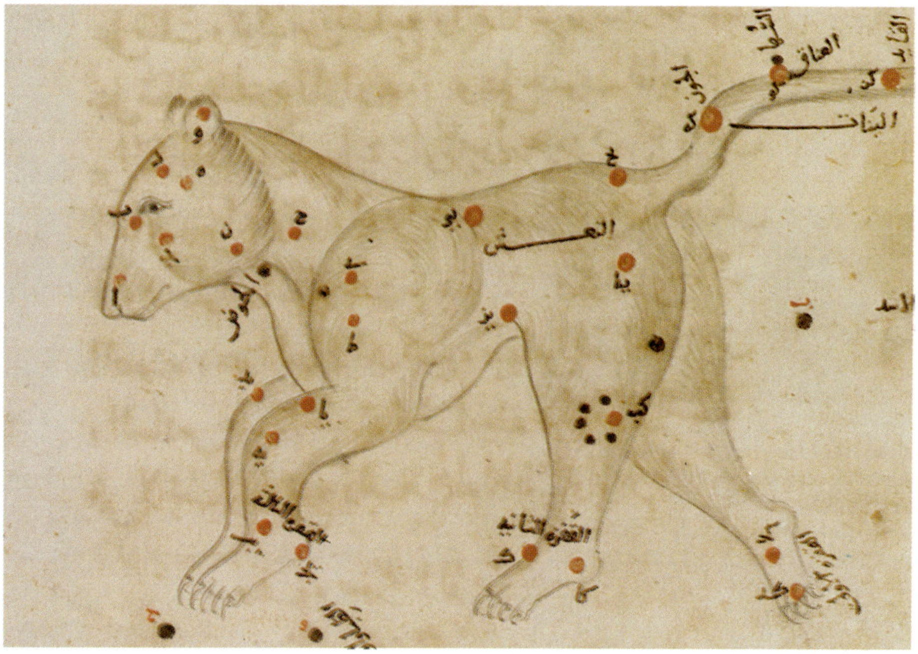

Darstellung des Großen Bären
aus: Sternkatalog As Sufi (1009/10)

Der Islam hat auf allen Gebieten, in den Wissenschaften ebenso wie in den Künsten, hohe kulturelle Leistungen vollbracht. In besonderem Ansehen standen die Astronomie und die Astrologie. Schon in vorislamischer Zeit hatten sich die Nomaden an den Sternen orientiert und deren Laufbahn berechnet, um den jeweiligen Standort und die Tageszeit zu bestimmen. Auch wurden die Sterne als höhere, Glück oder Unglück verheißende Mächte angesehen. In der islamischen Astrologie spielte die Rezeption des griechischen Erbes eine besondere Rolle. Man erkannte den Einfluß der Himmelszeichen auf die Planeten, ein Wissen, das besonders in der Medizin seine Anwendung fand. Die einzelnen Himmelszeichen wurden bestimmten Körperteilen zugeordnet und Krankheiten mit Hilfe der Konstellation der Gestirne diagnostiziert. Das Sternbild des „Großen Bären" stammt aus dem Sternkatalog As Sufi, der in Europa in lateinischer Übersetzung erschien und hier zur Verbreitung der bis heute gebräuchlichen arabischen Sternennamen beitrug. Der arabische Schriftzug des Bildes erscheint so wie auf dem Ptolemäischen Himmelsglobus.

Abu Said (967-1049) – ein persischer Mystiker und strenger Vertreter des Sufismus
aus einer Maqamat-Handschrift (Buch der Versammlungen), wahrscheinlich Syrien, um 1300

Die Miniatur zeigt den persischen Mystiker Abu Said bei einer Predigt in der Moschee von Samarkand. Die von praktischen und intuitiven Erfahrungsgehalten geprägten Predigten der Mystiker hatten bei den Gläubigen oft einen größeren Erfolg als die Reden der Gelehrten, was den Konflikt mit der Orthodoxie verschärfte.

Derwische im Trance-Tanz
Punktierstich, um 1810

Mittels des Tanzes versetzen sich die Derwische, Mitglieder islamischer Bettelorden, die aus den Schülerkreisen der Mystiker (Sufis) hervorgingen, in Rausch und Ekstase, um zu einer unmittelbaren Vereinigung mit Gott zu gelangen. Ihre prächtige Tracht, die aus einem weiten Rock, einer Mütze oder einem Turban besteht, variiert je nach Orden und unterscheidet die verschiedenen Ränge innerhalb der Gemeinschaft.

Die anfängliche fromme Askese entwickelte sich bald zu einem bewußten Gottsuchertum, das sich um die zentralen Gedanken der Gottesfurcht und des Gottvertrauens gruppierte, gepaart mit Weltentsagung und der Suche nach innerem Frieden. Mittelpunkt war das völlige Sich-Verlassen auf Gott (tawakkul) mit den Begriffen „Übergeben" (taslim), nämlich sich selbst an Gott, und „Anvertrauen" (tafwid).
Wichtig wurde die Meditation (fikr) und das ständige Denken an Gott (dhikr). Die intuitive Erkenntnis Gottes, die dem Mystiker als innerer Maßstab für die Wahrheit des Glaubens des einzelnen dient, hat für die Mystik größeres Gewicht als das Wissen der Gelehrten und die bloß äußerliche Befolgung der Gesetze. Dadurch war der Konflikt der islamischen Mystik mit der offiziellen Theologie und der politischen Orthodoxie vorprogrammiert. Die vor allem aus der altpersischen Licht-Metaphysik stammende Bildersprache der Mystik war dem offiziellen Islam ebenso suspekt wie das Auftreten vieler Mystiker als Mahner und Reformprediger, die vom Volke als Heilige verehrt wurden. Das Mißtrauen steigerte sich immer wieder zu regelrechten Verfolgungswellen, deren Höhepunkt die Hinrichtung des bedeutenden Mystikers al-Halladsch im Jahre 922 war. Der große Mystiker und Theologe al-Ghazzali (1058-1111) versuchte die Mystik mit der offiziellen Theologie zu versöhnen. Der andalusische Mystiker Ibn al-Arabi (1165-1250) behauptete, durch Steigerung seines innerlichen Glaubens zum Wesen Gottes selber vorgedrungen zu sein und eine Vereinigung mit Gott erfahren zu haben. Einen besonderen Höhepunkt der islamischen Mystik bildet das Werk des Dschaladdin Rumi (1208-1273), dessen leidenschaftliche Gedichte große Musikalität und Bilderreichtum auszeichnen.
Im 12. Jahrhundert bildeten sich als feste Organisationsformen der Mystiker die Ordensgemeinschaften (tariqa), die teils in richtigen Klöstern und Bruderschaften, teils bündisch organisiert waren. Die Mystiker erhielten die Bezeichnung „Sufi" (von arab. suf = Wolle): die mit einem Wollgewand Bekleideten. Die Ordensgemeinschaften zeigten eine große Nähe zu den durchorganisierten und festen Ordensregeln der buddhistischen und christlichen Mönche und hatten einen streng hierarchischen Aufbau. Als Ordensmeister fungierte der shaykh (Scheich), dem die Brüder bedingungslosen Gehorsam schuldeten. So hieß eine Regel: „Du sollst in der Hand deines shaykhs sein wie die Leiche in der Hand des Leichenwäschers."
Die Bruderschaften übernahmen auch caritative und seelsorgerliche Funktionen. In der Frühzeit ihrer Entstehung bildeten einige als Wehrorden auch die Grenzwächter der islamischen Gebiete (ribat) und wurden so zu Vorbildern für die christlichen Ritterorden des Mittelalters. Die Mitglieder einer islamischen Bruderschaft wurden persisch „Derwische" genannt (die Wortherkunft ist nicht völlig geklärt). Die Art der Orden und der Aufbau der Gemeinschaften und Klöster ist sehr unterschiedlich und nicht zentral koordiniert. Einige Bruderschaften, wie etwa im 19. Jahrhundert die Sanussiya-Bewegung in Libyen, sind auch politisch bedeutsam geworden und traten an die Spitze kämpferischer islamischer Reformbewegungen.

POLITIK UND GESCHICHTE DES ISLAM

Die Kalifen – Nachfolger des Propheten und Stellvertreter Gottes auf Erden

Daß sich besonders der frühe Islam über das Beispiel des Propheten hinaus als Einheit von Religion und Politik begriff, blieb auch nach Mohammeds Tod deutlich. Die Nachfolger des Propheten, Kalifen genannt (von arab. chalifa = Stellvertreter, Nachfolger), übernahmen neben der religiösen Leitung der Gemeinde auch die Organisation eines sich ständig erweiternden Staatsgebietes, wobei sie ihr Amt seit den Umayyaden nicht mehr nur als Nachfolger des Propheten, sondern als Stellvertreter Gottes auf Erden begriffen. Das drückt auch ihr Titel „Beherrscher der Gläubigen" (amir al-mu'minin) aus.

Erster Kalif wurde nach Mohammeds plötzlichem Tod – der Prophet hatte keine eindeutige Nachfolgeregelung hinterlassen – durch Wahl der Stämme sein Schwiegervater Abu-Bakr (632-634), der Vater von Mohammeds späterer Lieblingsfrau Aisha, der zu den ersten Anhängern Mohammeds gehört hatte und die auseinanderstrebende Gemeinde durch sein Ansehen zusammenhalten konnte. Auch der zweite Kalif Umar (634-644) war ein Schwiegervater Mohammeds und hatte zur engsten Umgebung des Propheten gehört. Er vollendete die unter Abu-Bakr begonnene Eroberung Mesopotamiens, Syriens, Palästinas, Ägyptens und Persiens für den Islam innerhalb weniger Jahre. Die raschen militärischen und politischen Erfolge galten und gelten den Muslimen bis heute als „Beweis" für die Richtigkeit und Unwiderstehlichkeit des Islam.

Bei den militärischen Eroberungen der Folgezeit kam dem Islam ein geschicktes politisches Toleranzprinzip zustatten, das die „Völker der Schrift" (auch: Völker des Buches) – Juden, Christen und in Persien die Zoroastrier (Zarathustra-Anhänger) – als „Schutzbefohlene" (dhimmi) unter den Schutz des Islam stellte. Sie zahlten an den islamischen Herrscher eine besondere Kopfsteuer und durften dafür ihren Glauben auch innerhalb des islamischen Reiches weiter ausüben. Das dhimmi-Prinzip ist auch heute noch geltende islamische Praxis, wenn es auch in einigen Staaten durch die dortigen Nationalismen zunehmend gefährdet erscheint.

Der dritte Kalif Uthman (644-656) stammte aus Mekka, war aber früh zu Mohammed gestoßen. Als frommer und eher unpolitischer Charakter vollendete er die Zusammenstellung des seither gültigen Korans und der frühen hadith-Sammlungen. Nach seiner Ermordung wurde Mohammeds Vetter und Schwiegersohn Ali Kalif (656-661), den die Schiiten bis heute als den einzig legitimen Nachfolger des Propheten betrachten. Unter dem persönlich frommen und gerechten Ali, der mit seinen politischen Gegnern nur schwer fertig wurde, zerbrach die Einheit der muslimischen Gemeinde endgültig. So erfolgte unter seinem Kalifat 657 die erste große Spaltung der Muslime, als die Charidschiten (von arab. charadscha = ausziehen,weggehen) sich als eigene Gemeinschaft lossagten und einen streng am Koran orientierten Ur-Islam forderten. In der Folge einiger unglücklicher Kriegszüge zur Wiederherstellung der Einheit wurde Ali 661 ermordet.

Mohammed und die Kalifen
Cod.A.F.50, fol. 8verso,Textseite verziert, sechs Miniaturbildnisse

Die Miniaturbildnisse zeigen: Abd al-Muttalib (oben), Mohammeds Großvater, der die Erziehung seines Enkels übernahm. Mohammed ist mit verschleiertem Gesicht dargestellt, umgeben von den Bildnissen der vier Kalifen (v.l.n.r.) Abu-Bakr, Umar, Uthman und Ali. Nach dem Tod des Propheten (632) übernahm Abu-Bakr (632-634), der Schwiegervater Mohammeds, die religiöse Führung der Gemeinde und trug zur politischen und militärischen Konsolidierung des islamischen Staates bei. Abu-Bakr bestimmte vor seinem Tod Umar (634-644) zu seinem Nachfolger, der dem anwachsenden islamischen Staat eine erste Verwaltungsstruktur verschaffte und wichtige militärische Erfolge wie die Eroberung Syriens, Palästinas, Ägyptens und Persiens erzielte. In Uthmans Regierungszeit (644-656) fällt die Zusammenstellung und Fixierung des Korans. Nach seiner Ermordung wurde Mohammeds Vetter Ali (656-661), der für die Schiiten der einzig rechtmäßige Nachfolger des Propheten ist, zum Kalifen ernannt. Das Leben und Handeln dieser ersten "vier rechtgeleiteten Kalifen" gilt den Sunniten als oberstes Vorbild.

Der sunnitische Islam nennt diese ersten Kalifen die „vier rechtgeleiteten Kalifen". Ihr Leben und Handeln gilt den Sunniten in jeder Hinsicht als vorbildlich und bildet zusammen mit dem Beispiel des Propheten erst die Sunna (wörtlich: Gewohnheit) in politischer Hinsicht. In allen sunnitischen Diskussionen um politische Gerechtigkeit und Rechtleitung spielt die Zeit der „rechtgeleiteten Kalifen" bis heute eine große Rolle.

Nach Alis Ermordung ergriff der muslimische Statthalter von Syrien, Muawiya, der vorher bereits der stärkste Gegner Alis gewesen war, die Kalifenwürde und gründete die in Damaskus residierende erbliche Kalifendynastie der Umayyaden (661-750), die das Reich erweiterten, konsolidierten und mit geeigneten Verwaltungsstrukturen versahen. 749/50 wurden die Umayyaden blutig gestürzt durch die Dynastie der Abbasiden (750-1258). Nachdem der zweite Abbasiden-Kalif al-Mansur Baghdad als neue Residenzstadt gegründet hatte, zentralisierten die Abbasiden Verwaltung und Handel und machten den Kalifenhof zu einem bedeutenden Zentrum für Kunst und Wissenschaft. Im politischen Denken und Zeremoniell waren sie stark persisch geprägt und hegten eine große Bewunderung für die Kultur der Antike. Einen kulturellen Höhepunkt erreichte die Dynastie unter dem aus den „Geschichten aus 1001 Nacht" bekannten Kalifen Harun ar-Rashid (786-809), der sich um kulturellen Austausch mit anderen Weltzentren bemühte

und seinem hochgebildeten Sohn al-Mamun (813-833), der Baghdad zu einem Weltzentrum für Philosophie und Wissenschaft ausbaute.
Bereits im 10. Jahrhundert begann der Verfall des Kalifats und seine Abhängigkeit von verschiedenen „beschützenden" Militärdynastien. Der Mongolensturm unter Hülägü Chan bereitete dem Kalifat von Baghdad 1258 ein blutiges Ende. Das Reich zerfiel, und es begann der Aufstieg bzw. Ausbau verschiedener lokaler Herrscherdynastien, unter denen besonders die in Ägypten, Syrien und Palästina herrschende Militärdynastie der Mamelucken hervorragt, der es im 13. Jahrhundert unter ihrem energischen und fähigen Sultan Baibars (1260-1277) gelang, das Vordringen der Mongolen im Orient zu stoppen und die letzten christlichen Kreuzfahrerstaaten zu beseitigen.

Die Begegnung von Orient und Okzident: Kaufleute und Kreuzfahrer

Schon früh unterhielt das aufblühende Kalifenreich regelmäßige Handelsbeziehungen sowohl mit Asien als auch mit Europa. Durch den Orienthandel per Schiff gelangten vor allem die italienischen Seerepubliken Venedig und Genua zu großem Reichtum. Auch die Handelsstädte des oströmischen Kaiserreiches und des maurischen Spanien waren Umschlagplätze für den Warenaustausch zwischen Orient und Okzident.
Von nachhaltiger Bedeutung für das Verhältnis von Christentum und Islam war die seit Ende des 11. Jahrhunderts in Europa aufkommende Kreuzzugsstimmung, der sich alle Schichten von den Herrschern der Christenheit über den Adel bis zu den Bauern und Armen in einer seltsamen Mischung aus Frömmigkeit, Heilserwartung, materiellem Gewinnstreben, Abenteuerlust und Fanatismus anschlossen. Es war die erste gezielte Expansion des christlichen Europa mit dem erklärten Hauptziel, Jerusalem für die Christenheit zurückzugewinnen. Obwohl mehrere der Kreuzzüge in einem völligen Desaster endeten, konnte sich das 1099 errichtete lateinische Königreich von Jerusalem sowie eine Anzahl anderer christlicher Kreuzfahrerstaaten in Syrien und Palästina eine Zeitlang behaupten. Das Feindbild vom „barbarischen Heiden", das von den Kreuzfahrern unterschiedslos auf Muslime und Juden, teilweise sogar auf die orientalischen Christen übertragen wurde, sorgte bei den Eroberungen für eine Reihe von Massakern, die auf muslimischer Seite ihre entsprechende Vergeltung fanden. Erst allmählich gewannen beide Seiten Respekt voreinander. Beherrschende Figur auf muslimischer Seite war der kurdische Sultan Saladin (1138-1193), der in einer Mischung aus Tapferkeit und Härte, zäher Verhandlungsführung und großmütiger Ritterlichkeit Ägypten und Syrien unter seine Kontrolle brachte und 1187 in der Schlacht bei Hattin das lateinische Königreich Jerusalem vernichtete. Seine Gestalt hat das Abendland sehr nachhaltig beschäftigt und auch zu einer Auseinandersetzung mit dem Islam geführt, wofür ein Beispiel Gotthold Ephraim Lessings „Nathan der Weise" ist. Die letzten Kreuzfahrerstaaten hielten sich bis ins 13. Jahrhundert und endeten 1291 mit der Einnahme Akkos durch die Mamelucken.

Der Islam in Europa : Mauren und Türken

Nach 711 besiedelten die über Gibraltar herübersetzenden Araber die größten Teile Spaniens und Portugals (bis auf einige Provinzen im Norden) und drangen bis nach Frankreich vor, wo sie 732 in der Schlacht bei Tours und Poitiers abgewehrt wurden. Politisches und geistiges Zentrum des Islam in Spanien war das 756 errichtete Emirat von Cordoba unter einem Seitenzweig der Umayyaden-Dynastie. Das maurische Spanien wurde in der Folgezeit zu einem toleranten Hort geistigen, kaufmännischen und künstlerischen Lebens und hat die Wissenschaft Europas nachhaltig beeinflußt, vor allem durch das Miteinander von Islam, Judentum und Christentum in seinen verschiedenen Formen.
Seine erste Blütezeit erlebte der Islam in Spanien unter dem mächtigen Emir Abderrahman III. (912-961), Erbauer der Palaststadt Medina az-Zahara, der 929 den Kalifentitel annahm (drittes Kalifat neben Baghdad und Kairo), und seinem gelehrten Sohn al-Hakam II. (961-976), der eine

Die Eroberung Jerusalems
aus: Wilhelm von Tyrus, La très noble et excellente Ystoire des saintes croniques d'outremer, Frankreich, 14. Jh.

Die Kreuzzüge des Mittelalters haben die Beziehungen zwischen Orient und Okzident nachhaltig geprägt. Die europäische Christenheit hatte sich das Ziel gesetzt, Jerusalem von der Herrschaft der „Ungläubigen", d. h. der Muslime, zu befreien und für die Christenheit zurückzugewinnen. Nach einem fast vierjährigen Marsch erreichte das Kreuzheer Jerusalem. Am 15. Juli 1099 begann die Erstürmung der Stadt. Das blutige Massaker unter Juden, Muslimen und teilweise auch orientalischen Christen, das sich der Eroberung Jerusalems anschloß, bestimmte für lange Zeit das Christenbild des Islam.

Fubodenfliese mit der Darstellung des Kampfes zwischen König Richard I. und Sultan Saladin
Chertsey Abbey (Surrey) um 1290

Mit König Richard I. Löwenherz (1157-1199) und Sultan Saladin (1138-1193) von Ägypten stehen sich die beiden großen Errettergestalten des Morgen- und des Abendlandes gegenüber. Durch die Unterwerfung von Damaskus (1174) und die Eroberung Jerusalems (1183) gelang es Saladin, dem Begründer der Aijubiden-Dynastie, im Vorderen Orient einen muslimischen Herrschaftsbereich aufzubauen, den er 1192 durch ein Waffenstillstandsabkommen mit Richard Löwenherz festigte. Jerusalem und die anderen heiligen Stätten des Orients blieben in den Händen der Muslime, durften jedoch fortan wieder von den Christen besucht werden.

der größten Büchersammlungen der Geschichte von über 400 000 Büchern in Cordoba zusammentragen ließ. Eigene Kultur- und Kunstformen entstanden auch durch die in Spanien unter arabischer Herrschaft lebenden Christen (Mozaraber) und die unter christlicher Herrschaft lebenden Muslime (Mudejaren). Bereits im 11. Jahrhundert zerfiel das Kalifat von Cordoba in eine Vielzahl arabischer Teilkönigreiche (reyes de taifas), die zum Teil beachtliche Leistungen in Kunst und Wissenschaft hervorbrachten, durch unablässige Fehden untereinander jedoch dem Vordringen der christlichen Königreiche in Spanien (Reconquista) zum Opfer fielen. Auch die Berberdynastien der Almorawiden und Almohaden, die zwischen dem 11. und 13. Jahrhundert sowohl in Marokko als auch im islamischen Spanien herrschten, konnten diese Entwicklung letztlich nur hinauszögern. Am längsten hielt sich im Süden das maurische Königreich von Granada unter der Dynastie der Nasriden, das nach einer letzten kulturellen Hochblüte (Alhambra in Granada) 1492 von den katholischen Königen beseitigt wurde.

Im Gefolge des Mongolensturms schoben sich im 13. Jahrhundert islamische Turkvölker aus Zentralasien Richtung Europa vor. Am erfolgreichsten und bedeutendsten waren die Türken unter der seit 1281 herrschenden Dynastie der Osmanen, die seit dem 14. Jahrhundert von Anatolien aus auf dem Balkan vorrückten, das seit den Kreuzzügen geschwächte oströmische Kaiserreich von Byzanz umzingelten und schließlich beseitigten, indem sie 1453 unter Mehmed dem Eroberer Konstantinopel einnahmen und zur Hauptstadt des osmanischen Reiches machten (Istanbul). Anfang des 16. Jahrhunderts besetzten sie in rascher Folge Ägypten, Tunesien, Aserbaidschan und Ungarn und beherrschten den Großteil der Mittelmeerinseln. 1529 und 1683 standen die Türken vor den Toren Wiens und wurden in Bündnis und Krieg zu einem gewichtigen Faktor der europäischen Politik. Trotz einiger Reformversuche im 19. Jahrhundert verfiel das Osmanenreich zusehends. Nach dem 1. Weltkrieg unternahm Mustafa Kemal Atatürk, der 1924 das Sultanat abschaffte und die Türkei zur Republik machte, gewaltige Modernisierungsanstrengungen in Richtung auf einen säkularen Staat, vor allem durch eine Reform des Schul- und Bildungswesens.

Der Islam in Asien

Während der Islam nach Indien sowohl über den Weg der Eroberungen als auch über den Handelsweg gelangte (bereits 712 gehörten Teile des heutigen Pakistan zum islamischen Reich), wurde Südostasien, vor allem Indonesien und Malaysia, seit dem 13. Jahrhundert allein auf dem friedlichen Weg der Handelskontakte islamisiert. Dadurch weist der dortige Islam eine Reihe von Besonderheiten auf. So fehlt ihm die religiöse Geschlossenheit, und er ist in einigen Regionen erstaunliche Mischformen mit den dort vorgefundenen einheimischen Religionen eingegangen. Im antikolonialen Freiheitskampf des 20. Jahrhunderts kam einem flexiblen Islam eine bedeutende Rolle zu. So ist z. B. in Indonesien – dem bevölkerungsreichsten islamischen Land der Erde – der Islam Staatsreligion, aber gemischt mit spezifischen politischen Ordnungsprinzipien dieses Landes, die ein Miteinander verschiedener Religionsformen gewährleisten.

Im Norden Indiens gründete der Timuridenabkömmling Babur nach 1526 das islamische Kaiserreich der Moghule (persisch von „Mongole").

Der Löwenbrunnen im Innenhof der Alhambra
Spanien, Granada

Der ursprünglich als Garten angelegte Löwenhof wurde unter Mohammed V. (1354-1359 und 1362-1391) errichtet. Er gilt als eines der eindrucksvollsten Bauwerke, das die islamische Kunst in Europa hervorgebracht hat. Als Wohnsitz des Sultans, seiner Frauen, Odalisken und Kinder waren der Hof und die ihn umgebenden Palastgebäude allein dem privaten Bereich vorbehalten. Von den Brunnenpavillons an den Schmalseiten des Hofes wird Wasser über kleine Kanäle zum zentralen Löwenbrunnen geleitet, dem der Hof seinen Namen verdankt. Zwölf archaisch wirkende, wasserspeiende Löwen, die in ihrer Gedrungenheit und starken Stilisierung wirkungsvoll mit dem Filigran der umlaufenden Säulengalerie kontrastieren, tragen die flache Marmorschale des Brunnens. Auf dem Rand der Schale preist ein arabisches Schriftband das Atmosphäre schaffende Spiel von Wasser, Stein und Licht.

Er und seine Nachfolger erklärten die dortigen Hindus zu „Schutzbefohlenen" (dhimmi) und strebten eine Integrierung beider Religionsformen in einem islamisch regierten Großreich an. Die Staatskonsolidierung erfolgte unter Baburs bedeutendem und tolerantem Enkel Akbar (1556-1605), der Gelehrte aller großen Religionen an seinen Hof zog und 1582 eine „Gemeinschaft des göttlichen Glaubens" gründete, die eine gleichberechtigte Vereinigung aller Religionsformen im Moghulreich zu einer Art „Staatsreligion" anstrebte. Das Reich zerfiel nach dem Tod des letzten bedeutenden Großmoghuls Aurangzeb 1707 und geriet im 19. Jahrhundert unter britische Kolonialherrschaft. Die zunehmende Spannung zwischen Hindus und Muslimen entlud sich in Indien seit dem 19. Jahrhundert in einer Reihe blutiger Auseinandersetzungen und führte nach der Unabhängigkeit Indiens 1947 zur Gründung Pakistans als eines eigenen Staates für die indischen Muslime. Das Verhältnis der beiden Länder zueinander ist bis heute heikel und spannungsgeladen, verstärkt durch Konflikte der indischen Zentralmacht mit den muslimischen Minderheiten im eigenen Land.

DIE SCHIITEN: LEBEN IN DER ERWARTUNG DES IMAM

Die große Glaubensspaltung des Islam

Die Schiiten oder Schia sind die von der Mehrheit der Muslime (Sunniten bzw. Sunna) geschiedene Minderheit, die insgesamt gesehen etwa 10 bis 15 Prozent der heutigen Muslime ausmacht. Sie sind jedoch in einigen Regionen sehr stark und haben das Geistesleben des Islam nachhaltig beeinflußt. Ihre Spaltung geht in die Uranfänge des Islam direkt nach Mohammeds Tod zurück und entzündet sich an der Frage nach dem legitimen Leiter der muslimischen Gemeinde. Die Schiiten betonen die besondere Rolle von Ali, dem Vetter und Schwiegersohn Mohammeds, der Mohammeds Tochter Fatima (einziges überlebendes Kind des Propheten) heiratete. Sie sehen in ihm den einzig legitimen Nachfolger des Propheten und leiten von ihm auch ihren Namen her: Shiat Ali, d. h. die Partei Alis.
Kanonische Grundlage ihres Glaubens bilden einige nicht völlig eindeutige Worte Mohammeds über Ali im Koran. Während Ali für die Sunniten der letzte der „vier rechtgeleiteten Kalifen" ist, sind die ersten drei Kalifen für die Schiiten bloße Usurpatoren. Auch erkennen die Schiiten nicht die nach Alis Ermordung 661 herrschenden Dynastien der Umayyaden- und Abbasiden-Kalifen an, sondern lassen die Reihe ihrer Imame (Leiter der Gemeinde) mit den direkten leiblichen Nachkommen Alis und Fatimas, die historisch von politischer Macht weitgehend ausgeschlossen blieben, weiterlaufen. Die Schiiten sehen diese Imame aus dem Hause Alis als eigentliche Leiter der muslimischen Gemeinde an, wobei sie allgemein der legalistischen und letztlich monarchischen Figur des Kalifen eine charismatische, direkt von Gott inspirierte Gestalt des Imam gegenüberstellen. Dabei nahm der Imam-Glaube sehr bald eine stark heilsmäßige Komponente an und wurde mit dem Glauben an den „Erwarteten" (Mahdi; al-mahdi wörtlich: der Rechtgeleitete) am Ende der Zeiten ineins gesetzt. So entstand ein Erlöser-Glaube, der stark an chiliastische Erwartungen und entsprechende sozialpolitische Utopien gekoppelt war und ist. Daher ist die Geschichte der Schia immer wieder von religiöser und politischer Ungeduld und aktiver Heilssehnsucht durchzogen und trägt zum Teil sozialrevolutionäre Züge.
In vielem, vor allem den praktischen Verrichtungen der Gläubigen, ist der Schiismus aber nicht ein völlig anderer Islam. So gelten für ihn auch die „5 Säulen des Islam" und die große Bedeutung des Rechtswesens. Er zeichnet sich aber durch eine Reihe von Zusätzen und Besonderheiten aus. So fügen die Schiiten dem allgemeinen Glaubensbekenntnis (shahada) den Zusatz „und Ali ist der Freund Gottes" an. Zum Pflicht-Almosen (zakat) kommt bei den Schiiten noch eine weitere, bereits im Koran genannte Abgabe, der

„Fünft" (al-chums) hinzu. Zusätzlich zur Wallfahrt nach Mekka (hadsch) gelten Pilgerfahrten zu den Gräbern der Imame als verdienstvoll. Durch ihre aktive Hoffnung auf ein Reich der irdischen Gerechtigkeit und Gleichheit unter dem wiederkehrenden Imam wurde die Schia im Laufe der Geschichte immer wieder zum Sammelbecken der sozial Unzufriedenen und Revolutionäre; durch ihre anspruchsvolle Kosmologie und die Aufnahme sehr verschiedener geistiger Strömungen übte sie stets eine große Anziehungskraft auf islamische Intellektuelle aus. In einigen Punkten – Messianismus und chiliastische Heilserwartung, Märtyrerkult, Aufnahme des Neuplatonismus und der Gnosis, Unfehlbarkeit der Imame – steht die Schia dem (frühen) Christentum und auch dem Judentum gedanklich noch näher als der sunnitische Islam.

Akbar überquert den Ganges
Miniatur aus dem Akbar-nama

Das Bild ist Teil des „Akbar-nama", des illustrierten Heldenepos über die Taten Akbars, der von 1556-1605 indischer Moghulkaiser war. Akbar überschreitet mit seinen Elefanten und Truppen den Ganges. Als siegreicher Feldherr gelang es ihm, das von seinem Vater Humayun ererbte Reich über das nordwestliche Indien hinaus auszudehnen. Durch die Stiftung einer nicht mehr konfessionell gebundenen Staatsreligion versuchte er in seinem großen Reich Hindus und Moslems miteinander zu vereinen, den Parsen und den Christen begegnete er mit Toleranz. Akbar, der gebildete Analphabet, zeigte ein großes Interesse an allen Religionen und an Fragen der Mystik und ließ sich von den Vertretern der einzelnen Religionen ihren Glauben erklären. Als Staatsmann setzte er seine Herrschaftsansprüche geschickt und zielstrebig gegen vielfache Rebellionen im Innern seines Reiches durch, wobei er auch eine kluge Heiratspolitik betrieb, und führte das Moghulreich zu großem Wohlstand. Akbar war ein begeisterter Baumeister, dessen imposantes Mausoleum in Sikandra bei Agra steht.

Lehre und Geschichte der frühen Schia

Nach der Ermordung Alis, der als der 1. Imam gilt, erkannten die Schiiten dessen Söhne aus der Ehe mit der Prophetentochter Fatima als Imame an, und zwar zunächst den älteren Hassan (2. Imam), der keine Führungsambitionen zeigte, sodann den jüngeren Sohn Hussein (3. Imam). Hussein wurde nach einem schlecht vorbereiteten Aufstandsversuch von seinen Verbündeten aus Kufa im Stich gelassen, in der Wüste bei Kerbela (Irak) mit seiner ganzen Sippe von Truppen im Auftrage des Umayyaden-Kalifen Yezid eingekesselt, ausgehungert und am 10. Muharram (Oktober) des Jahres 680 vernichtet.

Das Martyrium des Hussein ist für die Schiiten ein Trauma, das mehr noch als das Leben Alis zur eigentlichen Geburtsstunde der religiösen Schia wurde. Für die Schiiten stellt die unterlassene Hilfeleistung der Kufaner für Hussein eine Art „historische Erbsünde" dar. Die Episoden des Martyriums der Familie, im Laufe der Jahrhunderte mit zusätzlichen frommen Legenden ausgeschmückt, werden besonders bei den Schiiten im Iran und Irak an den entsprechenden Tagen des Muharram („Ashura-Tage") immer wieder in Theaterspielen (taziye-Spiele) nachgestellt, begleitet von Trauerumzügen und Geißlerprozessionen.

Die Linie der Imame geht nach der Tragödie von Kerbela mit einem überlebenden Sohn Husseins und seinen Nachkommen weiter. Es gibt aber Unterschiede in der Person, mit welcher die verschiedenen Schiiten-Gruppen die Reihe der Imame enden lassen. So unterscheidet man im Wesentlichen „Fünfer-Schiiten", „Siebener-Schiiten" und „Zwölfer-Schiiten" nach der Anzahl der von ihnen anerkannten Imame. Der Stammbaum der schiitischen Imame erklärt die frühen Spaltungen der Schia. Gerade die frühe Schia ist von religiöser Ungeduld und revolutionärer Heilserwartung geprägt, was vor allem für die verschiedenen Richtungen der Ismailiten (Siebener-Schiiten) zutrifft. Neben vielen heute nicht oder kaum mehr existierenden Splittergruppen sind drei Richtungen der frühen Schia zu unterscheiden:

a) Die Zaiditen oder Fünfer-Schiiten: Die Linie ihrer Imame endet mit Zaid, einem Sohn des 4. Imam, der um das Jahr 740 im Aufstand gegen die Umayyaden fiel. Sie gelten als gemäßigt und tolerant, besonders auch gegen die Sunniten (so unterlassen sie das Schmähen der ersten drei Kalifen). Bei ihnen fehlt die Mahdi-Erwartung und die Idee der Verborgenheit des Imam. Als Besonderheit betonen sie den erfolgreichen Kampf der Geeigneten um das Imamat und lehnen so das Prinzip der Vererbung ab, das bei den anderen Schiiten gilt. Zaiditen-Dynastien beherrschten über 1000 Jahre lang, von 901 bis 1962, den Jemen.

b) Die Ismailiten oder Siebener-Schiiten: Sie sind die uneinheitlichste und geheimnisvollste Richtung der Schiiten, die sich jedoch durch besondere Vitalität auszeichnet. Die Linie ihrer Imame endet mit Ismail, einem Sohn des 6. Imam, der von diesem als Nachfolger nominiert wurde, aber noch vor dem Vater um das Jahr 760 verstarb. Teile der Ismailiten geben Ali eine Sonder-

Mohammed und Ali entfernen die Götzenfiguren aus der Kaaba
Illustration aus dem „Raudat as-Safa" des Mir Havand, Iran (Siraz), zwischen 1585 und 1595

Die Szene illustriert das Bilderverbot des Islam. In vielen seiner Aussprüche und Reden bringt Mohammed die Ablehung von bildlichen Darstellungen zum Ausdruck. Nach der Eroberung Mekkas ließ er die menschlichen Darstellungen, die das Innere der Kaaba schmückten, entfernen. Die persische Miniatur betont die besondere Rolle Alis als Helfer Mohammeds bei dessen wichtigen Handlungen.

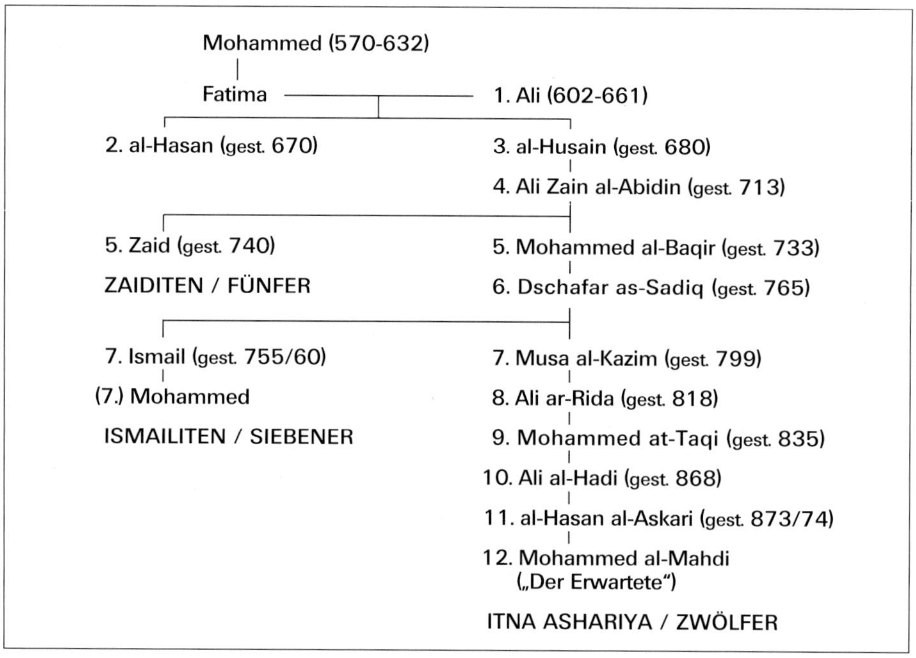

Stammbaum der Schiiten-Imame

Die Schiiten erkennen als ihre Imame nur die direkten Nachkommen des Propheten Mohammed bzw. seiner Tochter Fatima und seines Vetters und Schwiegersohnes Ali an. Der 4. Imam Ali Zain al-Abidin gilt als der einzige Überlebende der Tragödie von Kerbela (680). Sein (älterer) Sohn Zaid ibn Ali, der 5. Imam der Zaiditen, fiel in Kufa im Kampf gegen Regierungstruppen, weshalb die Zaiditen sich zum Kampf der Geeignetsten um das Imamat bekennen. Der 6. Imam Dschafar as-Sadiq gilt als der große Rechtslehrer der Schiiten („Dschafaritische Rechtsschule"). Sein Sohn Ismail, nach dem Glauben der Siebener bereits vom Vater zum Nachfolger designiert, starb noch vor diesem; trotzdem erkennen alle Ismailiten-Gruppen ihn als den rechtmäßigen Imam an, während die Zwölfer die Linie ihrer Imame über seinen Bruder Musa al-Kazim weiterlaufen lassen. Die Imame der Zwölfer lebten alle unter Aufsicht oder Bewachung der Abbasiden-Kalifen und kamen nach dem Glauben der Zwölfer alle gewaltsam ums Leben (Märtyrer). Der 12. Imam, Mohammed al-Mahdi, ging beim Tod seines Vaters im Dezember 873 oder Januar 874 als Kind „in die Verborgenheit" ein.

stellung und lassen die Reihe der 7 Imame erst mit Ismails Sohn Mohammed enden. Sie bekennen sich zu einer chiliastischen Mahdi-Erwartung und teilen mit den Zwölfer-Schiiten den Verborgenheits-Gedanken. Ihre Gedankengebäude sind philosophisch sehr spekulativ und enthalten zahlreiche altpersische und neuplatonisch-mystische Elemente. Teilweise behaupten sie ein Geheimwissen der Eingeweihten und differenzieren eine innere (geheime) von einer äußeren (sichtbaren) Offenbarung Gottes.

Die Ismailiten waren vor allem in ihrer Frühzeit stark missionarisch ausgerichtet und verzeichneten politische Erfolge durch die Errichtung des ismailitischen Gegen-Kalifats der Fatimiden in Kairo (909-1171), deren Anhänger sich nach 1094 in zwei theologische und politische Richtungen (Mustaliten und Nizariten) spalteten. Größere Ismailitengruppen (Nizariten) leben heute in Syrien, Jemen, Afghanistan, Turkestan und in verschiedenen Ländern Afrikas sowie in Indien, wo sie „Hodschas" genannt werden. Ihr Oberhaupt ist der Aga Khan. Mustalitische Gemeinden leben heute im Jemen und in Indien, wo sie „Bohras" heißen.

Zu den Ismailiten gehören – meist durch Spaltungen der Fatimidenzeit – eine Reihe politisch oder religiös extremer Gruppen, die auch im Abendland bekannt wurden, etwa die in Syrien und im Libanon lebenden Drusen (benannt nach ihrem ersten Verkünder, dem fatimidischen Missionar ad-Darazi), die den 1021 verschwundenen Fatimiden-Kalifen al-Hakim (996-1021) als Inkarnation des höchsten Wesens verehren.

Am bekanntesten wurden die gefürchteten, von Wehrburgen in Nordpersien und Syrien aus operierenden nizaritischen Assassinen (von arab. haschischiyun = „Haschischesser"), denen zwischen Ende des 11. und 13. Jahrhundert in spektakulären, für den Täter selbstmörderischen Attentaten führende Sunniten, aber auch Kreuzfahrer, zum Opfer fielen. Die Annahme, daß die Attentäter bei ihren Taten unter Drogeneinfluß standen, ist bis heute umstritten. Ihr Oberhaupt in Syrien war der geheimnisvolle „Alte vom Berge", über den auch Marco Polo in seinen Reisebeschreibungen berichtet. Sie wurden im 13. Jahrhundert durch die Mongolen (im Iran) und die Mamelucken (in Syrien) vernichtet – geblieben ist das Wort für „Attentat" in zahlreichen europäischen Sprachen (assassination, assassin, assassinio).

c) Die „Übertreiber": Zur frühen Schia gehören auch eine Reihe religiös extremer Denkgebäude, die von allen anderen, auch den schiitischen Richtungen des Islam, als „Übertreiber" (ghulat oder ghaliya) bezeichnet und bekämpft wurden und heute als Sekten des Islam angesehen werden. Fast allen gemeinsam ist der Glaube an ein Einwohnen Gottes oder göttlicher Attribute in Ali oder einigen späteren Imamen bzw. der Glaube an die Imame als irdische Inkarnationen Gottes. Reste ihrer Gemeinschaften existieren heute noch in Syrien (Nussairier), im Irak und Iran.

Die Zwölfer-Schiiten

Die Zwölfer-Schiiten, die auch Imamiten genannt werden, sich selbst aber als „Itna Ashariya" (= Zwölfer) bezeichnen, bilden die größte Gruppe der Schiiten. Sie bekennen sich zu einer Reihe von 12 Imamen, deren letzter wie der Prophet Mohammed hieß und beim Tod seines Vaters (des 11. Imam) im Dezember 873 oder Januar 874 als Kind in die Verborgenheit einging, von wo er am Ende der Zeiten als „der Erwartete" (al-Mahdi) wiederkehren wird.

Für die Zwölfer spielt der Märtyrer-Gedanke eine große Rolle, wie er besonders in den schon erwähnten Theaterspielen um die Tragödie von Kerbela zum Ausdruck kommt. Für sie sind alle Imame (mit Ausnahme des verborgenen 12., des Mahdi) Märtyrer, die der Gewalt der sunnitischen Kalifen zum Opfer fielen. Die Zwölfer sprechen von „14 Unfehlbaren", die frei sind von jedem Irrtum und jeder Sünde, und zwar die 12 Imame sowie Mohammed und seine Tochter Fatima. Die Zwölfer-Schia besitzt ein ausdifferenziertes eigenes Rechtssystem, das in seinen Grundzügen dem 6. Imam Dschafar as-Sadiq (gest. 765) zugeschrieben und daher als „dschafaritische

Schule" bezeichnet wird. Die Sammlung der den Imamen zugeschriebenen Äußerungen ist zusätzlich von kanonischem Wert.

Das Rechtssystem der Zwölfer-Schia weist Besonderheiten auf, welche die herausragende Rolle der iranischen Rechtsgelehrten, der Mollas (persisch von arab. maula = Herr, Meister) begründeten. Die Schiiten kennen nicht die Schließung der theologischen und juristischen Pforte, wie die Sunna sie seit dem 11. Jahrhundert durchlief, sondern betonen weiterhin die Wichtigkeit der rationalen Überlegungen im Prinzip des „idschtihad" (wörtlich: das Sich-Abmühen), also die eigenen Bemühungen um Problemlösungen. So bezeichnen sich die iranischen Mollas und Ayatollahs selber als „Mudschtahid", als Sich-Abmühende. Jede Fatwa und jeder Rat muß auch von der Vernunft geprüft sein und ist daher fehlbar – ein anderer, vor allem ein später lebender Rechtsgelehrter, muß sich nicht an die Entscheidung halten. Daher ist das schiitische – entgegen einer verbreiteten Meinung – das am wenigsten „fundamentalistische" Rechtssystem des Islam. Der „idschtihad" ist allerdings das alleinige Vorrecht der Mollas, der einfache Gläubige ist zur „Nachahmung" (taqlid) angehalten. Durch diese Macht entstand seit dem 16. Jahrhundert mit den Mollas ein hierarchisch aufgebauter eigener Stand, den man als „schiitischen Klerus" bezeichnet. Der Mudschtahid bzw. Molla kann durch langjährige Studien und Erteilung von Gutachten (fatwa) bestimmte Ehrentitel erwerben: Die erste Stufe lautet „Autorität (Beweis) des Islam" (hoddschat al-islam), die nächst höhere „Zeichen Gottes" (Ayatollah, eigtl.: ayatu'llah), und die wenigen allgemein anerkannten Groß-Ayatollahs tragen den Titel „Instanz der Nachahmung" (mardscha at-taqlid).

Die Schiiten im Iran

Der Iran ist das einzige Land, in dem die Zwölfer-Schia Staatsreligion ist. Sofort nach der Machtergreifung der Safawiden in Persien 1501 erklärte Schah Ismail die Zwölfer und die dschafaritische Rechtsschule zur offiziellen Staatsreligion. Es begann der Aufstieg der Mollas, allerdings standen sie zunächst unter starker staatlicher Kontrolle. Die energischen Safawiden machten Persien (besonders die Residenzstadt Isfahan) zu einem bedeutenden Kunst- und Kulturzentrum. Politischer Höhepunkt war die Herrschaft von Schah Abbas dem Großen (1587-1629), der Aserbaidschan und Georgien unterwarf und eine große Anzahl schiitischer religiöser Stiftungen (waqf) ins Leben rief. 1779 bzw. 1796 gelangte in Persien die Dynastie der Qadscharen an die Macht (bis 1925), die 1786 Teheran zur Hauptstadt Persiens machten. Die Itna Ashariya blieb Staatsreligion.

Im 19. Jahrhundert ergaben sich zunehmende Konflikte zwischen den iranischen Herrschern und der schiitischen Geistlichkeit, die der Staatsmacht Verwestlichung und Anschluß an Europa vorwarf, vor allem nachdem der Schah in der zweiten Hälfte des 19. Jahrhunderts verschiedene Handelsprivilegien und Monopole an britische Firmen verkaufte. Unruhen und Dauerkonflikte waren seit der Abstimmung über die neue Landesverfassung im Jahre 1906 an der Tagesordnung. Die offene Opposition der Mollas begann aber erst nach der Machtübernahme des Generals Reza Schah (1925-1941), der die Pahlawi-Dynastie begründete. Er war ein Bewunderer

Isfahan: Moschee Scheich Lotfallah

Unter der Dynastie der Safawiden gelangte das persische Reich zu neuer kultureller Blüte. Schah Abbas der Große (1587-1629) machte Isfahan zur Hauptstadt seines Reiches und konzipierte das im Süden des alten Stadtkerns gelegene neue Isfahan nach imperialem Maßstab. Die in den Königsplatz integrierte, kleine Lotfallah-Moschee, die Abbas Anfang des 17. Jh. zu Ehren seines Schwiegervaters errichten ließ, stellt eines der schönsten und bedeutendsten architektonischen Zeugnisse der Safawiden-Zeit dar. Einmalig in Konstruktion und Form ist die einschalige Kuppel, deren sandfarbener Ziegelgrund von einem schwarzgeränderten weißen Rankengeflecht mit blauen Blüten und Knospen überzogen wird. Wirkt die Außenfassade eher zurückhaltend, so überwiegen im Inneren der Moschee die traumhaften Türkis- und Saphirtöne der safawidischen Epoche.

Schiiten-Prozession im Iran, Kettengeißler

Der 10. Muharran (Oktober), der Jahrestag der Schlacht von Kerbela 680, in der der 3. Imam Hussain im Kampf gegen das Heer des Umayyaden-Kalifen Yezid getötet wurde, wird besonders im Irak und Iran von den Schiiten als einer der höchsten Feiertage begangen. Zum Zeichen der Trauer werden alle öffentlichen Einrichtungen geschlossen und die Bazare und Moscheen mit schwarzen Fahnen und Tüchern verhängt. Den Höhepunkt der Trauerfeierlichkeiten bilden die Prozessionen der Kettengeißler, die sich mit den Fäusten an die Brust schlagen und mit eisernen Ketten blutigen Selbstkasteiungen unterziehen.

der Reformen Kemal Atatürks und strebte eine weitgehende Säkularisierung des Landes an. Er entzog den schiitischen Mollas die Justiz sowie das Erziehungs- und Schulwesen und beschränkte ihren Einfluß mit autoritären Mitteln auf religiöse Belange. Unter seinem Sohn Reza Pahlawi (1941-1978) kam es nur zu einer vorübergehenden Beruhigung, die seit den 60er Jahren in zunehmend härtere Auseinandersetzungen um die westlich orientierten Reformversuche des Schah („Weiße Revolution") umschlug. Die Propaganda der politisch orientierten Mollas hatte großen Zulauf aus allen Schichten der iranischen Bevölkerung, begünstigt durch die maßlose Korruption des Schah-Regimes und die offensichtlich diktatorischen Regierungsmaßnahmen. Trotzdem bleibt festzuhalten, daß der Großteil gerade der ranghohen Ayatollahs – auch nach 1978/79 – wenig Neigung zeigte, sich in die direkte Tagespolitik einzuschalten.

Nach dem Sturz des Schahs kam mit der Rückkehr des seit den 60er Jahren exilierten Ayatollah Ruhollah Chomeini (1902-1989) – der immer ein politischer, aber nie alleiniger oder unumstrittener religiöser Führer der Schiiten war – die Revolutionsideologie und politisierte Heilserwartung der Schia mit ihrer starken Betonung des Märtyrergedankens, ihren Gottesstaat-Vorstellungen und den Mitteln der religiösen und politischen Massenmobilisierung zum Tragen. Chomeini fühlte sich durch die Eigendynamik der Revolution und seine Anhänger zunehmend gedrängt, selber in den Vordergrund zu treten und sein Prinzip einer „Regierung der Experten" (persisch: velayat-e faqih) mit einer Vorherrschaft der schiitischen Rechtsexperten durchzusetzen. Seine eigene Rolle als revolutionärer Führer blieb dabei schwankend zwischen allgemeinen Richtlinien und konkreten politischen Vorgaben. Er setzte durch, daß sich die Regierung des Iran als irdischer Stellvertreter des verborgenen Imam (Art. 5 der Verfassung, mit dem Zusatz, Allah möge die Wiederkehr des Mahdi beschleunigen) versteht. Sein autoritäres Regime mit stark theokratischen Zügen hatte auch Signalwirkung auf andere schiitische Gemeinden, vor allem im Libanon. Seit Chomeinis Tod sind politische und religiöse Führung im Iran wieder stärker getrennt. Außer im Iran stellen die Zwölfer-Schiiten auch die Mehrheit der Bevölkerung im Süden des Irak. Große Gemeinden leben auch im Libanon.

DER ISLAM IN DER MODERNE

Der Kolonialismus und die islamischen Reformbewegungen

Seit Anfang des 19. Jahrhunderts erfuhren die islamischen Länder einen Modernisierungsschub durch die erneute Begegnung mit dem Abendland bzw. Europa, welche diese Länder in lang anhaltende politische und wirtschaftliche Abhängigkeitsverhältnisse hineinmanövrierte. Im Zeitalter des Kolonialismus wurden fast alle diese Länder (mit Ausnahme des Osmanischen Reiches) zu direkten Kolonien oder zu „Protektoraten" unter Vormundschaft der europäischen Großmächte. Das Ende des Kolonialismus im 20. Jahrhundert bedeutete in den islamischen Ländern zugleich eine Aufwertung des Islam in Religion und Politik, da der Islam überall aktiv mit den antikolonialen Freiheitsbewegungen dieser Länder verbunden war.

Als Initialereignis dieser erneuten, zunächst völlig einseitigen Begegnung des islamischen Raumes mit Europa wird Napoleons Landung in Ägypten im Jahre 1798 angesehen. Der Orient rückte, wenn auch in verklärend-romantisierender Form, ins Bewußtsein der Europäer. Die Kolonialmächte zogen die Herrschereliten der kolonialisierten Länder auf ihre Seite und vertieften dort die Kluft zwischen den dünnen Eliten, die stark europäisiert waren, und der Masse der meist analphabetischen, traditionsverhafteten Bevölkerung. Der Islam stand dabei in der Regel auf Seiten der einfachen Menschen und der Bevölkerungsmehrheit. Die Erfahrungen der islamischen Welt mit dem Kolonialismus waren die notgedrungene Anerkennung der militärischen und technischen Überlegenheit des Westens (was vom Islam als besonders krasser Gegensatz zur eigenen Überlegenheit in der Frühzeit der Religion erlebt wurde), die Erfahrungen verweigerter politischer Selbstbestimmung und ein Diskrepanzgefühl zwischen dem Festhalten an der Überlegenheit der islamischen Religion und dem Eingeständnis der tatsächlichen politisch-militärischen Ohnmacht. Der Islam gewann zunehmend an Selbstbewußtsein, indem er sich mit dem Freiheitsstreben der kolonialisierten Länder und Völker identifizierte. Die Reformer des Islam wußten um die Gratwanderung : Sie mußten sich der Moderne und den westlichen Errungenschaften stellen, ohne diese kritiklos zu übernehmen oder in Bausch und Bogen zu verdammen. Ihre Positionsbestimmung war daher in jedem Falle antikolonial, aber nicht notwendig auch anti-modern. Vielmehr ging es ihnen darum herauszuarbeiten, wieviele moderne politische und wirtschaftliche Errungenschaften, besonders im sozialen Sektor, eigentlich bereits im Islam angelegt sind.

Die islamischen Modernismus-Bewegungen setzten verstärkt seit der zweiten Hälfte des 19. Jahrhunderts ein. Sie enthielten viele Elemente, die man heute dem „Fundamentalismus" zuschreibt: die Bemühung um Authentizität und Ursprünglichkeit des Islam, die Sehnsucht nach dem Ur-Islam und nach einer islamistischen Einheitsbewegung anstelle der Vielzahl bestehender Systeme, die Abgrenzung der islamischen Kultur gegen unterdrückende äußere Einflüsse, die Betonung der Gleichheit aller Gläubigen vor Gott und die Forderungen nach sozialem und caritativem Engagement des einzelnen. Zugleich wollten die Reformer aber auch, daß der Islam an die Spitze einer eigenen Modernisierungsbewegung trete, also keine bloß „rückwärtsgewandte Utopie" sei. Sie forderten eine Übereinstimmung von Glauben und moderner menschlicher Freiheit, ein stärkeres politisches und mitbestimmendes Engagement der Gläubigen, eine radikale Reform des Bildungswesens in den islamischen Ländern und die Einebnung der Kluft zwischen Herrschern und Beherrschten. Sie beriefen sich dabei auf die Verhältnisse in der islamischen Urgemeinde und bemühten sich um die Erfordernisse einer modernen Wirtschaftspolitik und die Verbesserung der Sozialleistungen.

Eine bedeutende fundamentalistische Bewegung mit gleichzeitig reformerischen Zügen waren und sind die puritanischen Wahhabiten, benannt nach dem hanbalitischen Reformer Muhammad ibn Abd al-Wahhab (1703-1792), der einen radikalen Monotheismus, die Zerstörung des orientalischen Heiligenglaubens und eine rigorose Sittenstrenge forderte. Politisch bedeutsam war die Verbindung al-Wahhabs mit der arabischen Herrscherfamilie as-Saud, die seit dem 19. Jahrhundert einen Großteil der arabischen Halbinsel (auch die Heiligen Stätten des Islam) eroberte. Erfolgreichster und im arabischen Raum angesehenster Vertreter der as-Saud war Abd al-Aziz, genannt Ibn Saud (1880-1953), der mit seinen militanten „Ichwan"(= Brüder)-Kriegern in den ersten Jahrzehnten des 20. Jahrhunderts das gesamte heutige Saudi-Arabien eroberte und 1932 zum erblichen Königreich machte. Durch seinen Ölreichtum wurde Saudi-Arabien zu einer bedeutenden Großmacht und finanziert heute den überwiegenden Teil der Projekte zur Unterstützung und Ausbreitung des Islam in aller Welt.

Andere Zentren islamischer Reformbewegungen entstanden seit Ende des 18. Jahrhunderts in Indien, im Jemen und in Libyen, wo der kämpferische Mystiker-Orden der Sanussiya (Sanussi-Bewegung) im 19. Jahrhundert zum Vorreiter einer selbstbewußten islamischen Erneuerung wurde, die auf den gesamten Maghreb ausstrahlte und noch das heutige Libyen prägt. Bedeutende Reformer waren der Inder Ahmad Khan (1817-1898), der England bereiste, sich um das Verhältnis von Islam und Christentum in der Moderne bemühte und eine radikale Bildungsreform für junge Muslime forderte. Der Afghane Jamal ad-Din al-Afghani (1838-1897) formulierte den antikolonialen Kampf des Islam und hat sehr viele islamische Herrscher beeinflußt. Der Ägypter Muhammad Abduh (1849-1905) bemühte sich um die Erneuerung der islamischen Literatur und den politischen Journalismus und strebte eine islamische Strafrechtsreform an.

Das 19. Jahrhundert schuf die Grundlagen für eine Reform der islamischen Welt, das 20. Jahrhundert wollte die Ideen verwirklicht sehen. Der 1. Weltkrieg und seine Folgen wurden in den islamischen Ländern – zu Recht – als Bankrott des europäischen Kolonialsystems angesehen. Die folgenden Veränderungen in Europa wurden im islamischen Kulturraum kritisch aber aufmerksam beobachtet. Die politisch orientierten Muslime kritisierten den Individualismus und Egoismus der europäischen Gesellschaften und bauten ihr Unbehagen teilweise zu einer Kapitalismuskritik aus. Auch war ihnen die Polarisierung westlicher Gesellschaften durch sich befehdende demokratische Parteien suspekt. Der Islam nehme, so argumentierten sie, eine Mittelstellung zwischen Demokratie und Diktatur ein und entnehme der einen die Freiheit des Menschen und der anderen die gesellschaftliche Stabilität. Die

Ayatollah Ruhollah Chomeini (1902-1989)

Von vielen anderen schiitischen Gelehrten unterschied sich der Ayatollah Chomeini durch sein starkes politisches Engagement. Er agitierte gegen den „unislamischen" Modernismus und die Verwestlichung des Schah-Regimes, das den Einfluß der Mollas stark einzuschränken versuchte. Aus dem Pariser Exil trieb er die iranische Revolution voran und kehrte 1979 nach dem Sturz des Schahs in seine Heimat zurück. In der auf das Schah-Regime folgenden „Islamischen Republik", die der islamischen Geistlichkeit eine führende Rolle zuerkannte, hatte Chomeini die Position des „herrschenden Gottesgelehrten" inne und damit die Entscheidungsgewalt in allen politischen und religiösen Fragen.

später verwirklichten Formen einer „gelenkten Demokratie" und ähnlicher Konstrukte künden von diesem Denken. Das Wirtschaftssystem des Islam, so hieß es bei den Reformern und politischen Denkern weiter, sei weder kapitalistisch noch sozialistisch; es entnehme dem Kapitalismus die Handlungsfreiheit des einzelnen und dem Sozialismus das Prinzip der gesamtgesellschaftlichen Solidarität. Auch später suchten islamische Länder immer wieder nach einem Ausweg aus der Polarisierung der beiden Machtblöcke USA und UdSSR und proklamierten selbstbewußt den Islam als überlegenen „dritten Weg". So hieß ein bekannter islamistischer Kampfruf: „Weder West noch Ost – Islam!"

Die arabischen Nationalismen und der „islamische Sozialismus"

Die Idee von der „ewigen Sendung des Arabertums" wurde seit Anfang des 20. Jahrhunderts vor allem von den gebildeten und fortschrittlichen Kräften der arabischen Länder verbreitet. Der Nationalismus ging in den islamischen Ländern einher mit vereinheitlichenden Bildungs- und Bevölkerungsprogrammen und bescherte den dortigen ethnischen Minderheiten – etwa den Kurden in der Türkei und im Irak oder den irakischen Judengemeinden – Probleme in der Behauptung ihrer Eigenständigkeit und die zunehmende Intoleranz der nationalistischen Zentralgewalten. Diese Probleme werden oft fälschlich dem Islam als Religion zugeschrieben; sie sind aber eher die Ergebnisse einer nationalistischen Vereinheitlichungspolitik. Die Frage eines Sozialismus übte seit Ende des 19. Jahrhunderts eine starke Wirkung auf den Islam aus. Wegen seiner hohen gegenseitigen Sozialverpflichtungen, dem Almosensystem (zakat) und seiner ausgeprägten Sozialethik hat das Wort „Sozialismus" im Islam keinen negativen Beigeschmack. Zugleich lehnt der Islam aber den Marxismus und den Bolschewismus wegen ihrer Propagierung eines materialistischen Atheismus entschieden ab. Der Islam soll eine tragende Säule des „Sozialismus" und die geistige Speerspitze im Kampf gegen den als gesamteuropäisch empfundenen Materialismus sein.

Der „islamische Sozialismus" bildete sich nach dem 2. Weltkrieg besonders in Syrien (Baath-Partei) im Kampf um soziale Gerechtigkeit aus. Leitfigur eines selbstbewußten „arabischen Sozialismus" mit modernistischen Elementen wurde der ägyptische Präsident Gamal Abd el-Nasser (1954-1970 regierend), dessen Ideen und Projekte die panarabische Bewegung stark beeinflußten. Auch heute noch spielt der „arabische Sozialismus" in Ländern wie Syrien, Irak und Algerien eine große Rolle und wurde in Libyen unter Oberst Muammar al-Ghaddafi (seit 1969) in eine fundamentale Re-Islamisierung der gesellschaftlichen Grundlagen (Weg des „Grünen Buches") einbezogen. An die politisch selbstbewußten Konzeptionen der arabischen Nationalismen und der islamischen Sozialismen banden sich die nach dem 2. Weltkrieg erstarkenden Ideen des Panarabismus bzw. Panislamismus, die auf eine – zumindest ideologische – stärkere Vereinigung sowohl der arabischen Länder untereinander als auch der islamischen Länder insgesamt zielten. International kam es zu größeren Bemühungen um die politische Eigenständigkeit des gesamten Islam, als neben die 1945 gegründete „Arabische Liga" 1974 die „Organisation der Islamischen Konferenz" trat.

Gipfeltreffen arabischer Staatsmänner 1970 in Kairo

Das Foto zeigt (v.l.n.r.): König Faisal von Saudi-Arabien, Oberst Muammar al-Gaddhaffi (Libyen), Präsident Abdul Rahman Iryani (Jemen), und Präsident Gamal Abd el-Nasser (Ägypten). Nach dem 2. Weltkrieg setzten sich die arabischen Staatsmänner aktiv für die politische Eigenständigkeit der islamischen Länder ein. Die Verstaatlichung des Suezkanals 1956 sicherte Präsident Nasser eine Führungsposition innerhalb der arabischen Welt. Die Konferenz wurde im September 1970 einberufen, um eine gemeinsame Haltung in der Palästinenserfrage zu finden und einen Bruderkrieg bzw. eine Teilung des Jemen zu verhindern. Wenige Tage nach diesem Treffen erlag Nasser einem Herzinfarkt. Bereits im Januar 1964 hatte auf seine Initiative hin eine erste Gipfelkonferenz in Kairo stattgefunden.

Der Fundamentalismus und der „Heilige Krieg" des Islam

Das Selbstbewußtsein und die Regsamkeit der islamischen Bewegungen im Verein mit dem Migrantenproblem in den europäischen Ländern haben den Teilaspekt des militanten Islam für das westliche Bewußtsein der letzten Jahre ins Zentrum gerückt und teilweise sogar zur Bedrohung Europas bzw. der abendländischen Kultur stilisiert. Es ist nicht zu leugnen, daß es militante und radikale islamistische Gruppen gibt, die der pluralistischen Moderne den Kampf angesagt haben. Bei uns werden sie oft vereinfachend unter den Begriff „Fundamentalisten" subsummiert (obwohl dieser Begriff eigentlich aus dem protestantischen Christentum der USA stammt) und mit Gewalttätigkeit und Intoleranz identifiziert, wobei sie vielfach für eine zweifelhafte negative Gesamtwertung des Islam herhalten sollen.

Als wegweisend für einen radikalen und oft militanten Islam kann in unserem Jahrhundert die 1928 von dem Lehrer Hasan al-Banna (1906-1949, ermordet) in Ägypten gegründete Vereinigung der „Muslim-Brüder" (al-Ichwan al-muslimun) angesehen werden, die sich zunächst am nationalen Unabhängigkeitskampf beteiligte, dann aber sehr schnell radikalisierte und kurz nach dem 2. Weltkrieg auf 500 000 Mitglieder wuchs. Nach einigen von ihnen verübten Gewaltakten und Attentaten gerieten die Muslim-Brüder seit 1948 unter den Druck der Regierung, breiteten sich aber auch in Jordanien, Irak, Libanon und besonders in Syrien aus. In Ägypten und Syrien werden sie (seit den Zeiten Nassers) stark verfolgt und bilden dort eine ernstzunehmende oppositionelle Kraft gegen alle Säkularisierungstendenzen.

Eine ähnlich starke Bewegung ist die 1941 von Abu l-A'la al Maududi (1903-1979) gegründete „Islamische Gemeinschaft" (Jama'at-i islami) in Pakistan, die seit der Gründung dieses Staates 1948 erfolgreich für eine völlige Islamisierung der Gesellschaft arbeitet. Radikale Splittergruppen in verschiedenen Ländern, deren Aufbau oft nur schwer zu durchschauen ist, kämpfen zum Teil mit gewaltsamen Mitteln für die Errichtung einer islamischen Ordnung, wie sie sie verstehen.

Die Frage nach der Militanz des Islam entzündet sich immer wieder an der Bedeutung des „Heiligen Krieges" (dschihad). Als universalistische Heilsreligion hält der Islam – genau wie das Christentum – an seinem Absolutheitsanspruch fest. So teilt das islamische Rechtssystem die Welt in zwei Gebiete: das „Gebiet des Islam" (dar al-Islam), das ein Reich des Friedens sein soll, und das „Gebiet des Krieges" (dar al-harb), in dem die Ungläubigen und Nicht-Muslime leben; dieses kann allerdings in Friedenszeiten zu einem „Gebiet des Vertrages" und sogar zu einem „Gebiet des Friedens" werden. So ist es auch de facto, da schon seit langem kein islamisches Land mit einem nicht-islamischen allein aus religiösen Gründen Krieg führt.

Mohammed beschäftigte sich in Kriegsfragen vor allem mit Fragen des Verteidigungskrieges und verurteilte alle nicht religiös motivierten Kriege. Er rief die Gläubigen zum Kampf für Gott und die Religion auf, ermahnte sie zugleich aber auch, mit den Ungläubigen Frieden zu halten, wenn diese ihrerseits Frieden halten (etwa Suren 8,61 ; 4,90 und 4,94). Immer wieder betont der Koran den Frieden als das vorrangige Ziel des menschlichen Lebens.

Der Begriff „dschihad" bedeutet „Einsatz für die Sache des Islam" und ist wesentlich weiter gefaßt als die Übersetzung mit „Heiliger Krieg". Dieser Einsatz ist als Kampf für den Glauben und die Vorherrschaft des Islam die Pflicht eines jeden Muslim. Doch betonen viele islamische Rechtsgelehrte, daß der Krieg nur der „kleine dschihad" sei, dem der „große dschihad" – die geistlichen, moralischen und missionarischen Anstrengungen und der soziale Dienst zur Ausbreitung des Islam – übergeordnet sei. Allerdings sehen radikale Islamisten im Begriff des „Heiligen Krieges" immer wieder eine Legitimation für gewaltsames Handeln. Neben der Betonung des „dschihad" gibt es jedenfalls auch eine große Friedenstradition des Islam, der sich die meisten Muslime verbunden fühlen.

Demonstrationszug islamischer Frauen
Nabatyie, Libanon

Seit der 2. Hälfte des 19. Jh. hat in den arabischen Ländern eine zunehmende Politisierung des Islam stattgefunden. Es sind vor allem permanente Krisengebiete wie Palästina, an denen sich das politische Selbstbewußtsein der Muslime entzündet. Im Libanon erhielt die schiitische Hizbollah, die für einen radikalen und militanten Islam steht, durch die iranische Revolution einen ungeheuren Aufschwung. Wie die meisten fundamentalistischen Bewegungen, arbeitet sie mit dem Mittel der Massenmobilisierung, wobei sich auch die Frauen an den politischen Protestveranstaltungen beteiligen.

BEGRIFFSREGISTER

HINDUISMUS

BUDDHISMUS

RELIGIONEN CHINAS

RELIGIONEN JAPANS

Personenregister

ISLAM

Mohammed

Koran und Überlieferung

Gottesbegriff

Die 5 Säulen des Islam

Rechtswesen

Geschichte

Schiiten

Islam und Moderne

Personenregister

ABBILDUNGSNACHWEIS

Der Verlag dankt den Institutionen, Archiven und Photographen für die erteilte Reproduktionsgenehmigung und die freundliche Unterstützung bei der Realisierung dieses Buches. Trotz intensiver Bemühungen konnten nicht alle Rechteinhaber ermittelt werden. Photographen mit berechtigten Ansprüchen wenden sich bitte an den Verlag.

Archiv für Kunst und Geschichte, Berlin 61 unten, 62, 63, 65 oben, 67, 68, 69 oben, 69 unten, 72, 78 unten, 79, 81, 84 unten, 85 unten, 86, 88, 89 oben, 89 unten, 92, 115; (Hilbich) 88; (Erich Lessing) 57, 58 oben, 59, 60, 61 oben, 73, 74, 75 oben, 75, 80, 82, 99

ARCHEFOTO 113

Bednorz, Achim 102

Berger, Friedemann 22, 24, 25, 27, 28, 30, 31, 32 oben, 32 unten, 33, 34 35, 36 oben, 37, 41 oben, 41 unten, 42 oben, 42 unten, 43 oben, 44 unten, 46 oben, 46 unten, 47, 101

Beyer, Klaus G. 18 unten, 77, 83 oben, 83 unten, 85 oben

Bibliothèque Nationale de France, Paris 108

Bildarchiv Preußischer Kulturbesitz, Berlin 21, 56, 58 unten (Alfredo Dagli Orti), 65 unten, 70, 78 oben, 96, 97, 100, 106 unten, 110, 111 unten (AP)

Bodleian Library, Oxford 105

British Museum, London 109

Christoph, Henning/DAS FOTARCHIV 93

Deutsches Historisches Museum, Berlin 84 oben

dpa/Central Press 38, 91

farabolafoto 80 unten

Hansmann, Claus 12 oben, 106 oben

Imber, Walter 9 oben, 11 oben, 13 oben, 13 unten, 19, 20 103

IPPA (Israel Press & Photo Agency 64 unten, 71 oben

JAPAN *aktuell* 36 unten, 48, 51, 53, 54 oben, 54 unten

JAPAN-Photo-Archiv/Hartmut Pohling 52 unten

Jüdisches Museum in der Stiftung Stadtmuseum Berlin, Foto: Hans-Joachim Bartsch 64 oben, 71 unten

Keilhauer, Peter 16 unten

Lachmann, Hans 90

laenderpress 6 unten

Michael O'Mara Books 49, 50, 52 oben, 55

Moore, Charles/DAS FOTOARCHIV 29

Newman, Marvin 66

Österreichische Nationalbibliothek, Wien 107

Poncar, Jaroslav/transparent 39,

R. Maro/version 104

Riedmüller, Andreas/DAS FOTO-ARCHIV 76

Staatliche Museen zu Berlin, Preußischer Kulturbesitz, Museum für Indische Kunst 7 oben, 7 unten, 8 oben, 10, 14 oben, 14 unten, 15 oben, 16 oben, 17 unten, 18 oben

Süddeutscher Verlag 114

Topkapi Saray Museum, Istanbul 94, 95 oben, 95 unten, 98

Ullstein Bilderdienst 117

Victoria & Albert Museum 111 oben

Weinreb, Robert/DAS FOTOARCHIV 2,6